Die chinesische Oper

Die chinesische Oper

Geschichte und Gattungen

Herausgegeben von der Chinesischen Akademie der Künste

Übersetzung aus dem Englischen
von Astrid Bernicke

Ein Handbuch in Text und Bild

SCHOTT

Bibliografische Information der Deutschen Nationalbibliothek
Die Deutsche Nationalbibliothek verzeichnet diese Publikation in der Deutschen Nationalbibliografie;
detaillierte bibliografische Daten sind im Internet über http://dnb.d-nb.de abrufbar.

Bestellnummer ED 20222
ISBN 978-3-7957-0128-4

By permission of the publishers People's Music Publishing House, Beijing
© 人民音乐出版社
Die chinesisch-englischsprachliche Ausgabe erschien unter dem Titel
中国戏剧史图鉴
Pictorial Handbook of the History of Chinese Drama
im Verlag
People's Music Publishing House, Beijing

Die Übersetzung des Buches wurde gefördert von der Strecker-Stiftung

© 2008 der deutschen Übersetzung Schott Music GmbH & Co. KG
www.schott-music.com

Alle Rechte vorbehalten
Nachdruck in jeder Form sowie die Wiedergabe durch Fernsehen, Rundfunk, Film, Bild- und Tonträger
oder Benutzung für Vorträge, auch auszugsweise, nur mit Genehmigung des Verlags

Lektorat: Astrid Bernicke
Sinologische Mitarbeit: Lena Henningsen und Andreas Steen
Fotografien: Wang Jianmin, Xue Chao
Umschlaggestaltung und Satz: Peter Klein
Druck und Bindung: People's Music Publishing House, Beijing

Printed in Germany · BSS 52553

Inhalt

Vorwort 7
I. Ursprung und Entwicklung der traditionellen chinesischen Oper (v. Chr. – 12. Jahrhundert) 12
    1) Gesang und Tanz, die Hundert Spiele 14
    2) Ringkampf und Ringkampfspiele 29
    3) Narren, Possen, Canjunxi 32
    4) Gesang und Tanz, Gesangs- und Tanzspiel 38
    5) Balladengesang und chinesische Oper 48
    6) Tempelmärkte und Vergnügungsviertel 56
    7) Song-zeitliches Zaju, Jin-zeitliches Yuanben 64

II. Südliches Nanxi und nördliches Zaju (12.–15. Jahrhundert) 74
    1) Südliches Nanxi 76
    2) Nördliches Zaju 94
        Guan Hanqing und seine Stücke 102
        Wang Shifu und seine Stücke 109
        Bai Pu und seine Stücke 112
        Ma Zhiyuan und seine Stücke 113
        Zheng Guangzu und seine Stücke 114
        Ji Junxiang und seine Stücke 115
        Kang Jinzhi und seine Stücke 116
        Yang Xianzhi und seine Stücke 117
        Li Haogu und seine Stücke 118
        Li Zhifu und seine Stücke 119

III. Chuanqi und Zaju in der Ming- und Qing-Dynastie (14.–18. Jahrhundert) 120
    1) Lokalstile und Bühnenaufführungen 122
        Die Erneuerung des Kunshan-Stils (Kunqu) 129
        Yiyang und andere Stile 133
    2) Bühnenautoren und ihre Stücke 138
        Li Yu und die Gruppe der Bühnenautoren in Suzhou 182
        Hong im Süden und Kong im Norden 193
        Li Yu, seine Stücke und Theatertheorien 197
        Höfisches Theater während der Qing-Dynastie 200

IV. Huabu Luantan und andere Opernstile (18.–19. Jahrhundert) 212
    1) Das Xiansuo-Melodiesystem 216
    2) Das Bangzi-Melodiesystem 223
    3) Das Luantan-Melodiesystem 236
    4) Das Chuibo-Melodiesystem 240
    5) Das Pihuang-Melodiesystem 243
    6) Opern ethnischer Minderheiten 254
    7) Die Peking-Oper 259
    8) Das Singspiel 278

Diagramm über die Verbreitung der Peking-Oper und lokaler Opern 282
Nachwort 284
Index der Abbildungen 285
Übersicht über die Dynastien 294
Glossar 295
„Geschichte und Kunst der Peking-Oper" – Ausgewählte weiterführende Literatur 304

Vorwort

„Der Perfektion von Kunst sind keine Grenzen gesetzt. Unter den Professionellen gibt es eine sehr bekannte Redewendung: ‚Der Lehrer vermittelt dir das Grundwissen, aber wie weit du danach gehst, hängt einzig und allein von dir selbst ab.' Dies bedeutet, dass du, um in der Kunst etwas erreichen zu können, hart kämpfen und zäh sein musst."

Diese Worte stammen von Mei Lanfang (1894–1961), dem wohl bekanntesten Darsteller der Peking-Oper im 20. Jahrhundert. Als erster asiatischer Künstler wurde er für eine Gastspielreise in die USA eingeladen und feierte im Februar 1930 große Erfolge am Broadway in New York. Mei Lanfang trug wesentlich dazu bei, diese Kunstform über die Grenzen des Landes hinaus bekannt werden zu lassen. Einige Jahrzehnte später, 1992, gelang es dem Regisseur Chen Kaige über das Medium Film, die Welt erneut auf dieses Genre aufmerksam zu machen. In *Lebewohl meine liebe Konkubine* griff er Titel und Inhalt eines in China sehr berühmten Opernstückes auf und verstand es, bei der Behandlung des Stoffes weit über die Möglichkeiten der Peking-Opernkunst hinauszugehen. Der Inhalt des Films reflektiert nicht nur die Worte Mei Lanfangs, sondern versucht darüber hinaus, eine transparente Darstellung des Zusammenwirkens von Kunst, Realität und Gegenwart aufzuzeigen, wie sie diese Opernform an sich nicht anstrebt. Die Popularisierung und Aktualisierung dieser Kunstform durch den modernen Film ist auch der Hinweis auf ein wichtiges Erbe der chinesischen Tradition und Kultur, das ebenso wie Yu Ji, der klassisch gebildete Darsteller in dem Film, in der modernen Gesellschaft in Vergessenheit zu geraten droht.

Bedauerlich ist dieses deshalb, weil die chinesische Oper auf eine mehr als 1000-jährige Entwicklung zurückblicken kann und aufgrund ihrer Fülle signifikant chinesischer Elemente sowie ästhetischer, philosophischer und künstlerischer Vorstellungen besondere Einblicke in Kultur, Gesellschaft und Geschichte des Landes zu bieten vermag. Noch heute ist die Peking-Oper die bekannteste von mehr als 300 Lokalopern unterschiedlicher Landstriche und Provinzen. Da sie aus der langen Geschichte und Tradition Chinas schöpft, ist ein knapper historischer Überblick angebracht, um den kulturellen Wert dieses Erbes aufzuzeigen.

Obgleich die Geschichte der Peking-Oper relativ kurz ist, kann ihre Entwicklung mindestens bis in die Tang-Dynastie (618–907) zurückverfolgt werden. Der seinerzeit über die Seidenstraße erblühende Handel ließ die in China an ihrem Endpunkt gelegene Hauptstadt des Landes, Chang'an, das heutige Xi'an, zum kulturellen Zentrum werden, in dem sich Künste aus aller Welt miteinander verwoben. Im Jahre 712 bestieg Xuanzong (d. i. Minghuang 685–762), Enkel der berühmt-berüchtigten Kaiserin Wu Zetian, den kaiserlichen Thron. Zur Archivierung und zum Studium konfuzianischer Schriften, aber auch, um seinem artistischen Talent und seiner Vorliebe für Musik, Tanz, Poesie und Gesang Ausdruck zu verleihen, gründete er die Hanlin-Akademie und förderte so die Entstehung von Hoforchestern. Ihm war es zu verdanken, dass der Lustgarten des kaiserlichen Palastes, der Birnengarten, zum Zentrum der Künste wurde. Hunderte junger Frauen und Männer wurden dort in Musik und Tanz ausgebildet, teilweise sogar unter seiner Anleitung. Dass die Künstler der Peking-Oper und anderer Lokalopern sich mit dem Geist jener Jahre identifizieren, lässt sich daran ablesen, dass sie sich bis in das 20. Jahrhundert hinein oftmals als Liyuan Dizi, als „Schüler des Birnengartens", bezeichneten. Aus den so entstandenen Gesangs- und Tanzformen entwickelte sich in der Song-Dynastie (960–1279) eine unter dem Begriff Zaju bekannt gewordene „Varieté-Musikshow", eine dramatische Aufführungsform, in der allgemein der Vorläufer der Peking-Oper gesehen wird.

In der von den Mongolen regierten Yuan-Dynastie (1279–1368) begann die künstlerische Aufspaltung in nördliche und südliche Stilrichtungen. Während nun das südliche Drama, Nanxi, die pentatonischen Skalen bevorzugte und weiterhin an bestimmten Regeln und Konventionen der Prosodie festhielt, setzte sich nördlich des Yangzi-Flusses das Nord-Drama, das nördliche Zaju, durch, dessen liberaler Umgang mit den Ausdrucksformen des alltäglichen Lebens unter Verwendung einer Siebentonskala mit zwei Halbtönen besondere Popularität erlangte. In den Jahren der Ming-Dynastie (1368–1644) entstanden hieraus weitere Untergruppen und Stile, wobei sich die des Südens durchsetzten. Ungeachtet dieser künstlerischen Aufspaltung, aus der weitere Schulen und Konventionen hervorgingen, hielten doch alle Formen im Wesentlichen am konfuzianischen Ideal der moralischen Erziehung durch Kunst fest.

Im Verlauf der von den Mandschuren gegründeten Fremddynastie der Qing (1644–1911) entwickelte sich aus den unterschiedlichen Lokalopern und Spielweisen schließlich die Peking-Oper. Ein wesentliches Merkmal dieser Dynastie war, dass die Frauenrollen von Männern gespielt wurden, nachdem die Schauspielerinnen und Künstlerinnen 1723 aus moralischen Gründen von den Bühnen am Kaiserhof und dann per Dekret von den kommerziellen Bühnen verbannt worden waren. Gleichwohl war Kaiser Qianlong (1711–1799) ein die Künste liebender Herrscher, der regelmäßig die besten Theaterensembles des Qing-Reiches für bestimmte Festivitäten an seinen Hof rief. Unter den zahlreichen Schauspieltruppen, die anlässlich seines 80. Geburtstags im Jahre 1790 einer Einladung nach Beijing folgten, erregten vier aus der Provinz Anhui angereiste Ensembles besondere Aufmerksamkeit. Aufregend waren ihre Aufführungen deshalb, weil sie die am Kaiserhof beliebte Opernform der Kunqu mit der des südlichen Yiyang Qiang kombinierten und gleichzeitig noch eine Prise der Nördlichen Klapper-Oper hinzufügten. Insgesamt dominierte die als Erhuang bezeichnete Spielweise, die auch den mit diesen Truppen angereisten Frauendarsteller Gao Langting (1774–?) in Beijing berühmt werden ließ. Aufgrund ihrer abwechslungsreichen Programme, die Liebesthemen, Kampf, Akrobatik, Umgangssprache, bewegende Melodien und Handlungen verbanden, agierten schon bald auf fast allen Theaterbühnen der Stadt die Theatertruppen aus Anhui.

Um 1820, im ersten Regierungsjahr des Kaisers Daoguang (1782–1850), hatte Erhuang die elitäre Kunqu vom ersten Platz der Beliebtheitsskala verdrängt. Parallel hierzu erlangten Schauspieler einer lokalen Opernform aus Hubei besondere Popularität, deren bevorzugte Spielweise der Xipi-Stil war. Gesang, Musik und Aufführungstechnik glichen in vielen Punkten der Anhui-Oper, jedoch stand hier die Altherrenrolle Laosheng im Mittelpunkt, deren steigende Beliebtheit in den folgenden Dekaden die Militarisierung der Populärkultur reflektiert. Hintergrund waren der Erste und Zweite Opiumkrieg (1839–1842 und 1856–1860), der Taiping-Aufstand (1850–1864) und der chinesisch-japanische Krieg (1894–1895), um nur einige der Krisenherde zu benennen. Die Anhui-Truppen absorbierten diese Trends und boten kombinierte Programme aus Kunqu, Erhuang und Xipi.

Besonders einflussreich wirkten die Laosheng-Darsteller Cheng Changgeng (1811–1880) und Yu Sansheng (1802–1866), welche die künstlerischen Möglichkeiten durch das Studium diverser Lokalopern systematisch erweiterten. Schließlich entstand eine Opernform, welche die Gelassenheit der Kunqu mit umgangssprachlichen Texten verband, basierend auf einer Synthese der zwei Hauptmusizierweisen Xipi und Erhuang, d. h. kräftigem und temperamentvollem nordchinesischem Musikerleben und weichem, matter getöntem südchinesischem Musikempfinden. Der Pihuang-Stil gilt als Grundlage der Peking-Oper.

Während der Regierungsperiode von Kaiser Xianfeng (1831–1861), d. h. zwischen 1850 und 1861, gelangte die Peking-Oper in den Kaiserpalast und es dauerte nicht lange, bis sie zur wichtigsten Form kaiserlicher Unterhaltung avancierte. Die folgenden Dekaden unter Kaiser Tongzhi (1856–1875) und Guangxu (1871–1908) gelten gemeinhin als die Blütezeit, an deren Ende sich die Begriffe Jingxi und Jingju, „Hauptstadt-Oper" bzw. Peking-Oper durchsetzten. Gefördert wurde diese Entwicklung nicht zuletzt durch die Mutter bzw. Tante dieser zwei Kaiser, Cixi (1835–1908), die die eigentliche Macht im Land besaß. Als Liebhaberin der Peking-Oper rief sie die großen Künstler an den Kaiserhof, auch um dort die Schauspielkunst lehren zu lassen. Einer der von ihr favorisierten Künstler war der große Tan Xinpei (1847–1917), ein Meister der Laosheng-, der Altherrenrolle, der ebenso wie andere höchst talentierte Künstler einen eigenen Stil bzw. eine Schule prägte. Tan Xinpei wurde zum ersten „Medienstar" des Übergangs zur chinesischen Moderne. 1905 drehte er den ersten chinesischen Film, 1906 nahm das französische Unternehmen Pathé seine Schellackplatten auf, deren ungebrochene Popularität ihm in den folgenden Dekaden einen festen Platz in den Katalogen sicherte.

Allerdings geriet die Peking-Oper nun, mit dem Eindringen des Westens, in zunehmende Bedrängnis. Zunächst wurde quasi im Vorbeigehen der Organisations- und Aufführungspraxis der Peking-Oper ein Schlag versetzt. Ursache hierfür war die Niederschlagung des Boxeraufstandes durch die aus rund 50.000 Soldaten bestehende Armee der acht alliierten Mächte und die damit einhergehende Plünderung und Verwüstung Beijings im August 1900. Ein großer Teil der Opernbühnen und Teehäuser ging in Flammen auf. Sie wurden wieder aufgebaut, jedoch wurde der Betrieb anders fortgesetzt, auch verstarben 1908 die Kaiserwitwe und Kaiser Guangxu, drei Jahre später führte die Revolution zum Sturz des Kaiserhauses und zur Gründung der Republik. Kurzum, die alten Strukturen und Protektionsmechanismen hatten sich aufgelöst. Zahlreiche Künstler strebten in diesen Jahren nach einem Neuanfang in der sicheren und modernen Stadt Shanghai, zudem drängten die Schauspielerinnen nun wieder auf die großen Bühnen. Die Hafenstadt lockte mit hohen Gagen, modernen Bühnen und bot in den folgenden Dekaden aufgrund ihres halbkolonialen Charakters Schutz vor Bürgerkrieg und japanischer Invasion, sodass dort in den 1920er und 1930er Jahren ein neues Opernzentrum entstand. Obgleich die Peking-Oper nicht an Popularität einbüßte, sondern im Gegenteil durch herausragende Künstler wie Mei Lanfang, Cheng Yanqiu (1904–1958) und viele andere sogar eine neue Blütezeit erlebte und den Namen Guoju, „Nationaloper", erhielt, hatte sie als Unterhaltungsvergnügen gerade in Shanghai starke Konkurrenz aus dem Westen erhalten: amerikanische Kinofilme und Jazzmusik, Tanzhallen und Konzerte europäischer Klassik.

Parallel hierzu dienten lokale Musik- und Opernformen in den ländlichen Regionen als ein Medium nationalistischer und kommunistischer Propaganda, ein Trend, der nach der Errichtung der Volksrepublik China 1949 gefördert wurde und in den Jahren der Kulturrevolution mit den Geming Yangbanxi, den „revolutionären Modellopern", seinen Höhepunkt erreichte. Seit Beginn der Reform- und Öffnungspolitik setzte eine Rückbesinnung und Wiederbelebung des alten Repertoires ein, wofür die Regierung der Volksrepublik China Geldmittel bereithält, um die Kunst der Peking-Oper durch Forschung, Ausbildung, Fernsehauftritte und Wettbewerbe zu bewahren. Im kollektiven Gedächtnis erfahren gerade die Stars der 1930er und 1940er Jahre besondere Wertschätzung, denn sie repräsentieren die ungebrochene Operntradition. Ihre seinerzeit überaus populäre Kunst wird heute umfangreich auf CD und DVD angeboten.

Trotz alledem hat die Peking-Oper ihre Nähe zum Volk verloren, sodass gerade das jüngere Publikum in den Zeiten der Modernisierung und Globalisierung nur noch wenig Enthusiasmus für die als antiquiert empfundene Kulturform aufbringt. In der Tat setzt der vollständige Genuss einer Peking-Oper beim Publikum Kenntnis und intensive Beschäftigung voraus, handelt es sich doch um eine „totale Aufführung", in der neben Kostümierung und Maskenbild die ästhetisch und technisch perfekte Beherrschung der Sigong, der vier Künste Gesang, Bewegung, Rezitation und Kampf, gefordert ist. Ebenso wichtig ist das Wissen um die Inhalte und Handlungen, um die im Volk bekannten heroischen Taten und Intrigen vergangener Helden, um Mythen und Legenden. Oftmals handelt es sich um Szenen aus einer Handvoll berühmter klassischer Romane aus der Yuan- und Ming-Dynastie, die allzu deutlich zwischen „gut" und „böse" unterscheiden, um beim Betrachter letzte Zweifel daran zu beseitigen, dass der im konfuzianischen Sinne moralische, edle und gerechte Charakter über alle anderen siegen wird.

Die chinesische Oper war somit Kunst als auch pädagogisches Instrument der Regierung, gleichzeitig war sie ihr aber ein Dorn im Auge, was schon die vielen kaiserlichen Edikte zur Zensur einzelner Opern belegen. Häufig trafen hier als unsittlich Erachtetes und politisch Subversives aufeinander, sodass auch die Künstlerinnen und Künstler noch in den Jahren der Republikzeit ein Leben zwischen Bewunderung, Anerkennung und Ablehnung führten. Gerade diese enge Beziehung zwischen Kunst und Gesellschaft, Künstler und Politik, Oper und Volk lädt ein zur intensiven und fruchtbaren Beschäftigung mit der Geschichte der Peking-Oper und ihrer beständigen Suche nach neuen künstlerischen Ausdrucksformen, ansprechender Akrobatik und wirkungsvollen Effekten. Dass sich heute andere, westliche Formen der Unterhaltung aufdrängen, als moderner gelten, leichter konsumierbar und eher geeignet sind, den Bedürfnissen der Gegenwart zu begegnen, sollte uns nicht daran hindern. Der vorliegende Band, reich an Illustrationen, dabei auf Zeugnisse, Autoren, Inhalte und die kulturhistorisch spannende Geschichte der chinesischen Oper eingehend, bietet einen umfassenden Blick in die Vergangenheit dieser Unterhaltungsform. Dem Laien mag er als Einstieg dienen und die Neugier am Besuch einer Peking-Oper wecken. Der Eingeweihte wird von der kompakten Darstellung und den hier zusammengetragenen Quellen profitieren.

Andreas Steen

Entwicklungsstränge der chinesischen Opernkunst

- Altertum, Han-Dynastie
- Sui- und Tang-Dynastie
- Song-, Jin- und Yuan-Dynastie
- Ming- und Qing-Dynastie

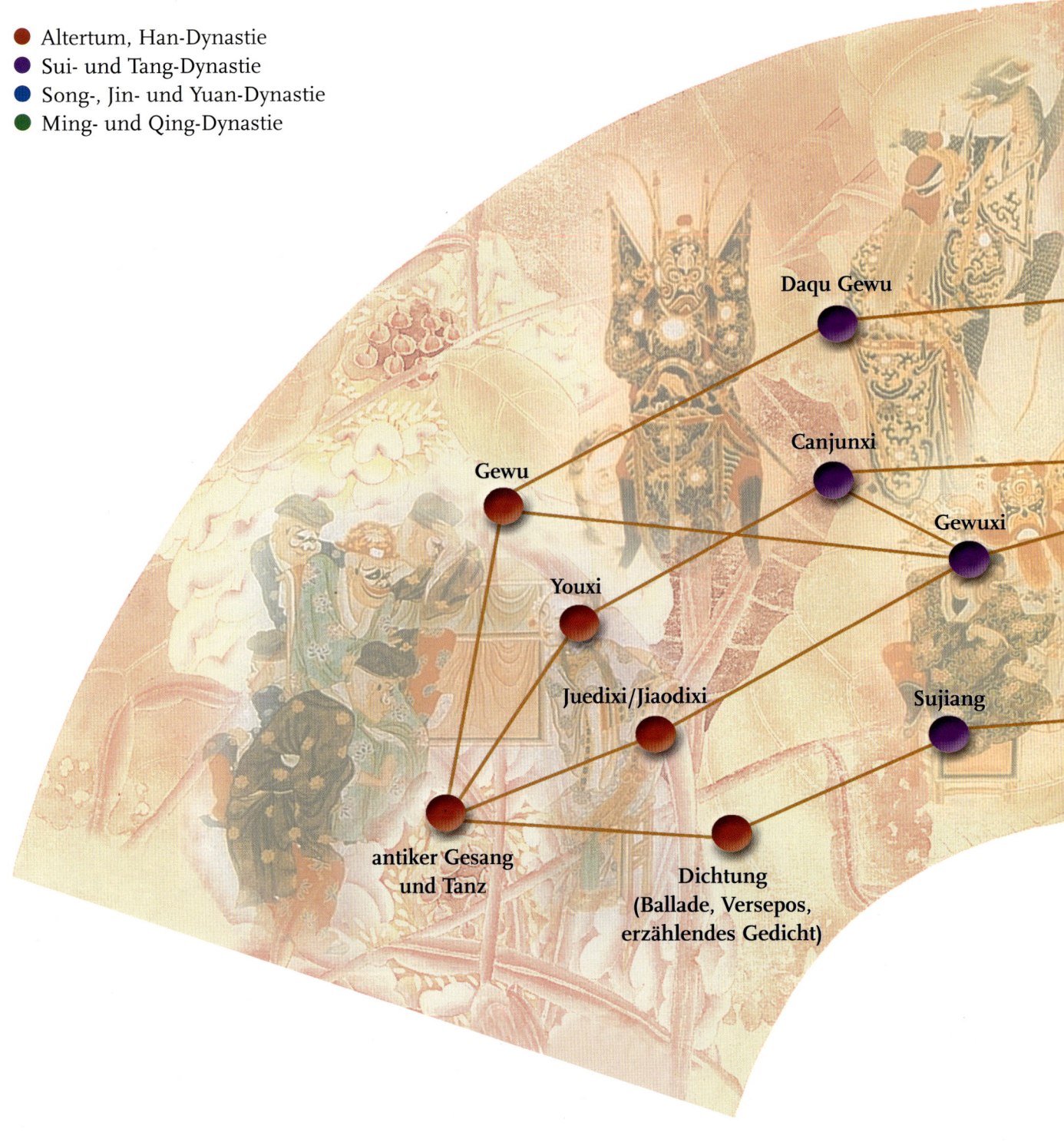

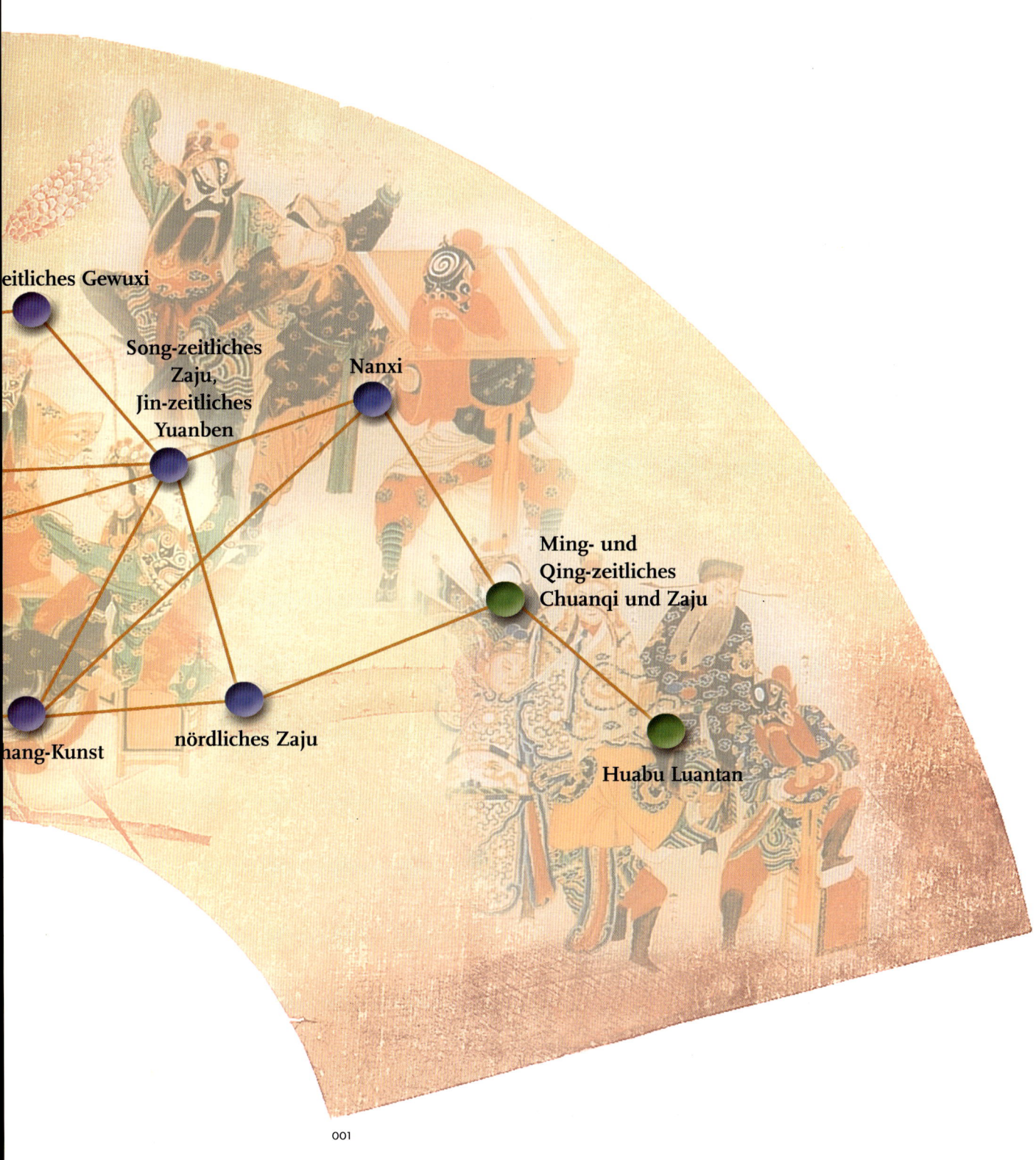

001 Diagramm zu Ursprung und Entwicklung der traditionellen chinesischen Oper.

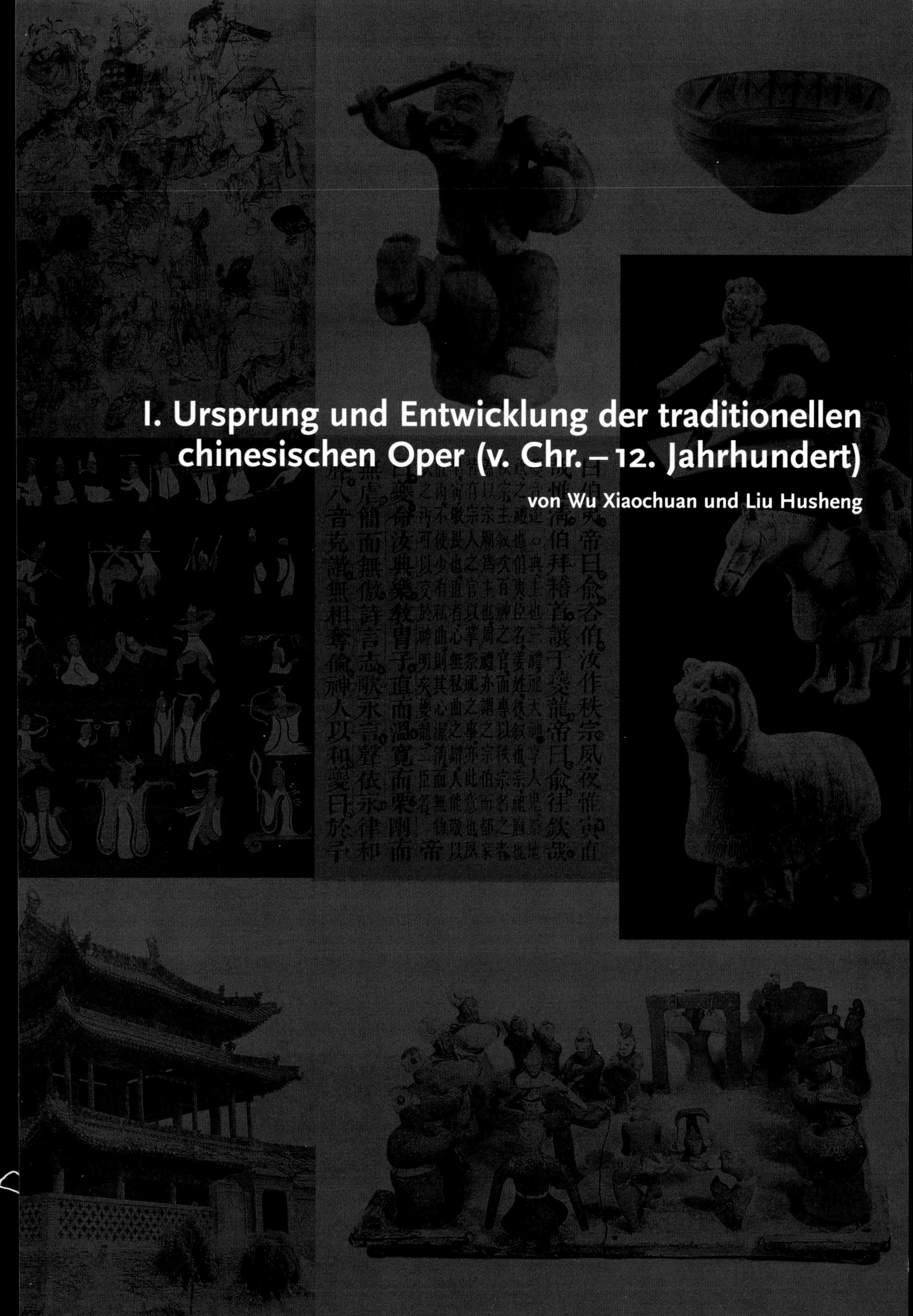

I. Ursprung und Entwicklung der traditionellen chinesischen Oper (v. Chr. – 12. Jahrhundert)

von Wu Xiaochuan und Liu Husheng

Die Ursprünge der chinesischen Oper liegen in Gesang und Tanz zu religiösen und profanen Zeremonien der Naturvölker. Erstmalig von professionellen Darstellern vorgetragen wurden die rituellen Tänze und Gesänge zur Anrufung der Götter gegen Ende der Westlichen Zhou-Dynastie (1100–770 v. Chr.). Während der Han-Dynastien (206 v. Chr.–220 n. Chr.) kamen die volkstümlichen Künste auch im Kaiserpalast zur Aufführung. Unter Kaiser Wu (140–96 v. Chr.), der sogar ein kaiserliches Musikministerium gründete, fanden dort opulente Spektakel mit Schwert- und Feuerschluckern, Akrobaten, Zauberern, Narren, Dompteuren und Ringkämpfern, aber auch Gesang und Tanz statt. Diese Spektakel sind als die „Hundert Spiele" bekannt und bezeugen die Blüte der darstellenden Künste jener Zeit.

Zuzeiten der Dynastien Wei (220–265) und Jin (265–420) sowie der Nördlichen und Südlichen Dynastien (420–581) bestand die Vermischung von Gesang und Tanz, den Hundert Spielen sowie dem Narrenspiel fort. Während der Sui- (581–618) und der Tang-Dynastie (618–907) trugen Reichtum und Vielfalt von Musik und Tanz bei Hof, Volksmusik und -tanz sowie buddhistischer und taoistischer Balladengesang zur Entstehung der chinesischen Theaterkunst bei. Die Gründung der ersten chinesischen Theaterschule, des sogenannten „Birnengartens", wo junge Männer zu Sängern, Instrumentalisten und Tänzern ausgebildet wurden, fällt in die Regierungszeit von Minghuang (712–755). Zu jener Zeit waren die Charaktere, die Handlungen und der Humor der Gesangs- und Tanz- sowie der Soldatenstücke lediglich grob umrissen, weshalb diese Stücke als Frühformen der chinesischen Oper betrachtet werden müssen.

In der Song-Dynastie (960–1279) kam es zwischen den Hundert Spielen und dem höfischen Gesang und Tanz sowie den verschiedenen Darbietungsformen von Vergnügungsvierteln zu Austausch und Wettbewerb. Dies führte zum einen dazu, dass die Vorstellungen zunehmend professionalisiert wurden, zum anderen entstand die chinesische Oper als klar definierbare Kunstform. Zu dieser Entwicklung trug auch bei, dass während der Regierungszeit von Kaiser Zhen Tsong (988–1022) erstmalig zwischen den Tänzen und Gesängen Geschichten vorgespielt wurden, aus denen die Zaju, die „gemischten Spiele", entstanden.

Den Zaju ähnlich waren die Yuanben der Jin-Dynastie (1125–1234), die sich lediglich in Sprache und Titel deutlich von den Zaju unterschieden. Aus dem Zaju der Song-Dynastie, den Yuanben der Jin-Dynastie (1125–1234), aus Formen des Balladengesangs wie dem Changzhuan mit Trommelbegleitung, dem Zhugongdiao aus mehreren Tonarten und dem Geschichtenerzählen sowie beeinflusst von den Literaten ging schließlich, Ende des 12. Jahrhunderts, die chinesische Oper, damals Yongjia Xiqu genannt, als eigenständige und facettenreiche Darbietungsform hervor.

I. Ursprung und Entwicklung der traditionellen chinesischen Oper (v. Chr. – 12. Jahrhundert)

I. 1) Gesang und Tanz, die Hundert Spiele

Man nimmt an, dass Gesang und Tanz bei Naturvölkern rituell die gemeinschaftlichen Aktivitäten wie Jagd, Ackerbau, Krieg, Viehzucht und Verlust thematisierten und die Verehrung von Vorfahren, Göttern und Totems sowie die Feier von Arbeit und Leben widerspiegelten.

002 Keramikschale (Neusteinzeit) mit Tanzdarstellung, freigelegt im Kreis Datong, Provinz Qinghai.

003 Alte Ausgabe vom *Buch der Urkunden*.

„Auf Steinen trommeln, während all die wilden Tiere tanzen." Dieses Zitat aus dem *Buch der Urkunden* beschreibt, so nimmt man an, das gemeinschaftliche Musizieren und Tanzen zur Darstellung der Jagd.

I. 1) Gesang und Tanz, die Hundert Spiele

004

004 Felsmalerei des Tanzens, Shizuishan, Autonome Region Ningxia.

005 Felsmalerei des Jagens, aufgefunden in Alashan, Innere Mongolei.

005

I. Ursprung und Entwicklung der traditionellen chinesischen Oper (v. Chr. – 12. Jahrhundert)

006

006 Knochenpfeife (Neusteinzeit), Hemudu, Yuyao, Provinz Zhejiang.

007 Felsmalerei des Tanzens, Heishan, Provinz Gansu.

008 Felsmalerei des Krieges, aufgefunden im Kreis Cangyuan, Provinz Yunnan.

007

008

I. 1) Gesang und Tanz, die Hundert Spiele

009

010

009 Felsmalerei des Sonnengottes mit Schamanen, aufgefunden im Kreis Cangyuan, Provinz Yunnan.

010 Felsmalerei der Verehrung von Fruchtbarkeit, Autonome Region Xinjiang.

I. Ursprung und Entwicklung der traditionellen chinesischen Oper (v. Chr. – 12. Jahrhundert)

Gesang und Tanz waren bei den Naturvölkern wichtige Bestandteile offizieller Opferzeremonien.

011 Schriftenrolle der *Neun Gesänge* aus den *Elegien von Chu* von Li Gonglin (Song-Dynastie).

012 Alte Ausgabe vom *Buch der Urkunden*.

Das *Buch der Urkunden* erwähnt in einer Legende über Dayu, der den Youmiao-Clan besiegte, das „Tanzen durch Schreiten nach zwei Seiten".

I. 1) Gesang und Tanz, die Hundert Spiele

014

013

013 Farbmalerei eines Schamanentanzes, aufgefunden in einem Grab (Chu-Dynastie), freigelegt in Changtaiguan, Xinyang, Provinz Henan.

Die Malerei illustriert Jagd, Bankett, Tanz und Opfer für die Götter. Der Schamane leitet den Tanz und das Opfer mittels seiner bzw. ihrer Fähigkeit, „mit den Göttern zu kommunizieren" und „die Götter durch den Tanz zu beschwören".

014 Totem (Prä-Qin-Dynastie) der historischen Nationalität Yue, zur Verwendung in Opferzeremonien, freigelegt 1982 in der Grabstätte Nr. 306, Shizishan, Shaoxing, Provinz Zhejiang.

Die Taube auf der Totemsäule symbolisiert die Götter im Himmel. Die sechs unbekleideten Musiker bringen Opfer für den Tempel.

I. Ursprung und Entwicklung der traditionellen chinesischen Oper (v. Chr. – 12. Jahrhundert)

016

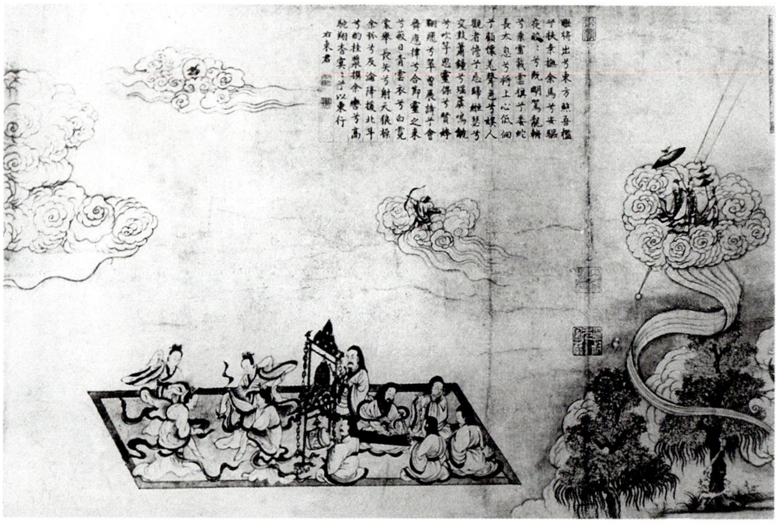

017

015 Fangxiangshi, Illustration aus dem *Bild von Sansi* (Song-Dynastie).

Ein Fangxiangshi, ausgerüstet mit Maske, Dolch und Schild, war Führer der Nuoji-Zeremonie zur Vertreibung von Übel und Krankheit.

016 *Bild des Dawu-Tanzes*.

Das *Bild des Dawu-Tanzes* zeigt einen großen höfischen Tanz, der die Verdienste und Tugenden von König Wu repräsentiert.
　　König Wu führte einen Vergeltungsschlag gegen König Zhou und schlug die Rebellion fremder Stämme nieder.

017 Schriftenrolle der *Neun Gesänge* aus den *Elegien von Chu*.

Diese Schriftenrolle zeigt das Opfer für die Götter sowie Gesang und Tanz im Staat Chu.

018 Bild von Danuo, einer Volkszeremonie zur Geisteraustreibung.

018

I. 1) Gesang und Tanz, die Hundert Spiele

Die Hundert Spiele gehen mindestens auf die Qin-Dynastie (221–206 v. Chr.) zurück und waren außerordentlich populär während der Han-Dynastien (206 v. Chr.–220 n. Chr.). Sie beinhalteten verschiedene Arten der Volksakrobatik, der Musik und des Tanzes und können als wichtiger Hinweis auf die fortgeschrittene kulturelle und künstlerische Entwicklung der Han-Dynastie gelten.

019 Alte Ausgabe von *Die Geschichte der Sui-Dynastie: Kapitel über Musik*.

In *Die Geschichte der Sui-Dynastie: Kapitel über Musik* wurde festgehalten, dass Kaiser Suiyang Künstler der Sanyue sowie der Hundert Spiele in der Östlichen Hauptstadt versammelte und ausländische Gäste mit akrobatischen Vorführungen auf dem Seil, mit Klettern, Gewichtheben, Feuerschlucken und anderen groß angelegten Musik- und Tanzdarbietungen unterhielt.

I. Ursprung und Entwicklung der traditionellen chinesischen Oper (v. Chr. – 12. Jahrhundert)

020 Alte Ausgabe der *Generalenzyklopädie*.

Die *Generalenzyklopädie*, herausgegeben von Du You (Tang-Dynastie), erklärt die Entwicklung der Hundert Spiele von den Han-Dynastien bis zur Tang-Dynastie.

021 Kolorierte Figurinen (Westliche Han-Dynastie) von Sängern, Tänzern und Darstellern der Hundert Spiele, freigelegt 1964 in Wuyingshan, Jinan, Provinz Shandong.

In der Mitte links tanzen hintereinander zwei Frauen und ein Mann. Rechts daneben vollführen zwei Männer einen Handstand, dahinter sind ein Schlangenmensch und ein Kampfkünstler zu sehen. In der hinteren Reihe spielen zwei Frauen das Blasinstrument Sheng, fünf Männer spielen die zitherähnliche Se und schlagen Trommeln und Glocken. Zu beiden Seiten befinden sich insgesamt sieben Zuschauer.

020-1

020-2

021

I. 1) Gesang und Tanz, die Hundert Spiele

022

023

022 Alte Ausgabe vom *Fu-Gedicht auf die Westliche Hauptstadt*.

Im *Fu-Gedicht auf die Westliche Hauptstadt* beschreibt Zhang Heng (Westliche Han-Dynastie) die Hundert Spiele, z. B. Ringkampf, Gewichtheben, Seiltanzen und das Jonglieren.

023 Steinrelief (Han-Dynastie) eines Panwu-Tanzes, freigelegt in Pengxian, Provinz Sichuan.

024 Steinrelief (Han-Dynastie) der Hundert Spiele, freigelegt in Grabmal Nr. 2, Yangzishan, Chengdu, Provinz Sichuan.

024

I. Ursprung und Entwicklung der traditionellen chinesischen Oper (v. Chr. – 12. Jahrhundert)

025 Steinrelief (Östliche Han-Dynastie) mit Tänzern und Musikern sowie Darstellern der Hundert Spiele, freigelegt 1954 in Beizhaicun, Yinan, Provinz Shandong.

Das Steinrelief zeigt 28 Künstler beim Jonglieren mit Schwertern, bei Akrobatik und Schaureiten sowie beim Vollführen von Drachen- und Phönix-Tänzen. 22 der abgebildeten Figuren spielen Glocken, den „klingenden Stein" Qing, Trommeln, Flöten, die Blasinstrumente Sheng und Xun sowie die zitherähnliche Se.

I. 1) Gesang und Tanz, die Hundert Spiele

026

026 Wandgemälde (Östliche Jin-Dynastie) mit Bankettmusik, freigelegt in Grabmal Nr. 5, Dingjiazha, Jiuquan, Provinz Gansu.

027 Wandgemälde (Han-Dynastie) höfischer Musik und der Hundert Spiele, freigelegt 1961 in Dahuting, Kreis Mi, Provinz Henan.

027

I. Ursprung und Entwicklung der traditionellen chinesischen Oper (v. Chr. – 12. Jahrhundert)

028 Steingutlampen und -figurinen (Han-Dynastie), Musiker und Tänzer sowie Darsteller der Hundert Spiele, freigelegt in Luoyang, Provinz Henan.

029 Töpferware (Han-Dynastie), Nachbildung eines Gebäudes zur Aufführung der Hundert Spiele, freigelegt in Lingbao, Provinz Henan.

I. 1) Gesang und Tanz, die Hundert Spiele

030

030 Ausschnitt eines Wandgemäldes (Tang-Dynastie) von Zhang Yichaos Inspektionsreise, Höhle Nr. 156, Mogao-Grotte, Dunhuang, Provinz Gansu.

I. Ursprung und Entwicklung der traditionellen chinesischen Oper (v. Chr. – 12. Jahrhundert)

031-1

031 Töpferfigurinen (Tang-Dynastie), Darsteller der Hundert Spiele, freigelegt in Asitana, Turfan, Autonome Region Xinjiang.

Die Figurinen stellen Künstler dar, die auf Stangen balancieren und Löwen- und Pferdetänze sowie Maskeraden und die Hundert Spiele vorführen.

031-2

I. 2) Ringkampf und Ringkampfspiele

Der Legende nach entstand der Ringkampf in der Zeit der Kämpfenden Reiche (475–221 v. Chr.) und wurde in den Qin- (221–206 v. Chr.) und Han-Dynastien (206 v. Chr.–220 n. Chr.) zu einer populären athletischen Kunst. In der Han-Dynastie entwickelte er sich zu einem Ringkampftheater, in dem mittels Tanz, Musik und Akrobatik Geschichten erzählt wurden.

032 Seidenmalerei (Westliche Han-Dynastie) einer Ringkampfszene, freigelegt 1976 in Grabmal Nr. 9, Jinqueshan, Linyi, Provinz Shandong.

I. Ursprung und Entwicklung der traditionellen chinesischen Oper (v. Chr. – 12. Jahrhundert)

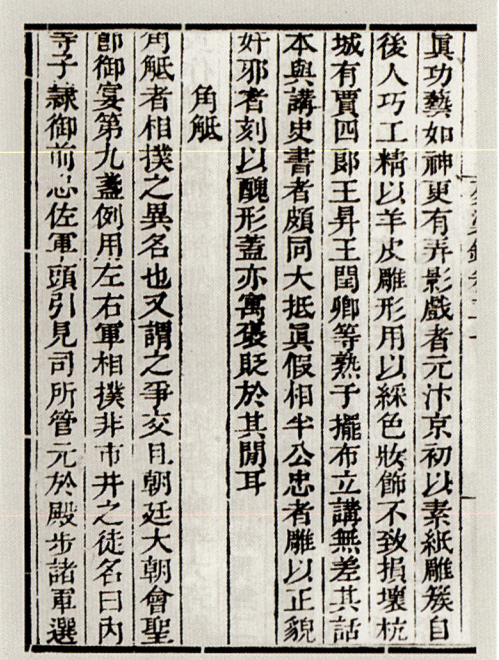

033

034

033 Alte Ausgabe der *Erinnerungen an Hangzhou*.

In den *Erinnerungen an Hangzhou* von Wu Zimu (Song-Dynastie) wird der Ringkampf als Synonym für Sumo definiert.

034 Alte Ausgabe vom *Buch der Musik*.

„Gemäß verschiedener Quellen hatte König Chiyou Hörner auf seinem Kopf und spießte damit Kaiser Huangdi auf, als er mit diesem kämpfte. Heute gibt es eine musikalische Suite, die sich *Das Spiel von Chiyou in Jizhou* nennt." Aus dem *Buch der Musik* von Chen Yang (Song-Dynastie).

035 *Das Spiel von Chiyou*, Illustration aus *Bilder von Himmel, Erde und Mensch* (Ming-Dynastie).

035

30

I. 2) Ringkampf und Ringkampfspiele

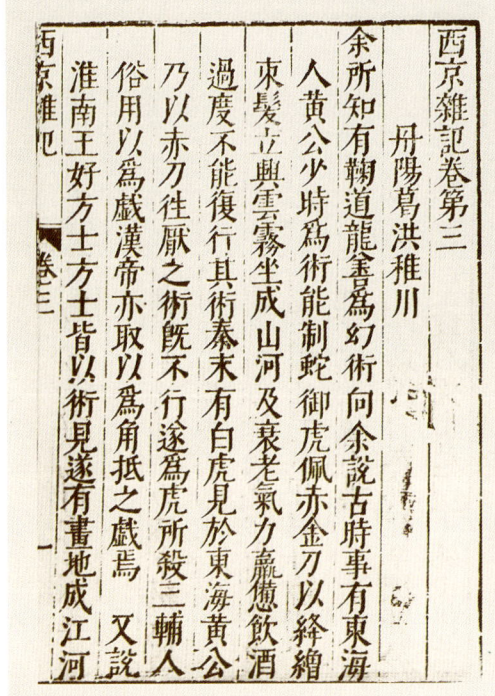

036

037

036 Alte Ausgabe von *Gesammelte Notizen aus der Westlichen Hauptstadt*.

„Gegen Ende der Qin-Dynastie lebte ein Mann namens Huang vom Östlichen Meer. Als er jung war, praktizierte er Magie und war in der Lage, Tiger und Schlangen zu bändigen. Später jedoch, als er alt wurde und zu trinken begann, zeigte seine Magie keine Wirkung mehr. Schließlich wurde er von einem Tiger verschlungen. Auf Steinreliefs der Han-Dynastie finden sich Abbildungen von Kämpfen zwischen einem Mann und einem Tiger." Aus *Huang vom Östlichen Meer* in *Gesammelte Notizen aus der Westlichen Hauptstadt* von Ge Hong (Jin-Dynastie).

037 Ausschnitt einer polierten Glocke (Han-Dynastie), dekoriert mit einem Kampf zwischen Mensch und Tiger.

038 Steinrelief (Han-Dyanastie) eines Kampfes zwischen Mensch und Tiger, freigelegt in Nanyang, Provinz Henan.

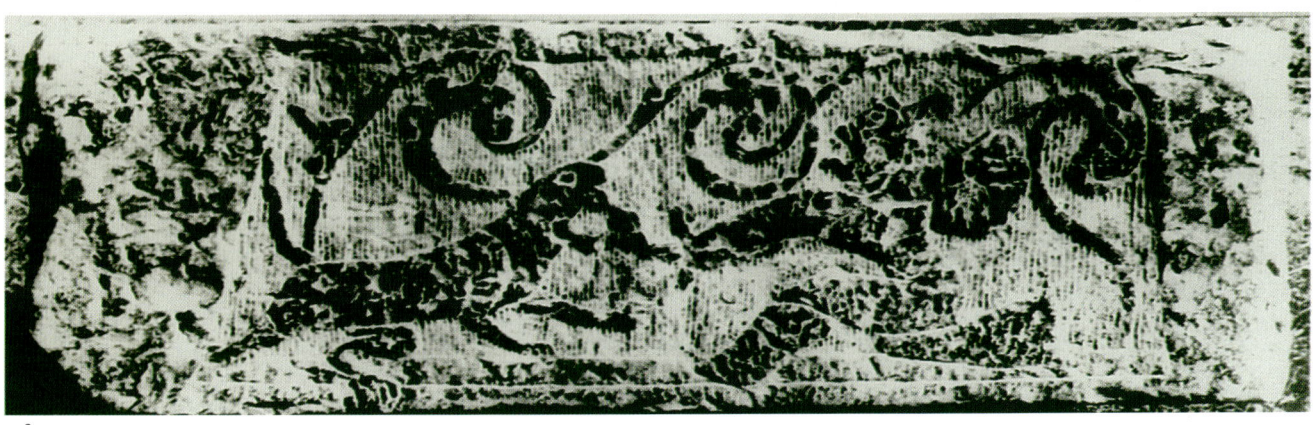

038

I. Ursprung und Entwicklung der traditionellen chinesischen Oper (v. Chr. – 12. Jahrhundert)

I. 3) Narren, Possen, Canjunxi

Narren tauchten erstmalig während der Westlichen Zhou-Dynastie (1100–771 v. Chr.) in der Regierungszeit des Königs You (781–771 v. Chr.) auf. Sie galten als bevorzugte Höflinge, taten sie sich doch durch Gesang und Tanz sowie Nachahmung und Witzerzählen hervor, um den König zu unterhalten. Ein entscheidendes Charakteristikum der Rolle eines Narren war die Freiheit, den König durch satirische Sticheleien kritisieren zu können.

In der Sui- (581–618) und der Tang-Dynastie (618–907) spalteten sich die Darbietungen der Narren in die zwei Rollen Canjun, „Adjutant", und Cangu, „grauer Falke", und begannen einer einfachen Handlung zu folgen. Seitdem nannte sich das Spiel des Narren, die Posse, Canjunxi, wörtlich „Adjutanten-Theater".

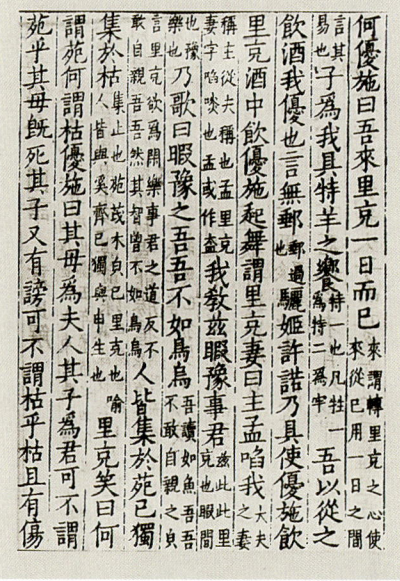

039 Alte Ausgabe der *Konversation zwischen den Staaten: Der Staat Jin*.

In der *Konversation zwischen den Staaten: Der Staat Jin* wird die Geschichte des Narren Shi erzählt. Dieser sagte: „Ich bin ein Narr, mach dir keine Sorgen darüber, was ich sage", und meinte damit, dass – auch wenn er etwas Falsches sagte – seine Worte nicht als Verfehlung gelten würden.

I. 3) Narren, Possen, Canjunxi

040-1

040-2

040-3

040-4

040-5

040 Alte Ausgabe der *Aufzeichnungen des Historikers: Biographien von Narren*.

„Der Narr Meng, ein Schauspieler aus Chu, war groß gewachsen und ein guter Satiriker, der andere häufig (durch Satire) kritisierte." Aus den *Aufzeichnungen des Historikers: Biographien von Narren*. Daneben findet sich in den *Aufzeichnungen* eine Beschreibung, wie der Narr Meng dem König von Chu einen Ratschlag gab, indem er den Premierminister Sun Shuao mimte. Dieses Stück wurde später *Der Narr Meng verkleidet sich* genannt. Den Narren Zhan beschreibt das Buch als „Zwerg der Qin-Dynastie, der ein guter Komödiant war, sich aber immer innerhalb der Grenzen des Anstands hielt."

I. Ursprung und Entwicklung der traditionellen chinesischen Oper (v. Chr. – 12. Jahrhundert)

041

041 Tonfigur (Han-Dynastie) eines Trommel schlagenden Zwergs, freigelegt in Lushan, Provinz Sichuan.

042 Alte Ausgabe der *Geschichte der drei Reiche: Die Geschichte von Shu*.

In der *Biographie von Xu Ci* lässt sich nachlesen, dass die Akademiker Xu Ci und Hu Qing nicht miteinander auskamen. Bei einem Treffen mit allen Amt- und Würdenträgern befahl Liu Bei zwei Narren, die beiden zu verkörpern und ihre Streiterei zu imitieren. Auf diese Weise hoffte Liu Bei, alle Anwesenden davon überzeugen zu können, harmonisch miteinander zu leben.

042

I. 3) Narren, Possen, Canjunxi

俳優

開元中黃幡綽張野狐弄參軍始自漢館陶令石躭
躭有贓犯和帝惜其才免罪每宴樂即令衣白夾衫
命優伶戲弄辱之經年乃放後為參軍誤也
開元中有李仙鶴善此戲明皇特授韶州同正參軍
以食其祿是以陸鴻漸撰詞言韶州者由此也武宗
朝有曹叔度劉泉水醎淡最妙咸通以來卽有范傳
康上官唐卿呂敬遷等三人弄假婦人大中以來有
孫乾劉璃餅近有郭外春孫有熊僖宗幸蜀時戲中
有劉真者尤能後乃隨駕入京籍于教坊弄婆羅大

043

043 Alte Ausgabe der *Sammlung des Musikkonservatoriums*.

„In der Kaiyuan-Periode führten Huang Fanzhuo und Zhang Yehu das Canjunxi ... auf. In der Kaiyuan-Periode war Li Xianhe gut in der Aufführung des Canjunxi." Aus der *Sammlung des Musikkonservatoriums*.

044 Ausschnitt eines Wandgemäldes (Tang-Dynastie) mit einem Zwergnarren, freigelegt im Grabmal von Prinz Zhanghuai, Qianxian, Provinz Shaanxi.

044

35

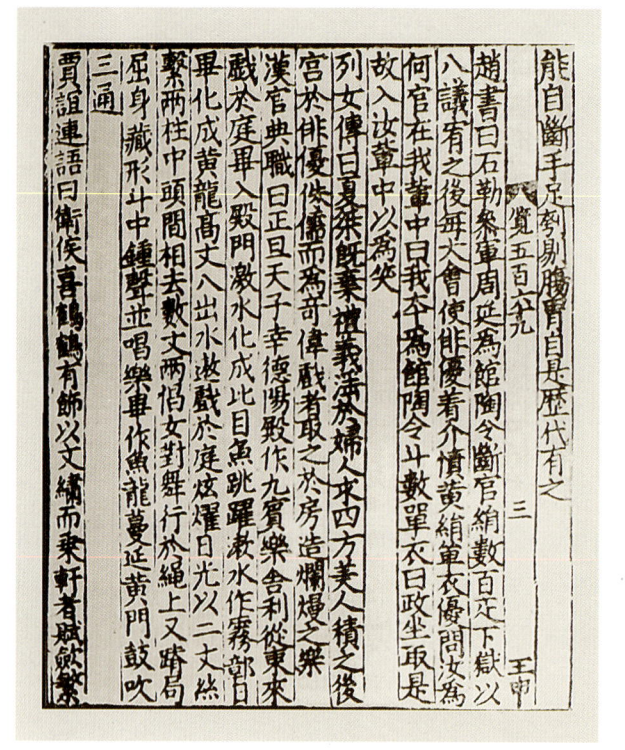

I. Ursprung und Entwicklung der traditionellen chinesischen Oper (v. Chr. – 12. Jahrhundert)

045

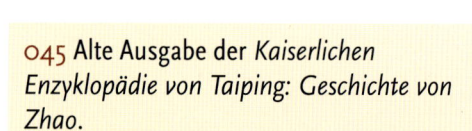

045 Alte Ausgabe der *Kaiserlichen Enzyklopädie von Taiping: Geschichte von Zhao.*

„Zuzeiten des Kaisers Shi Le gab es einen Canjun namens Zhou Yan, der wegen Korruption inhaftiert, später jedoch begnadigt wurde. Sooft eine Zusammenkunft stattfand, wurden die Narren aufgefordert, ihn zur allgemeinen Unterhaltung zu verkörpern."

046 Tonfigurinen (Tang-Dynastie) von Darstellern des Canjunxi, freigelegt 1957 im Grabmal von Xianyu Tinghui, Nanhe, Xi'an, Provinz Shaanxi.

046

I. 3) Narren, Possen, Canjunxi

047 Tonfigurinen (Tang-Dynastie) von Darstellern des Canjunxi, freigelegt im Grabmal von Zhangxiong, Asitana, Turfan, Autonome Region Xinjiang.

I. 4) Gesang und Tanz, Gesangs- und Tanzspiel

Während der Sui- (581–618) und Tang-Dynastien (618–907) trieb der kulturelle Austausch zwischen den verschiedenen Nationalitäten die weitere Entwicklung von Gesang und Tanz voran. Sie führte zum Aufkommen von Gesangs- und Tanzspielen wie *Die Maske, Kopf für Kopf* und *Das schwankende Weib*. Diese Spiele kombinierten Musik, Tanz, Ringkampf und einige weitere Darbietungsformen. Deren bedeutendste Neuerung bestand jedoch in einem Handlungsverlauf, der die Spiele zu den ersten dramatischen Aufführungen werden ließ.

048 Alte Ausgabe der *Generalenzyklopädie*.

Im Kapitel *Sanyue* der Tang-zeitlichen *Generalenzyklopädie* beschreibt Du You die Handlungen und Aufführungen von *Die Maske, Kopf für Kopf* und *Das schwankende Weib*.

I. 4) Gesang und Tanz, Gesangs- und Tanzspiel

049 Alte Ausgabe von *Die alte Geschichte der Tang-Dynastie: Annalen der Musik*.

„Zuzeiten der Nördlichen Qi-Dynastie galt Prinz Changgong von Lanling als ein großer Krieger. Weil seinem Gesicht jegliches Majestätische abging, trug er – immer wenn er in den Krieg zog – eine Maske und verlor auf diese Weise nie einen Kampf. Basierend auf dieser Geschichte entstand in der Nördlichen Qi-Dynastie ein Tanz mit Namen *Der Prinz von Lanling zieht in den Kampf*. Durch den Mönch Fuozhe gelangte dieser Tanz während der Tang-Dynastie nach Japan und wurde bis in die heutige Zeit überliefert." Aus *Die alte Geschichte der Tang-Dynastie: Annalen der Musik*.

050 Maske, verwendet in *Der Prinz von Lanling zieht in den Kampf*.

051 Szenenfoto aus *Der Prinz von Lanling zieht in den Kampf*.

1956 befand sich der chinesische Schauspieler Li Shaochun, Mitglied der Peking-Operntruppe, auf einer Gastspielreise in Japan. Dort lernte er das Stück *Der Prinz von Lanling zieht in den Kampf* kennen, das er nach seiner Rückkehr in China aufführte.

I. Ursprung und Entwicklung der traditionellen chinesischen Oper (v. Chr. – 12. Jahrhundert)

052

052 *Der Prinz von Lanling zieht in den Kampf.*

Am 6. September 1992 unternahm eine japanische Theatertruppe aus 45 Personen eine Reise zur Grabstätte des Prinzen von Lanling, die sich in Liuzhuang im Kreis Cixian der Provinz Hebei befindet, um eine Vorstellung von *Der Prinz von Lanling zieht in den Kampf* zu geben.

053 Abbildung aus *Der Prinz von Lanling zieht in den Kampf*, entnommen aus *Die klassische Xinxi-Musik in Bildern* aus Japan.

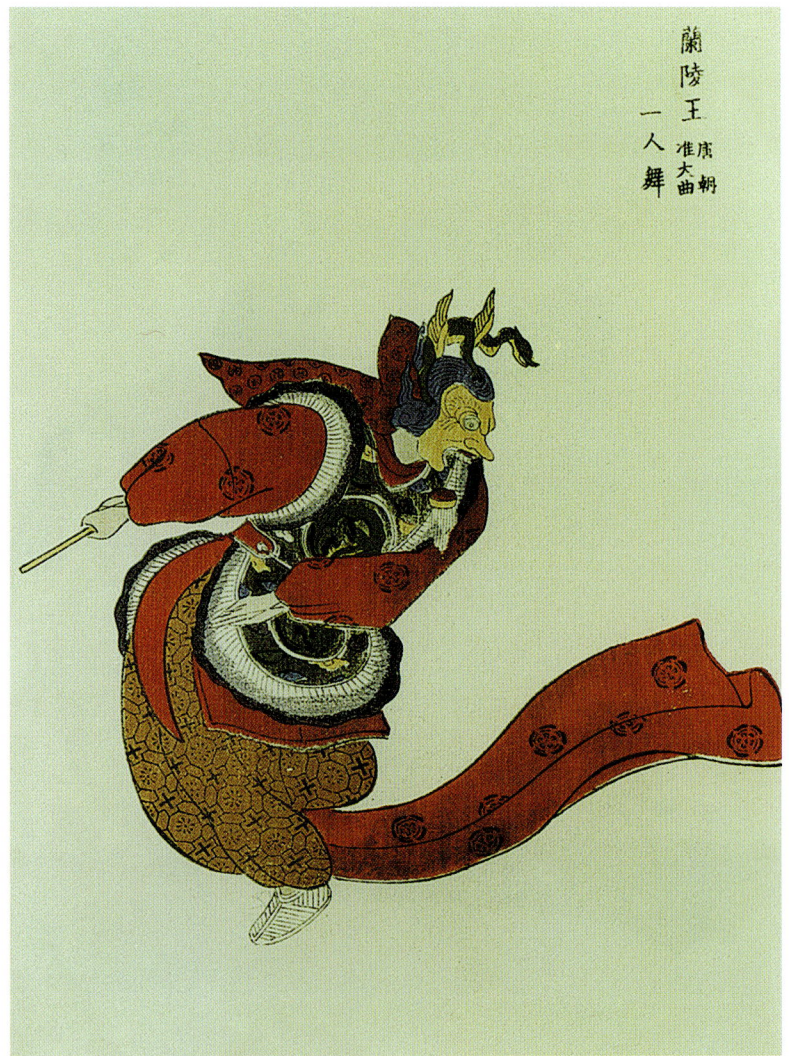

053

I. 4) Gesang und Tanz, Gesangs- und Tanzspiel

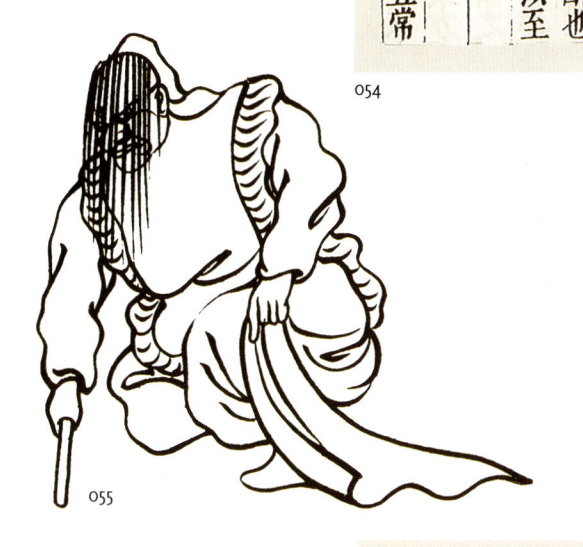

054

054 Alte Ausgabe der *Sammlung des Musikkonservatoriums*.

In der *Sammlung des Musikkonservatoriums* aus der Tang-Dynastie berichtet Duan Anjie, dass es in den westlichen Regionen einen jungen Mann gab, dessen Vater von einem Tiger gefressen worden war. Der junge Mann zog daher aus, um den Tiger zu jagen, tötete ihn schließlich und rächte so seinen Vater. Das Stück mit dem Titel *Kopf für Kopf* ist in acht musikalische Abschnitte gegliedert, die das Überqueren von jeweils einem von acht Gebirgsgipfeln thematisieren.

055 Tanzspiel *Kopf für Kopf* in einer Reproduktion aus *Die klassische Xinxi-Musik in Bildern* aus Japan.

056 Alte Ausgabe der *Berichte aus den Kurtisanenvierteln*.

In *Berichte aus den Kurtisanenvierteln* erzählt Cui Lingqin (Tang-Dynastie) die folgende Geschichte von *Das schwankende Weib*: Zuzeiten der Nördlichen Qi-Dynastie lebte ein Betrunkener, der oft seine schöne Frau schlug. Während der Aufführung des Stückes schritt die Frau langsam durch die Straßen und klagte dabei den Nachbarn ihre Not, indem sie Lieder sang. In jenem Moment des Stücks stimmte das Publikum in den Refrain mit ein: „Schreitende und Schwankende, komm mit uns, arme schreitende und schwankende Frau, komm mit uns." Als der Ehemann hinzukam und dies sah, schlug er seine Frau erneut und wurde daraufhin von der Bühne gejagt. Dieses Stück war sowohl in höfischen als auch in volkstümlichen Fassungen sehr populär während der Tang-Dynastie.

I. Ursprung und Entwicklung der traditionellen chinesischen Oper (v. Chr. – 12. Jahrhundert)

057

057 Tonfigurinen (Tang-Dynastie) nach *Das schwankende Weib*, freigelegt in einer Grabstätte in Turfan, Autonome Region Xinjiang.

058 Tonfigurinen (Tang-Dynastie) von Musikern und Tänzern, freigelegt 1972 in der Grabstätte von Zheng Rentai in Liquan, Provinz Shaanxi.

058

I. 4) Gesang und Tanz, Gesangs- und Tanzspiel

059-1

059-2

059 Schnitzerei von Musikern und Tänzern auf einem Sarkophag (Tang-Dynastie), freigelegt 1973 in der Grabstätte von Prinz Li Shou, Huaian, Sanyuan, Provinz Shaanxi.

I. Ursprung und Entwicklung der traditionellen chinesischen Oper (v. Chr. – 12. Jahrhundert)

060

060 Kolorierte Holzschnitzerei (Tang-Dynastie) von Musikern und Tänzern, Kaiyuan-Tempel, Quanzhou, Provinz Fujian.

061 Wandgemälde (Tang-Dynastie) von Hyana Musikern und Tänzern, Höhle Nr. 172, Mogao-Grotte, Dunhuang, Provinz Gansu.

061

I. 4) Gesang und Tanz, Gesangs- und Tanzspiel

062

063

064

062 Abbildung von Darstellern einer Daqu, einer großen Gesangs- und Tanzdarbietung, wörtlich „große Melodie", entnommen aus *Das nächtliche Bankett von Han Xizai* von Gu Hongzhong (Südliche Tang-Dynastie).

063 Wandgemälde (Song-Dynastie) der Daqu, freigelegt in der Grabstätte von Zhao Daweng, Baisha, Kreis Yu, Provinz Henan.

064 Steinschnitzerei (Song-Dynastie) der Daqu, freigelegt 1974 im Kreis Guangyuan, Provinz Sichuan.

45

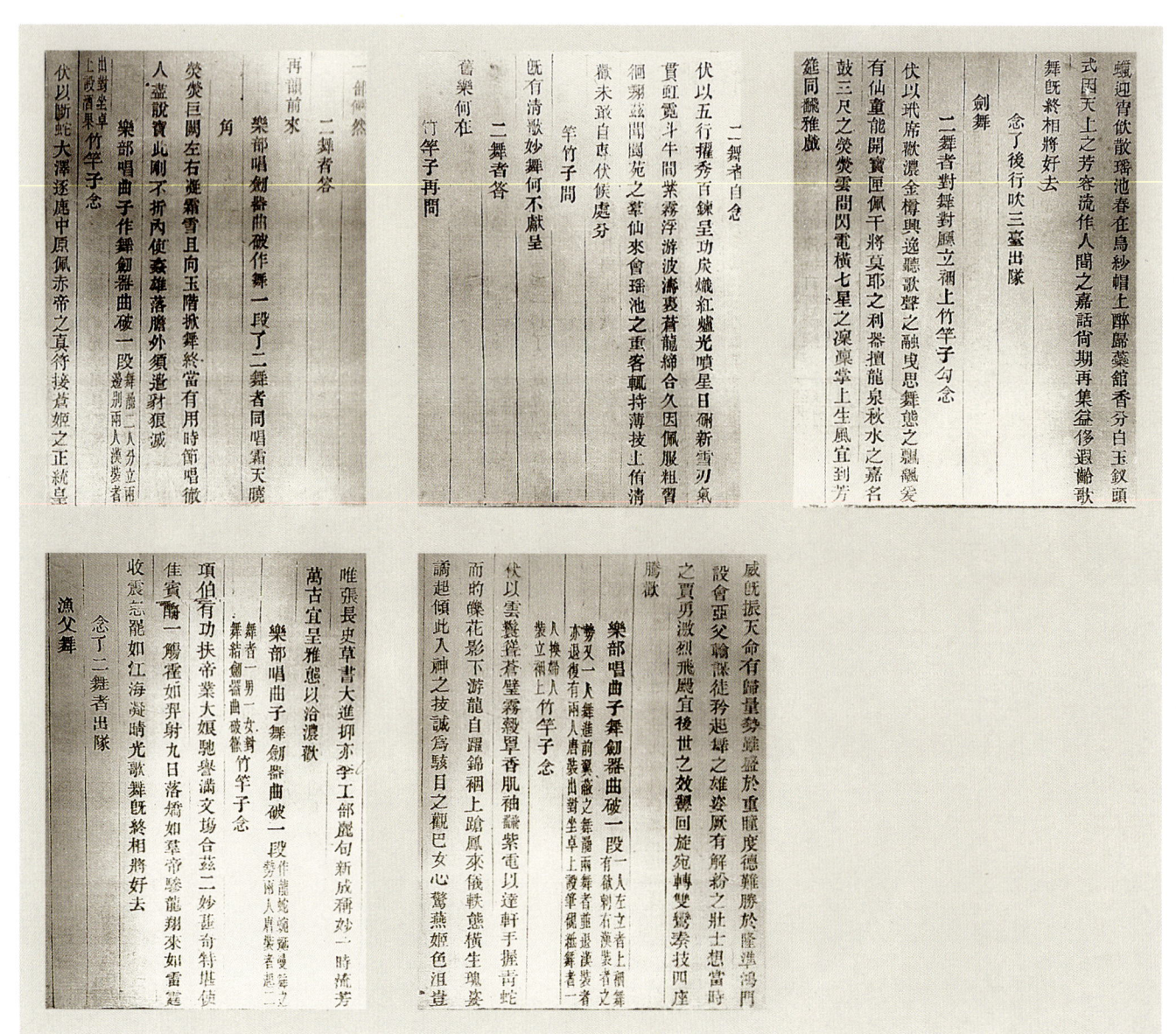

I. Ursprung und Entwicklung der traditionellen chinesischen Oper (v. Chr. – 12. Jahrhundert)

065 Alte Ausgabe des *Schwerttanzes*.

Im *Schwerttanz* aus dem Song-zeitlichen Buch *Verstreute Aufzeichnungen von Maofeng* hält Shi Hao fest, dass zwei Tänzer zu den Liedern der Daqu zu tanzen begannen und unter anderem die Geschichte *Das Hongmen-Bankett* aufführten.

I. 4) Gesang und Tanz, Gesangs- und Tanzspiel

066 Wandgemälde (Südliche Song-Dynastie) von Musikern und Tänzern, freigelegt 1991, Kreis Pingding, Provinz Shanxi.

067 *Das Hongmen-Bankett.*

Gegen Ende der Qin-Dynastie lud Xiang Yu zu Ehren von Liu Bang zum Bankett. Während dieses Banketts gab Xiang Zhuang vor, einen Schwerttanz aufzuführen, während er in Wirklichkeit beabsichtigte, Liu Bang zu töten. Als Xiang Bo die Absicht erkannte, begann er ebenfalls einen Schwerttanz, um Liu Bang zu schützen.

068 Schnitzerei (Jin-Dynastie) der Daqu auf einem Sarkophag, freigelegt 1981, Provinz Henan.

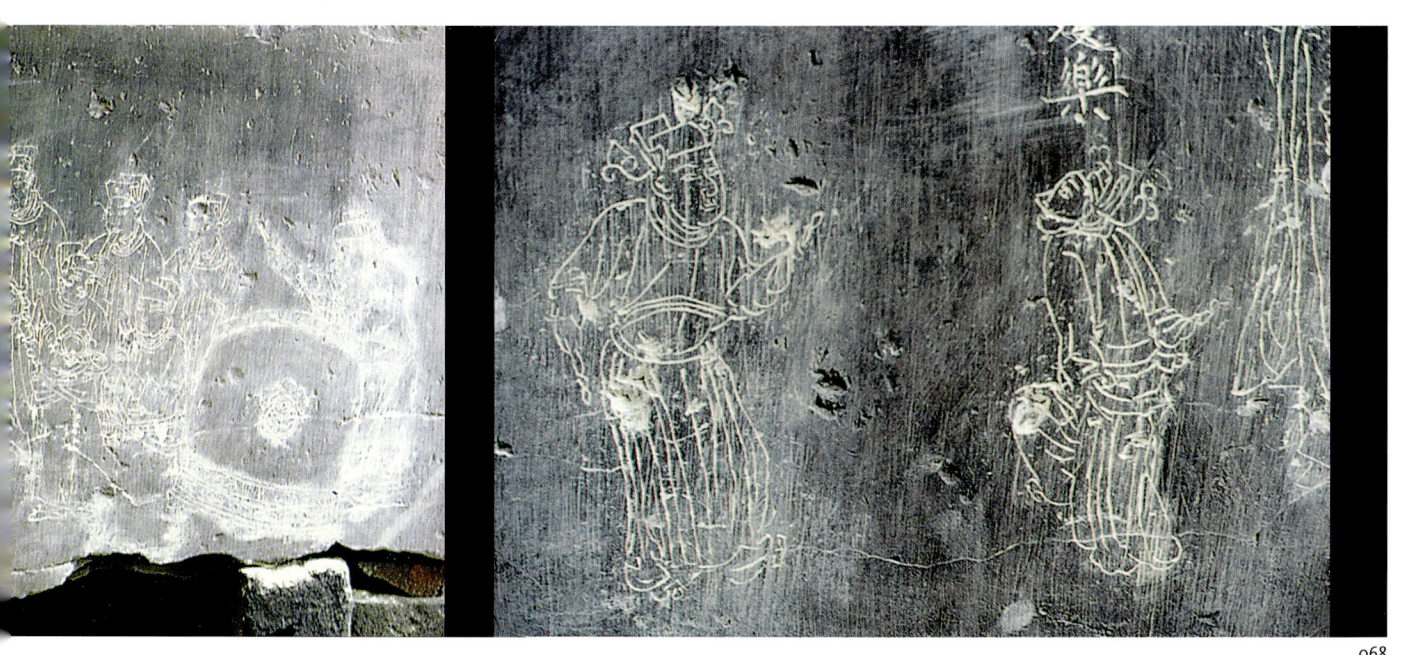

I. 5) Balladengesang und chinesische Oper

Die Kunst des Balladengesangs lässt sich bis zu den antiken Epen zurückverfolgen. Im Laufe der Song-Dynastie (960–1279) entwickelte sich eine Vielfalt von Formen wie das Klapper-Ci, eine Aufführung der Ci-Gedichte mit Klapperbegleitung, Pinghua, das Geschichtenerzählen in Mundart, oder Zhugongdiao, der Balladengesang in mehreren Tonarten. In der Jin-Dynastie (1125–1234) komponierte Dong Xieyuan, der als Begründer der nördlichen Melodien gilt, das Zhugongdiao *Das Westzimmer*. Die schrittweise Reife des Balladengesangs während dieser Zeit ebnete den Weg für die spätere musikalische und literarische Entwicklung der chinesischen Oper.

069 Tonfigurine (Han-Dynastie) eines Geschichtenerzählers, freigelegt in Pengshan, Provinz Sichuan.

I. 5) Balladengesang und chinesische Oper

070 Tonfigurine (Östliche Han-Dynastie) eines Tänzers, freigelegt Tianhuishan, Chengdu, Provinz Sichuan.

071 Alte Ausgabe vom *Bericht von Yinhua*.

„Ein Mönch namens Wenshu hielt eine öffentliche Predigt ... Zuhörer füllten den Tempel ... Kurtisanen imitierten seinen Gesang und dachten sich gleichartige Lieder aus." Aus dem *Bericht von Yinhua* von Zhao Lin (Tang-Dynastie). Mönche und taoistische Priester hielten Predigten im Balladengesang, um die religiöse Lehre zu verbreiten. Später wurden Verweise auf historische Persönlichkeiten und Legenden in die Predigten aufgenommen, um mehr Zuhörer anzuziehen.

072 Alte Ausgabe von *Die Eroberung von Ji Bu*, aufgefunden in der Mogao-Grotte in Dunhuang, Provinz Gansu.

I. Ursprung und Entwicklung der traditionellen chinesischen Oper (v. Chr. – 12. Jahrhundert)

073

073 Alte Ausgabe von *Die singenden Dämonen*, aufgefunden in der Mogao-Grotte in Dunhuang, Provinz Gansu.

In diesem Manuskript sind Bilder und Texte miteinander verbunden, Lieder und Rezitation wechseln sich ab.

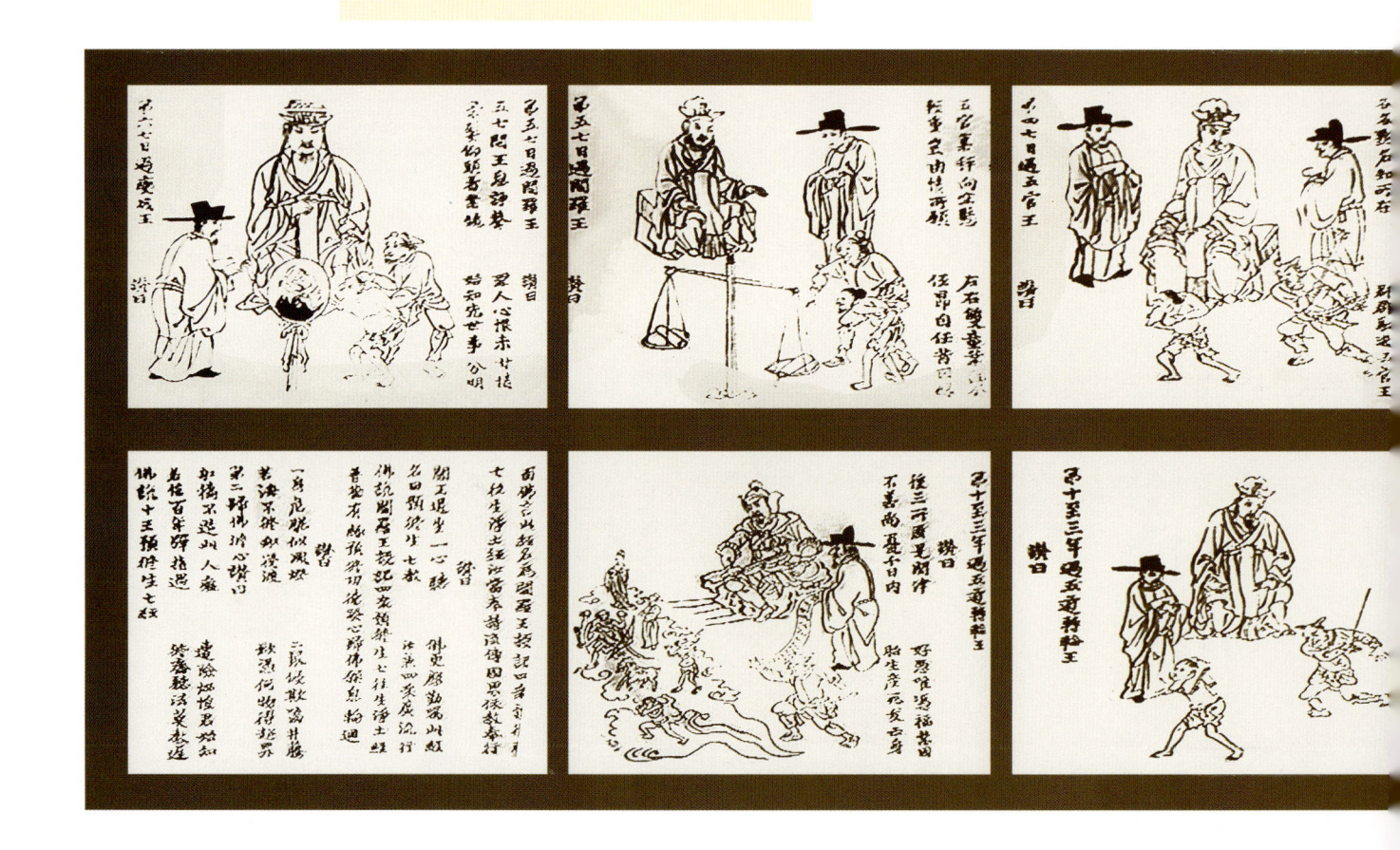

I. 5) Balladengesang und chinesische Oper

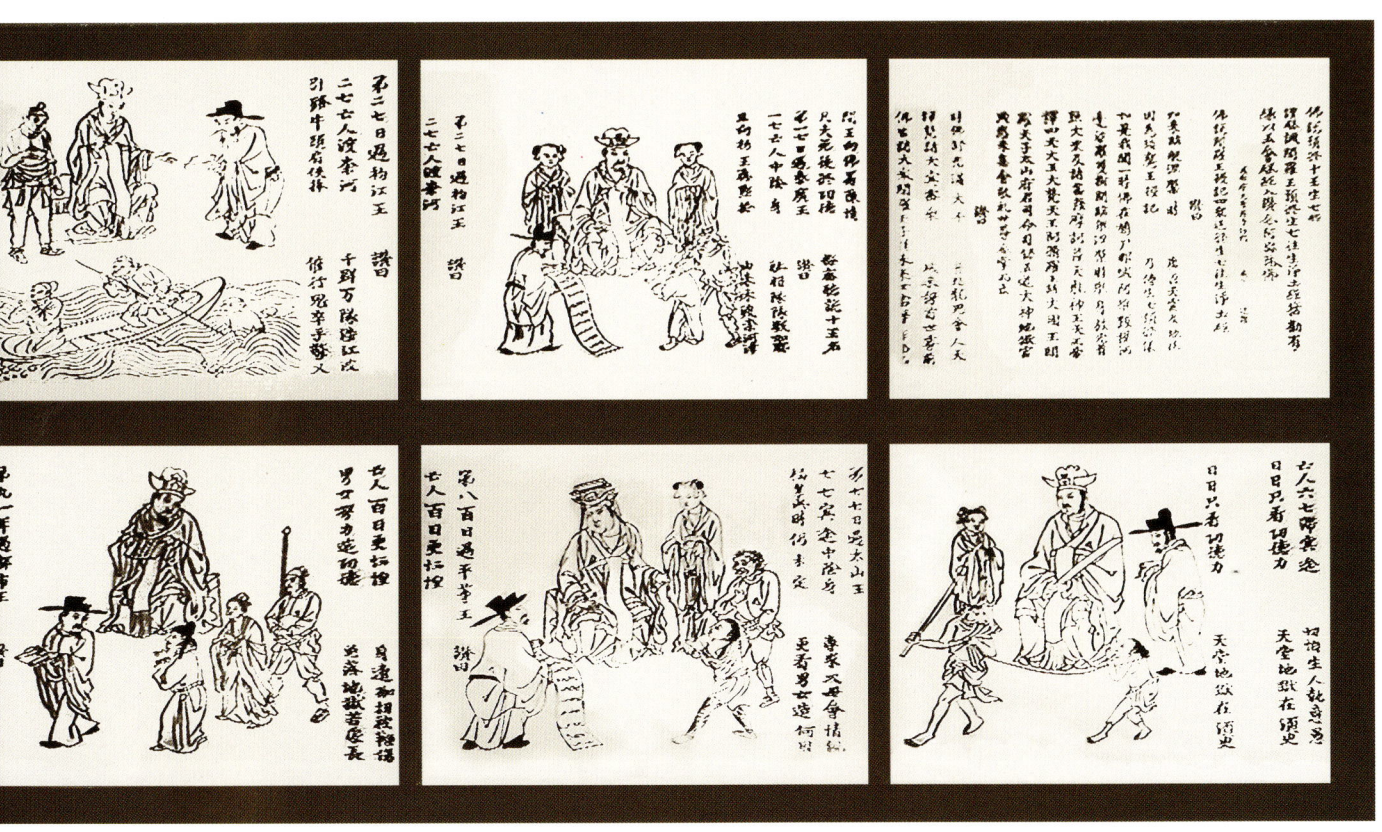

074 *Die Schrift von der Sehnsucht nach dem reinen Land*, Lingshi-Tempel, Huangyan, Provinz Zhejiang.

I. Ursprung und Entwicklung der traditionellen chinesischen Oper (v. Chr. – 12. Jahrhundert)

075 Ausschnitt aus *Flussaufwärts zum Qingming-Fest*.

Szene eines Balladengesangs aus *Flussaufwärts zum Qingming-Fest* von Zhang Zeduan (Song-Dynastie).

I. 5) Balladengesang und chinesische Oper

075

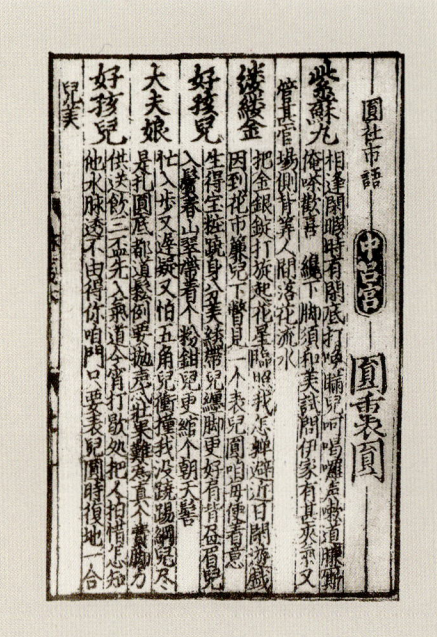

I. Ursprung und Entwicklung der traditionellen chinesischen Oper (v. Chr. – 12. Jahrhundert)

076 Abbildung und Text eines Changzhuan-Balladengesangs.

Illustration aus *Große Aufzeichnung von Begebenheiten* von Chen Yuanliang (Song-Dynastie).

077 Wandgemälde (Jin-Dynastie) eines Balladengesangs, freigelegt in einer Grabstätte in Xiayang, Kreis Wenxi, Provinz Shanxi.

I. 5) Balladengesang und chinesische Oper

078

079

080

078 Alte Ausgabe des Zhugongdiao *Das Westzimmer* von Dong Xieyuan (Jin-Dynastie).

079 Alte Ausgabe des Zhugongdiao *Liu Zhiyuan*.

Es heißt, dass das Zhugongdiao während der Nördlichen Song-Dynastie von einem Volksartisten namens Kong Sanchuan, gebürtig in der Provinz Shanxi, erfunden wurde. Das Zhugongdiao schloss an das Prinzip des Wechsels von Gesang und Rezitation an und entwickelte sich diesbezüglich weiter. Durch die Verwendung von Liedern verschiedener Gongdiao, verschiedener Tonarten, und den Wechsel dieser Lieder mit Rezitationen konnten lange Geschichten erzählt und gesungen werden.

080 *Yongle-Enzyklopädie: Drei Nanxi-Stücke.*

Die Ming-zeitliche *Yongle-Enzyklopädie* vereint Nanxi-Stücke der Song- und Yuan-Dynastien. In die heutige Zeit sind nur drei davon überliefert, darunter *Zhuangyuan Zhang Xie*, das ein Zhugongdiao verwendet, um kurz in die Geschichte einzuführen.

I. Ursprung und Entwicklung der traditionellen chinesischen Oper (v. Chr. – 12. Jahrhundert)

I. 6) Tempelmärkte und Vergnügungsviertel

In der Tang-Dynastie (618–907) räumten Tempelmärkte, die innerhalb von Tempelanlagen stattfanden, den verschiedenen Aufführungsarten wie den Hundert Spielen, dem Balladengesang oder dem Geschichtenerzählen einen festen Platz ein.

In der Song-Dynastie (960–1279) entstanden in den Handels- und Großstädten Vergnügungsviertel. Hier vermischten sich die verschiedenen Volkskünste und förderten die Entwicklung der chinesischen Oper.

081 Alte Ausgabe der *Berichte über buddhistische Tempel in Luoyang*.

Im Changqiu-Tempel führte ein Bildnis des Buddha Sakyamuni an jedem 4. April eine Inspektionstour durch. Währenddessen wurden Aufführungen wie Löwentanz und Schwert- sowie Feuerschlucken veranstaltet.

082 Alte Ausgabe der *Berichte über buddhistische Tempel in Luoyang*.

Verfasst von Yang Xianzhi (Östliche Wei-Dynastie) erzählen die *Berichte über buddhistische Tempel in Luoyang* von Gesang und Tanz sowie den Hundert Spielen, die in den Tempeln zur Aufführung kamen. Zu diesen gehörte auch der Jingle-Tempel, wo singende Mädchen, verschiedenste Akrobaten und kuriose Aufführungen zu sehen waren, die das Publikum faszinierten.

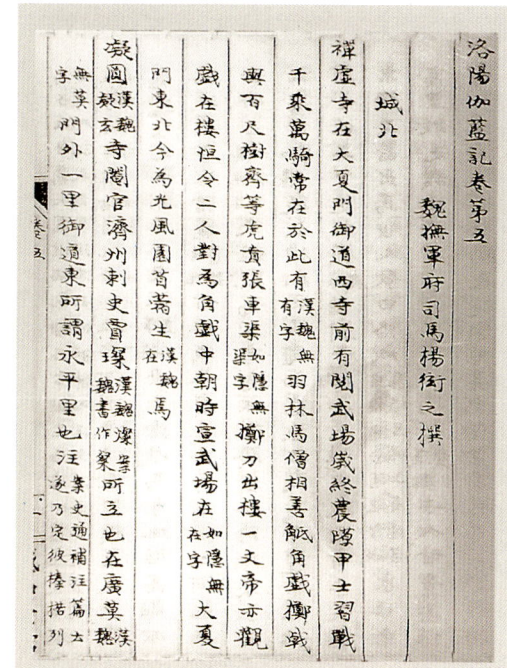

I. 6) Tempelmärkte und Vergnügungsviertel

083 Alte Ausgabe der *Berichte über buddhistische Tempel in Luoyang*.
Vor dem Chanxu-Tempel fanden Ringkämpfe statt.

084 Wandgemälde (Tang-Dynastie) einer Aufführung, Höhle Nr. 237, Mogao-Grotte, Dunhuang, Provinz Gansu.

085 Wandgemälde (Song-Dynastie) einer Aufführung, Höhle Nr. 61, Mogao-Grotte, Dunhuang, Provinz Gansu.

I. Ursprung und Entwicklung der traditionellen chinesischen Oper (v. Chr. – 12. Jahrhundert)

086 Steintafel (Song-Dynastie) aus dem Houtu Shengmu-Tempel, Wanrong, Provinz Shanxi.

Auf der Rückseite der Steintafel findet sich eine Beschreibung von der „Errichtung des Tanzpavillons."

086-2

086-1

087 Alte Ausgabe der *Erinnerungen an die Östliche Hauptstadt*.

In *Erinnerungen an die Östliche Hauptstadt* beschreibt Meng Yuanlao (Song-Dynastie) mehr als 50 Aufführungsorte, die in verschiedenen Vergnügungsvierteln liegen. Die größten dieser Aufführungsorte konnten einige 1000 Zuschauer fassen.

087

I. 6) Tempelmärkte und Vergnügungsviertel

088 Musikturm (Song-Dynastie) des Dongyue-Tempels, Dazhaizi, Chaoyi, Kreis Dali, Provinz Shaanxi.

I. Ursprung und Entwicklung der traditionellen chinesischen Oper (v. Chr. – 12. Jahrhundert)

089

089 Alte Ausgabe der *Erinnerungen an die Östliche Hauptstadt*.

Das Buch verzeichnet verschiedene Darbietungsformen wie Gesang, Vaudeville, Geschichtenerzählen, Ringkampf, Schattenspiel und Zhugongdiao. Zu den Aufführungen kamen die Leute tagtäglich in Scharen, egal wie schlecht das Wetter war.

090 Steinschnitzerei (Jin-Dynastie) einer Freilichtbühne, Zhongyue-Tempel, Provinz Henan.

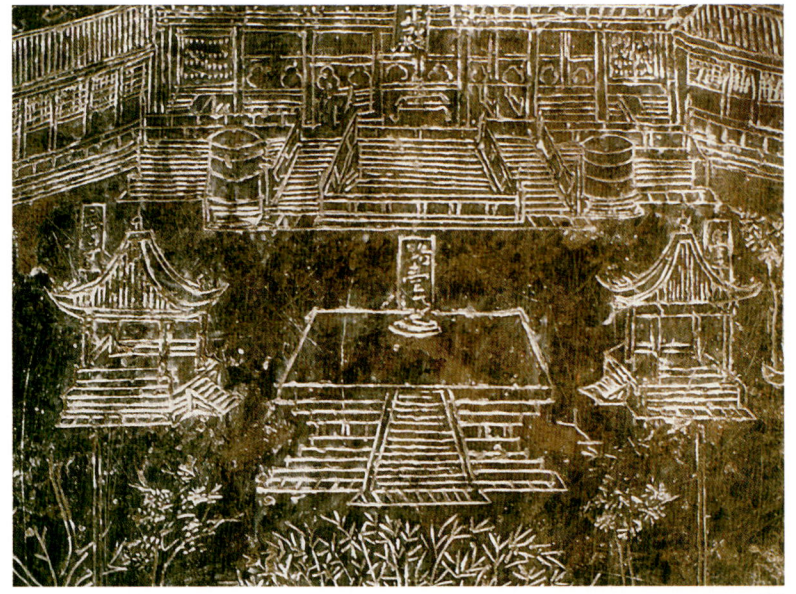

090

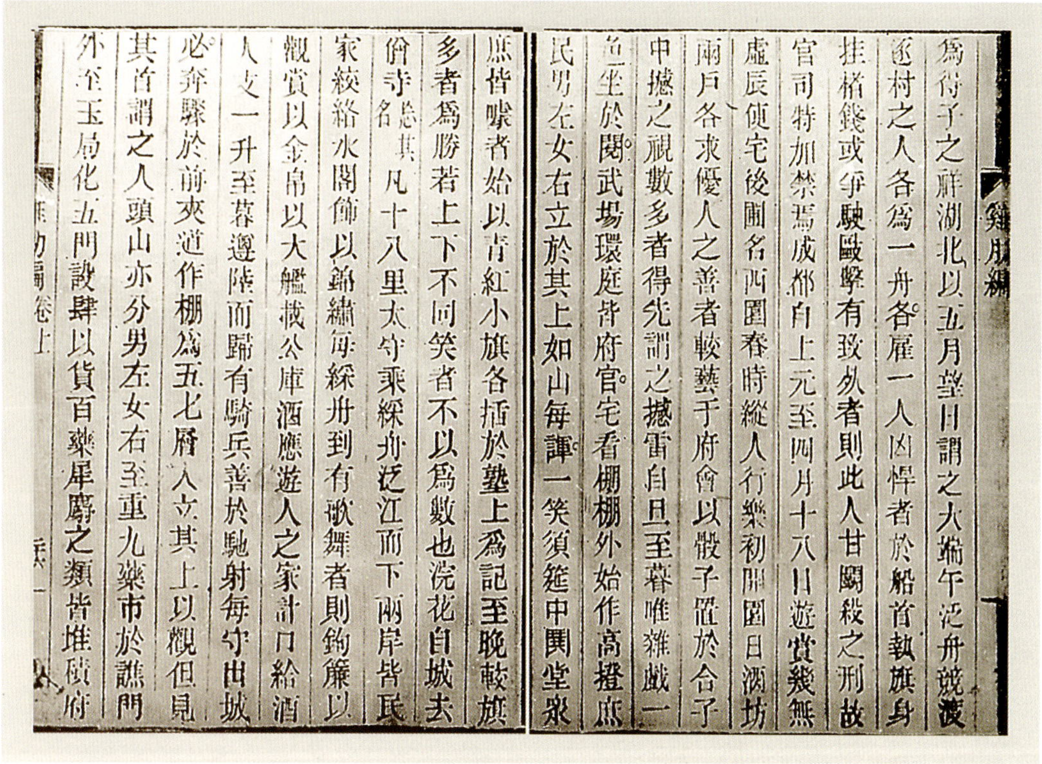

I. 6) Tempelmärkte und Vergnügungsviertel

091

091 Alte Ausgabe vom *Buch des Jilei*.

Die besten Schauspieler aus verschiedenen Gegenden wurden ausgewählt, um öffentlich zu streiten. Das Publikumsgelächter bestimmte den Sieger.

092 Bühne (Jin-Dynastie) im Fujun-Tempel, Qinshui, Provinz Shanxi.

093 Bühne (Jin-Dynastie) im Dongyue-Tempel, Yangcheng, Provinz Shanxi.

092

093

I. Ursprung und Entwicklung der traditionellen chinesischen Oper (v. Chr. – 12. Jahrhundert)

094 Alte Ausgabe der *Geschichten aus der Alten Hauptstadt*.

In den *Geschichten aus der Alten Hauptstadt* berichtet Zhou Mi (Südliche Song-Dynastie), dass es in der Gegend von Hangzhou 23 Vergnügungsviertel gab.

I. 6) Tempelmärkte und Vergnügungsviertel

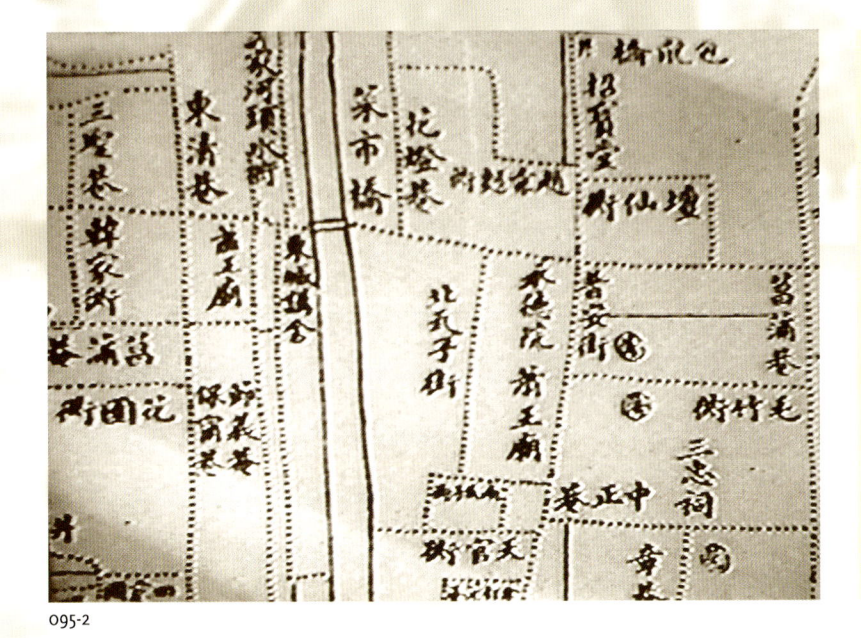

095-1

095 Ruinen von Vergnügungszentren (Song-Dynastie), Wazi-Wazi, Hangzhou, Provinz Zhejiang.

095-2

095-3

63

I. 7) Song-zeitliches Zaju, Jin-zeitliches Yuanben

Das Zaju der Song-Dynastie (960–1279) und das Yuanben der Jin-Dynastie (1125–1234) gehören zur gleichen Kategorie der chinesischen Theaterkunst. Beide übernahmen vieles vom Canjunxi, entwickelten dann jedoch klar voneinander getrennte Rollentypen und entfalteten die Form der Bühnenaufführung. In den *Geschichten aus der Alten Hauptstadt* benennt Zhou Mi das Zaju der Song-Dynastie in seiner heute gebräuchlichen Gattunsbezeichnung als „Stück des Zaju". Im *Bericht von Chuogeng* überliefert Tao Zongyi (Yuan-Dynastie) die Namen einiger Yuanben. Alle in diesen beiden Büchern verzeichneten Stücke sind jedoch verloren gegangen.

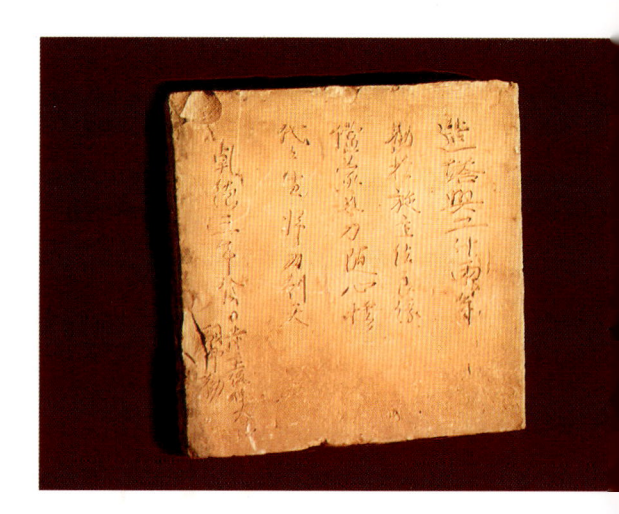

096 Mauersteine mit Schnitzereien (Frühe Song-Dynastie) von Schauspielfigurinen, Lingshi-Tempel, Huangyan, Provinz Zhejiang.

I. 7) Song-zeitliches Zaju, Jin-zeitliches Yuanben

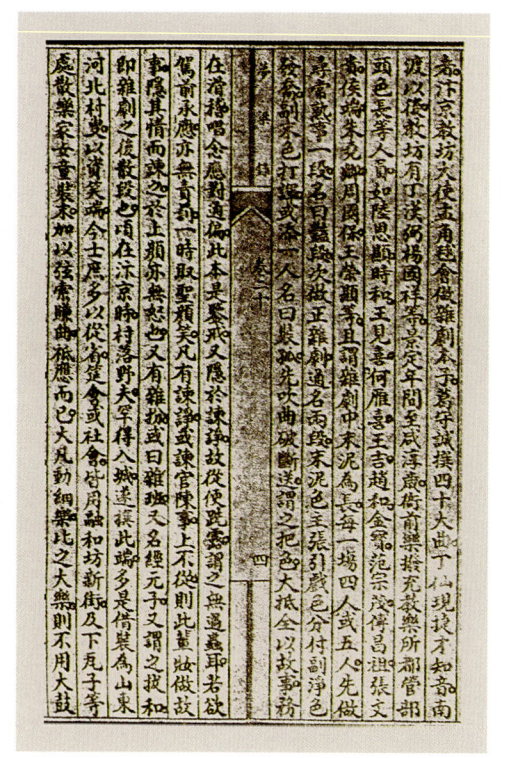

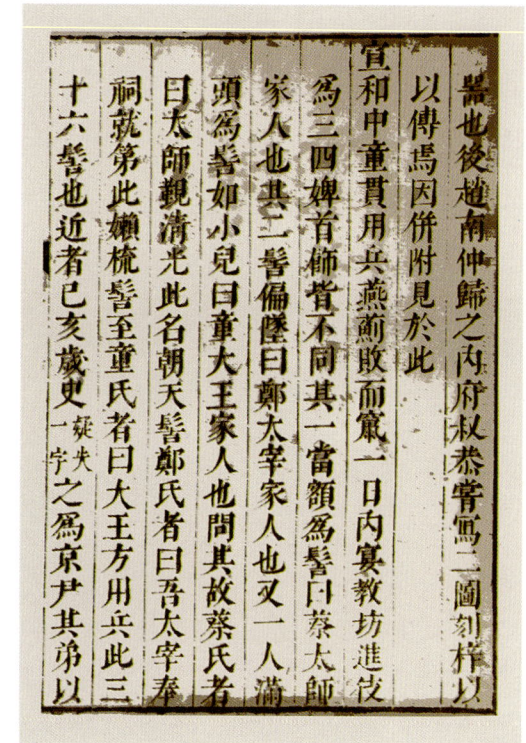

I. Ursprung und Entwicklung der traditionellen chinesischen Oper (v. Chr. – 12. Jahrhundert)

097 Alte Ausgabe der *Erinnerungen an Hangzhou*.

In den *Erinnerungen an Hangzhou* charakterisiert der Autor Wu Zimu (Song-Dynastie) das Songzeitliche Zaju: Das Stück „folgte normalerweise einer Handlung und legte großen Wert auf Humor und Witze. Die Vorführung bestand durchweg aus Gesang und Rezitation."

098 Alte Ausgabe von *Der Qidong-Vortrag*.

Der Qidong-Vortrag, verfasst von Zhou Mi (Song-Dynastie), berichtet über eine Vorstellung von „36 Kunststücken", die den feigen Beamten Tong Guan verspotteten.

099 Alte Ausgabe von *Die Ting-Geschichte*.

Die Ting-Geschichte von Yue Ke (Südliche Song-Dynastie) berichtet von einer Vorstellung des Zaju *Die Rückkehr der zwei Kaiser*, das den verräterischen Hofbeamten Qin Hui verspottete. Nach der Aufführung des Stückes wurden die Schauspieler inhaftiert – sie starben später im Gefängnis.

100 Radierung von Song-zeitlichen Zaju-Figurinen auf einem Steinrelief, freigelegt 1958, Provinz Henan.

Die Rollen des Zaju entwickelten sich später in (von links) Fumo, Fujing, Yinxi, Moni und Zhuanggu.

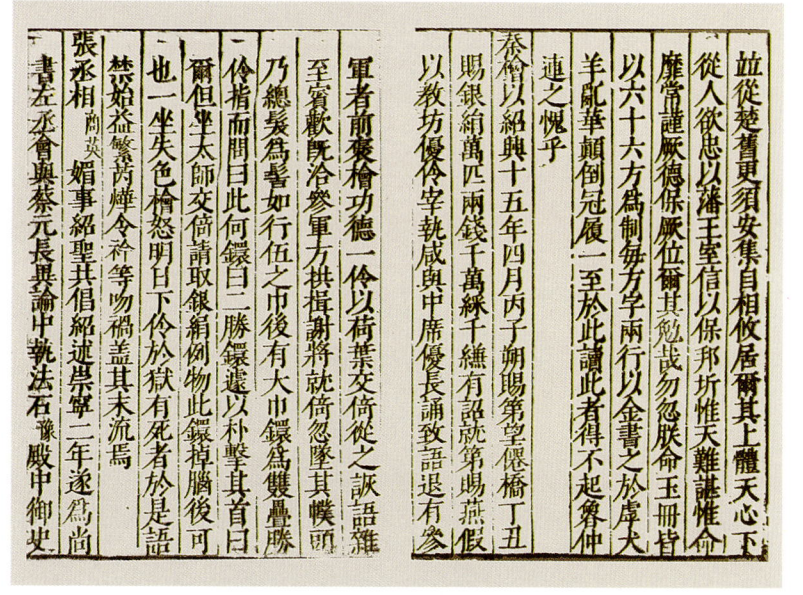

I. 7) Song-zeitliches Zaju, Jin-zeitliches Yuanben

101 Abbildung eines Song-zeitlichen Zaju.

Die Hauptpersonen eines Song-zeitlichen Zaju waren die komischen Rollen Fujing und Fumo, die aus dem Canjun, dem „Adjutanten", und dem Canggu, dem „grauen Falken", der Canjunxi hervorgingen.

102 Wandmalerei eines Song-zeitlichen Zaju, freigelegt in der Provinz Henan.

I. Ursprung und Entwicklung der traditionellen chinesischen Oper (v. Chr. – 12. Jahrhundert)

103 Steinschnitzerei von Song-zeitlichen Zaju-Figurinen, freigelegt in der Provinz Henan.

104 Steinschnitzerei eines Song-zeitlichen Zaju, freigelegt 1974 in der Provinz Sichuan.

I. 7) Song-zeitliches Zaju, Jin-zeitliches Yuanben

105

107

106

105 Alte Ausgabe der *Erinnerungen an die Östliche Hauptstadt*.

Die *Erinnerungen an die Östliche Hauptstadt* berichten vom Zaju-Darsteller Ding Dusai.

106 Schnitzerei eines Song-zeitlichen Zaju auf einem Sarkophag, freigelegt 1978 in der Grabstätte von Zhu Sanweng, Provinz Henan.

Die vier abgebildeten Figuren scheinen die Geschichte von Li Yishan aufzuführen.

107 Steinrelief eines Bildnisses von Ding Dusai, freigelegt in der Provinz Henan.

I. Ursprung und Entwicklung der traditionellen chinesischen Oper (v. Chr. – 12. Jahrhundert)

108-1

108-2

108 Steinschnitzerei (Jin-Dynastie) eines Zaju, freigelegt 1973 und 1979 in der Provinz Shanxi.

Die Steinschnitzereien datieren auf die Zeit von 1126–1181.

108-1 In der Grabstätte Nr. 2 sind (von links) die Rollen Fujing, Zhuanggu, Fumo und Moni zu sehen.

108-2 In der Grabstätte Nr. 5 sind in der vorderen Reihe Moni, Fumo, Zhuanggu und Fujing dargestellt. Die vier Begleiter in der hinteren Reihe halten: nichts, Klapper, Bili und Flöte. Die Bühne entsprach dem Stil eines Tanzpavillons.

108-3 In der Grabstätte Nr. 4 finden sich Abbildungen der Rollen Fumo, Fujing, Zhuanggu und Moni. Die fünf Musiker in der Reihe dahinter spielen große Trommel, kleine Trommel, Flöte, Klapper und Bili. Die Bühne war im Stil eines Tanzsaals gehalten.

108-4 In der Grabstätte Nr. 8 sieht man die Figuren des Zhuanggu, Fumo, Fujing, Moni und Zhuangdan. Die Bühne entsprach dem Stil eines Tanzturms.

108-3

108-4

I. 7) Song-zeitliches Zaju, Jin-zeitliches Yuanben

109 Steinschnitzerei Jin-zeitlicher Zaju-Figurinen, freigelegt 1979 in der Grabstätte Nr. 3, Huayu, Jishan, Provinz Shanxi.

Dargestellt sind (von links) die Rollen Fujing, Zhuangdan, Moni, Zhuanggu und Fumo.

110 Abbildung eines Jin-zeitlichen Zaju, freigelegt in der Grabstätte Nr. 1, Provinz Shanxi.

I. Ursprung und Entwicklung der traditionellen chinesischen Oper (v. Chr. – 12. Jahrhundert)

111 Steinschnitzerei eines Jin-zeitlichen Zaju, freigelegt in Podi, Yuanqu, Provinz Shanxi.

112 Tonfigurinen von Schauspielern in der Steinschnitzerei einer Bühne (Jin-Dynastie), freigelegt 1959 in der Grabstätte von Dong (1210), Provinz Shanxi.

Dargestellt sind (von links) die Rollen Zhuanggu, Fumo, Moni, Yinxi und Fujing. Diese fünf Rollen wurden Wuhua Cuannong genannt. Moni ist die Hauptrolle. Die abgebildete Szene weist die wesentlichen Elemente des Yuan-zeitlichen Zaju auf, in dem Mo und Dan die führenden Rollen spielen.

I. 7) Song-zeitliches Zaju, Jin-zeitliches Yuanben

112

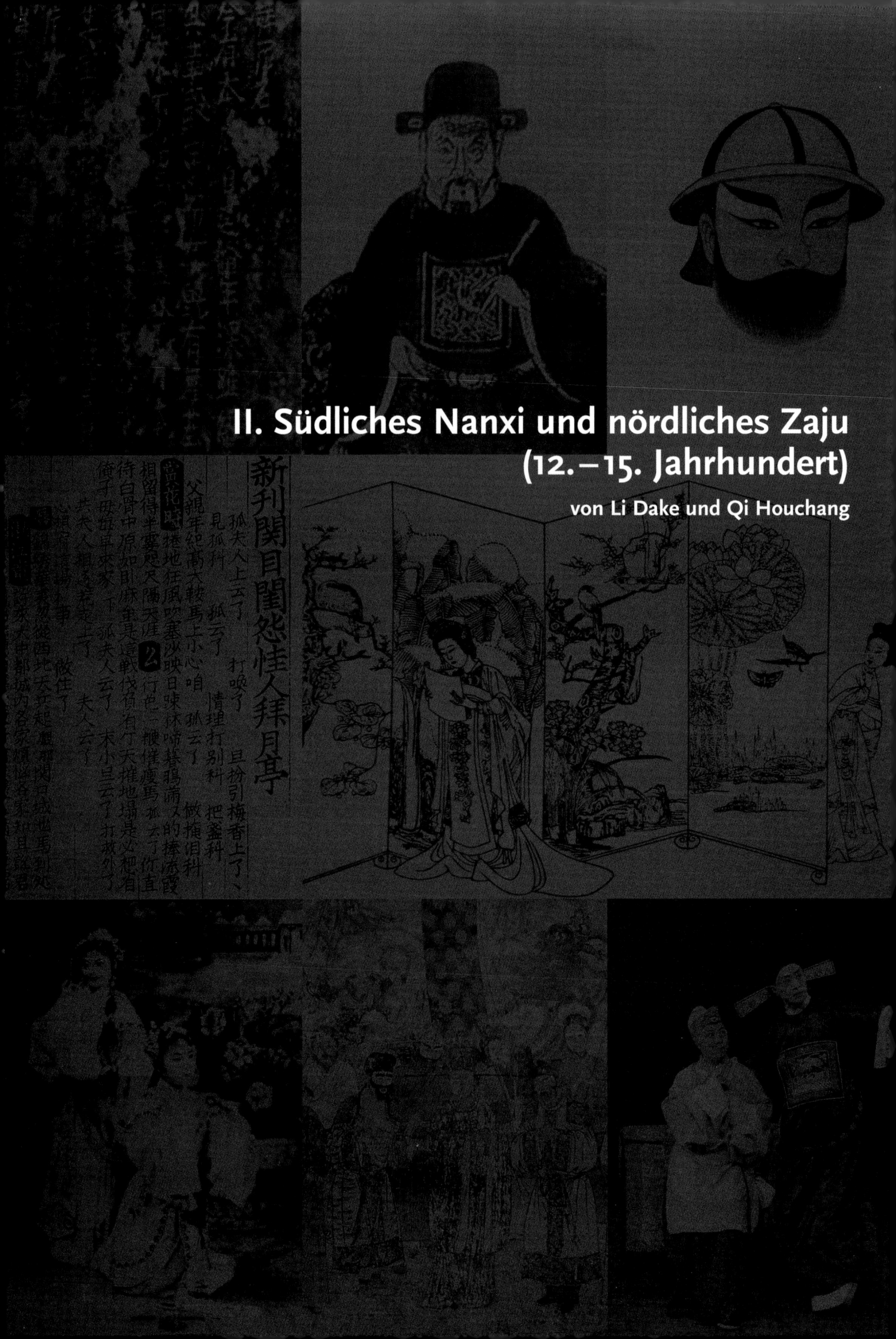

II. Südliches Nanxi und nördliches Zaju (12.–15. Jahrhundert)

von Li Dake und Qi Houchang

Noch während des Übergangs von der Südlichen Song-Dynastie (1127–1279) zu den Jin- (1125–1234) und Yuan-Dynastien (1279–1368) entwickelte sich das Song-zeitliche Zaju im Norden weiter, während im Süden das Nanxi entstand. Diese deutlich verschiedenen Theaterformen legten bereits die ersten Grundlagen für die späteren Charakteristika der traditionellen chinesischen Oper.

1279 wurde China unter der Yuan-Dynastie vereinigt. Im Verlauf dieser Dynastie vermischten sich das südliche Nanxi und das nördliche Zaju, was zu einer reich blühenden Theaterkultur führte. Am Ende der Yuan-Dynastie und zu Beginn der Ming-Dynastie (1368–1644) entwickelte sich das südliche Nanxi stark weiter, während das nördliche Zaju langsam zurückging.

II. Südliches Nanxi und nördliches Zaju (12.–15. Jahrhundert)

II. 1) Südliches Nanxi

Entstanden in den Jahren 1190–1194 in Yongjia, der heutigen Stadt Wenzhou in der Provinz Zhejiang, wurde das Nanxi auch Yongjia Xiqu, Yongjia Zaju oder Wenzhou Zaju genannt. Das Nanxi stammt vom Song-zeitlichen Zaju, der Balladendichtung im Zhugongdiao, Gesang und Tanz sowie anderen populären Genres ab. Es basierte auf einem bekannten Korpus „südlicher Melodien", oftmals Volkslieder, und zeichnete sich durch sowohl kurze als auch lange dramatische Strukturen aus, deren längste sich über 40 Akte erstrecken konnte. Die Rollen waren aufgeteilt in die männliche Hauptrolle Sheng, die Frauenrolle Dan, das zumeist bemalte Gesicht Jing, die männliche Rolle mittleren Alters Mo, den Clown Chou, die alte männliche Rolle Wai und die Nebenrolle Tie.

Zu den frühen Stücken gehörten *Die keusche Frau Zhao und Meister Cai* sowie *Wang Kui*. Insgesamt sind etwa 170 Titel überliefert.

Am Ende der Yuan-Dynastie (1279–1368) und zu Beginn der Ming-Dynastie (1368–1644) war das Nanxi für die vier populären Stücke *Die Geschichte von der Dornenhaarnadel*, *Die Geschichte vom weißen Kaninchen*, *Der Pavillon der Mondverehrung* und *Die Geschichte von der Hundetötung* berühmt, daneben aber auch für *Die Geschichte einer Laute*. In diesen fünf Stücken entwickelte das Nanxi formelle und theaterpraktische Konventionen und legte den Grundstein für die Chuanqi, die poetischen Dramen der Ming-Dynastie.

113 Alte Ausgabe von *Eine Einführung in das Nanxi*.

In *Eine Einführung in das Nanxi* berichtet der Autor Xu Wei (Ming-Dynastie), dass das Nanxi während der Regierungszeit von Kaiser Guangzong (1190–1194) in der Südlichen Song-Dynastie entstand.

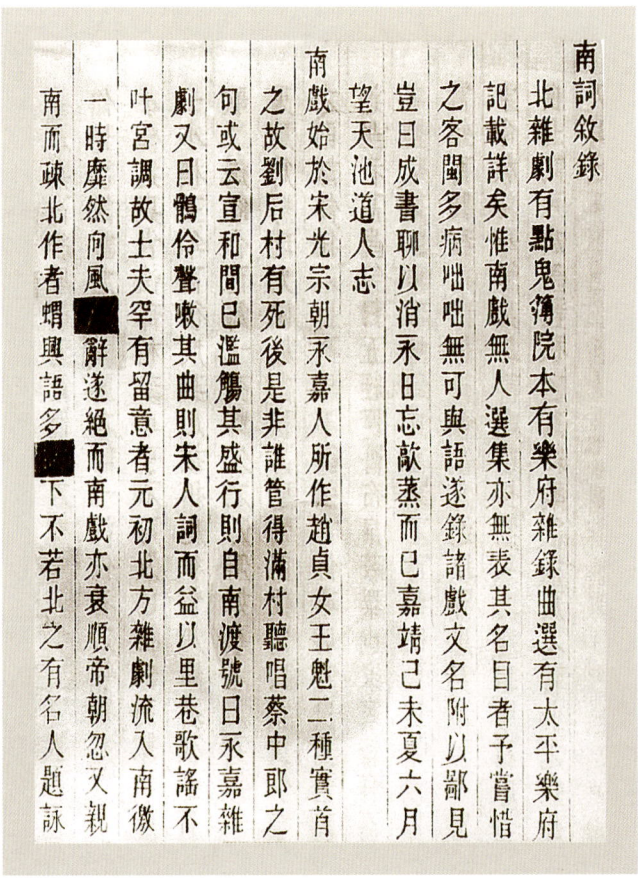

II. 1) Südliches Nanxi

114 Alte Ausgabe der *Notizen von Caomuzi*.

In den *Notizen von Caomuzi* beschreibt der Autor Ye Ziqi (Yuan-Dynastie) den Ursprung des Nanxi und dessen Popularität zuzeiten der Yuan-Dynastie.

115 Alte Ausgabe der *Erinnerungen an Qiantang*.

„In den Jahren 1264–1265 war das Nanxi *Wanghuan* sehr beliebt in der Hauptstadt." Aus den *Erinnerungen an Qiantang* von Liu Yiqing (Yuan-Dynastie).

II. Südliches Nanxi und nördliches Zaju (12.–15. Jahrhundert)

116 Steinschnitzerei eines Porträts von Zhu Yunming.

Die Steinschnitzerei blieb erhalten im Gedenktempel für 500 tugendhafte Personen in Suzhou, Provinz Jiangsu.

117 Alte Ausgabe von *Verschiedenes Geschwätz*.

Verschiedenes Geschwätz von Zhu Yunming (Ming-Dynastie) berichtet, dass das Nanxi nach 1126 aufkam und Wenzhou Zaju genannt wurde.

118 Alte Ausgabe von *Eine Einführung in das Nanxi*.

Die Ausgabe enthält *Die keusche Frau Zhao und Meister Cai* sowie *Wang Kui betrügt Guiying*.

119 Alte Ausgabe von *Die Kuixin-Sammlung*.

In *Die Kuixin-Sammlung* von Zhou Mi gibt ein Eintrag über die Herkunft des Nanxi *Zujie* Auskunft.

II. Südliches Nanxi und nördliches Zaju (12.–15. Jahrhundert)

Die Geschichte einer Laute, verfasst von Gao Zecheng, war ein bedeutendes Werk, das als Zeichen für die starke Entwicklung des Nanxi in der späten Yuan-Dynastie (1261–1368) gelten kann. Zudem warf es seinen Schatten voraus auf die Chuanqi-Spiele, die in den Ming- (1368–1644) und Qing-Dynastien (1644–1911) von Literaten verfasst wurden. Obwohl Handlung und Thema dem frühen Nanxi *Die keusche Frau Zhao und Meister Cai* entstammen, weicht der Inhalt erheblich davon ab.

Die Geschichte einer Laute berichtet von Cai Bojie, der in die Hauptstadt reist, um an den Palastprüfungen teilzunehmen. Seine Frau Zhao Wuniang bleibt dagegen zuhause, um sich um seine Eltern zu kümmern. Bei den Prüfungen ist Cai so erfolgreich, dass er als Zhuangyuan daraus hervorgeht. Dies bringt ihm die Aufforderung ein, Schwiegersohn des Premierministers zu werden. Unterdessen wird das Land von einer Hungersnot geplagt und Cais Eltern sterben. Verkleidet als Bettlerin geht Zhao Wuniang in die Hauptstadt, um nach ihrem Ehemann zu suchen. Mit Hilfe von Cais neuer Frau wird Wuniang schließlich mit Cai Bojie wiedervereint. In diesem Stück wandelt sich Cai Bojie von einem pietätlosen Menschen in einen loyalen und pflichtbewussten Sohn und Ehemann.

Die Geschichte einer Laute ist von hohem literarischen Wert und nimmt in der Entwicklung der chinesischen Oper eine wichtige Stellung ein. Heute wird das Stück noch immer auf vielen lokalen Opernbühnen Chinas aufgeführt.

120 Gao Zechengs Stammbaum und Gaos Porträt.

121 Gedenktafel aus der Ruiguang-Halle und Gao Zechengs Originalmanuskript, verwahrt in Lishi, Ningbo, Provinz Zhejiang.

1356–1366 lebte Gao Zecheng aus dem öffentlichen Leben zurückgezogen und verfasste *Die Geschichte einer Laute*. Die Gedenktafel stammt aus dem Jahr 1886.

II. Südliches Nanxi und nördliches Zaju (12.–15. Jahrhundert)

122 Geburtsort von Gao Zecheng, Baishu, Ruian, Provinz Zhejiang.

123 Gaos Studienzimmer im Haus seines Schwiegervaters.

II. 1) Südliches Nanxi

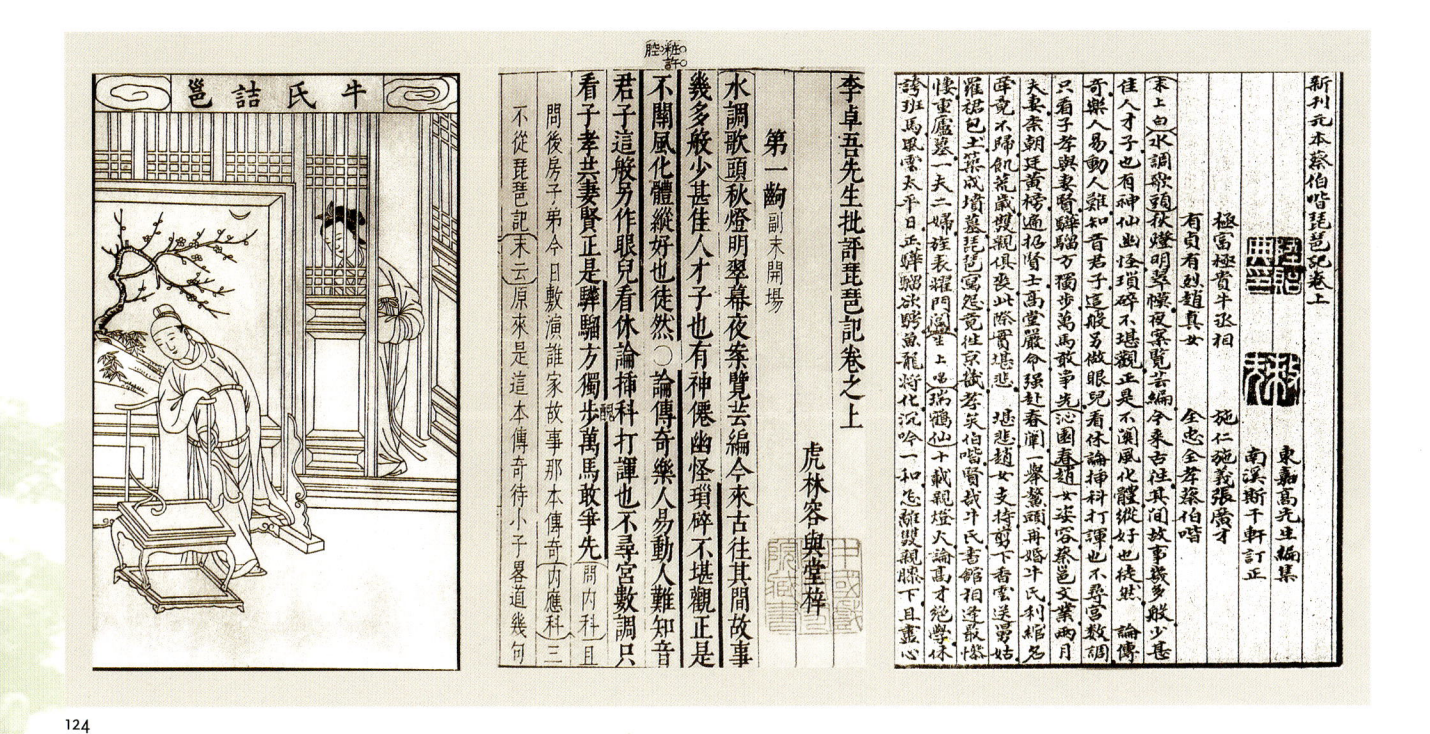

124 Alte Ausgabe von *Die Geschichte einer Laute* und eine Illustration daraus.

II. Südliches Nanxi und nördliches Zaju (12.–15. Jahrhundert)

125 Xiangju-Oper *Der Aufbruch mit der Laute*.

Akt aus *Die Geschichte einer Laute*, in dem sich Zhao Wuniang von ihrem alten Nachbarn Zhang Guangcai verabschiedet. Mit einer Laute im Arm und verkleidet als Bettlerin zieht sie in die Hauptstadt, um ihren Mann zu suchen.

Peng Linong als Zhao Wuniang, Xu Shaoqing als Zhang Guangcai.

II. 1) Südliches Nanxi

126 Sichuan-Oper *Die traurige Zusammenkunft im Studierzimmer*.

Szene aus *Die Geschichte einer Laute*, in der Zhao Wuniang ihren Mann Cai Bojie findet, der inzwischen der Schwiegersohn des Premierministers Niu geworden ist.
   Jiang Shangfeng als Cai Bojie, Wang Qinglian als Zhao Wuniang.

127 Peking-Oper *Zhao Wuniang*.

Akt aus *Die Geschichte einer Laute*, bearbeitet von Zhou Xinfang. Der Akt endet mit der Szene, in der Zhang Guangcai Cai Bojie ärgerlich tadelt. Das Foto zeigt das Schlussbild.
   Zhou Xinfang als Zhang Guangcai, Li Yuru als Zhao Wuniang.

85

II. Südliches Nanxi und nördliches Zaju (12.–15. Jahrhundert)

Yongle-Enzyklopädie: Drei Nanxi-Stücke enthielt unter anderem *Der kleine Schlachter*, *Zhuangyuan Zhang Xie* und *Im falschen Beruf*. Diese drei Titel sind die einzigen der 33 Stücke aus der *Yongle-Enzyklopädie*, die bis heute erhalten blieben.

Gegen Ende der Yuan-Dynastie (1261–1368) entstanden vier berühmte Nanxi, die auch als „Die vier großen Chuanqi" bezeichnet wurden und großen Einfluss auf die Entwicklung der chinesischen Oper hatten. Die vier Stücke heißen: *Die Geschichte von der Dornenhaarnadel*, *Die Geschichte vom weißen Kaninchen*, *Der Pavillon der Mondverehrung* und *Die Geschichte von der Hundetötung*.

Die Geschichte von der Dornenhaarnadel, verfasst von Ke Danqiu (Yuan-Dynastie), handelt von einem armen Gelehrten namens Wang Shipeng, der Qian Yulian – mit einer Dornenhaarnadel als Verlobungsgeschenk – heiratet. Als er aus den Palastprüfungen als Zhuangyuan hervorgeht, bestimmt ihn der Premierminister Wan zu seinem Schwiegersohn. Doch Wang lehnt dies ab, woraufhin ihn der verärgerte Wan in eine entlegene Gegend verbannt. Inzwischen wirbt ein reicher Mann namens Sun Ruquan um Qiang. Indem er einen Brief von Wang fälscht, gelingt es ihm, sie von der Untreue Wangs zu überzeugen. Qians Stiefmutter drängt sie ebenfalls, den reichen Mann zu heiraten, doch Qian weigert sich. Sie versucht, sich zu ertränken, wird jedoch gerettet und lebt fortan mit Wang vereint.

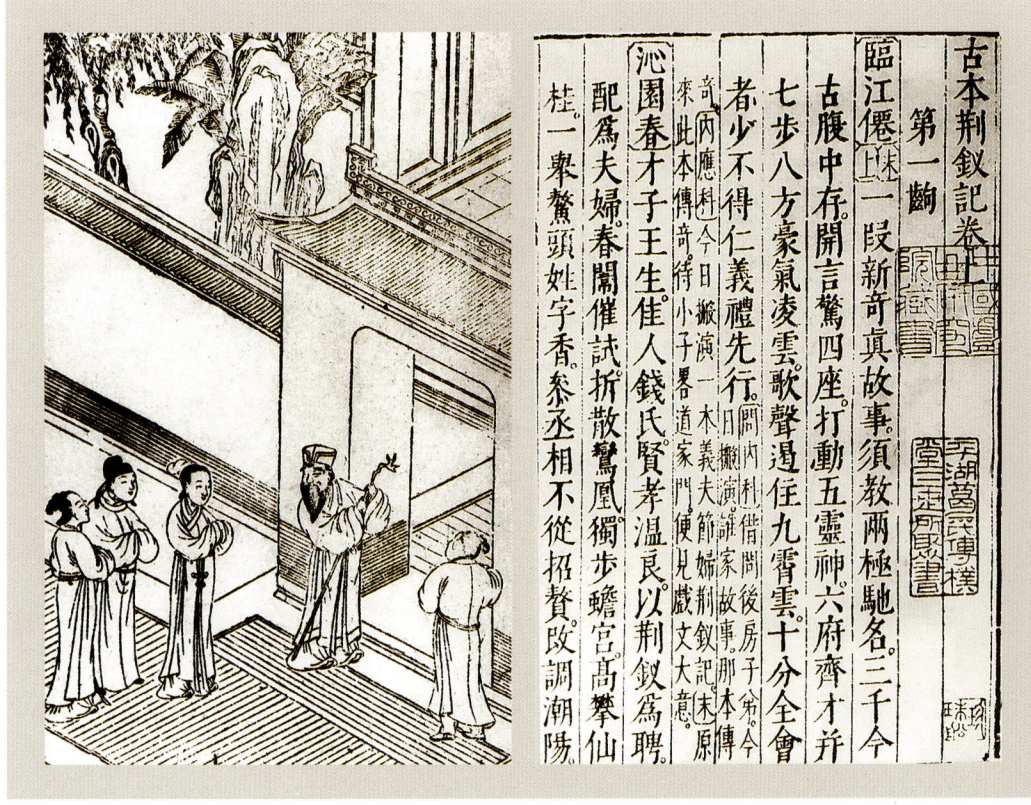

128 Alte Ausgabe von *Die Geschichte von der Dornenhaarnadel* und eine Illustration daraus.

II. 1) Südliches Nanxi

129 Yongjia Kunqu *Das Treffen mit der Mutter*.

Akt aus *Die Geschichte von der Dornenhaarnadel*, in dem Wangs Mutter ihrem Sohn erzählt, dass sich Qian in den Fluss gestürzt hat.

130 Xiangju-Oper *Das Treffen mit der Mutter* im Kunqiang-Stil.

Zhang Fuguang als Wang Shipeng, Zuo Rongmei als Wangs Mutter.

II. Südliches Nanxi und nördliches Zaju (12.–15. Jahrhundert)

Die Geschichte vom weißen Kaninchen erzählt von Liu Zhiyuan, der Li Sanniang heiratet und dann zur Armee geht. Schlecht behandelt von der Frau ihres Bruders bringt Li ihren Sohn in einer Mühle zur Welt. Die Nachbarn übergeben ihren Sohn an Liu Zhiyuan, der inzwischen zu Macht und Einfluss gekommen ist. Erst 16 Jahre später trifft der Sohn zufällig seine Mutter, als er gerade ein weißes Kaninchen jagt. Er erfährt seine Geschichte und seine Familie wird wieder vereint.

131 Alte Ausgabe von *Die Geschichte vom weißen Kaninchen* in einer Version aus der Chenghua-Zeit (1465–1488) der Ming-Dynastie und eine Illustration daraus.

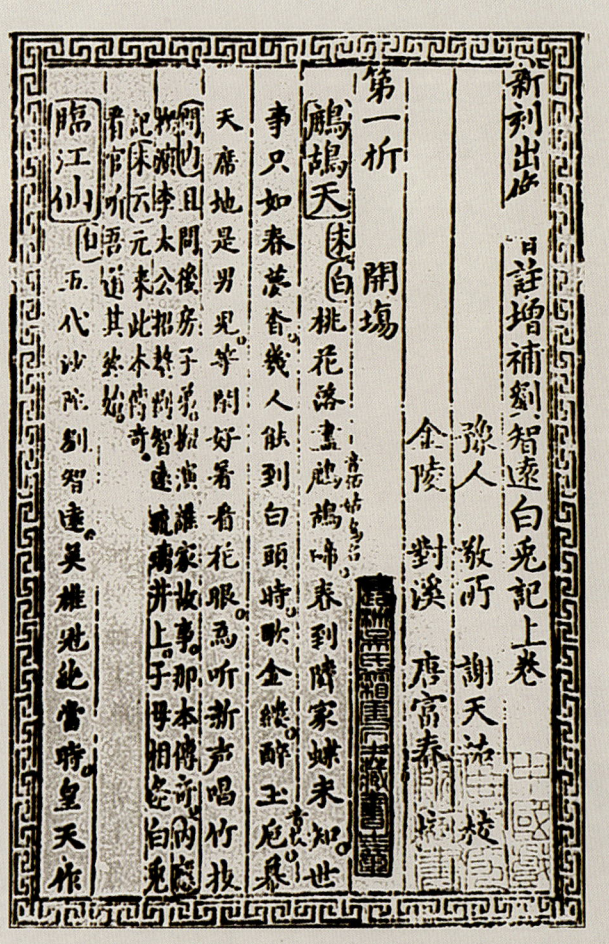

II. 1) Südliches Nanxi

132 Xiangju-Oper *Die Jagd* im Gaoqiang-Stil.

Akt aus *Die Geschichte vom weißen Kaninchen*, in dem Liu beim Jagen seine Mutter trifft und diese ihm von ihrer großen Trauer erzählt, als sie getrennt wurden.

Wang Fumei als Li Sanniang, Chen Jianxia als Yaoqi Lang.

II. Südliches Nanxi und nördliches Zaju (12.–15. Jahrhundert)

Der Pavillon der Mondverehrung von Shi Hui (Yuan-Dynastie) erzählt, wie der Gelehrte Jiang Shilong während des Krieges um Wang Ruilan wirbt und sie heiratet. Wangs Vater widerspricht jedoch der Hochzeit und zwingt seine Tochter, nach Hause zurückzukehren. Als Wang seine Palastprüfung als Zhuangyuan abschließt, wird er mit Ruilan wiedervereint. Jiangs Schwester Ruilian heiratet Jiangs Freund Tuoman Xingfu, den Gewinner eines Wettbewerbs der Kampfkunst.

133 Alte Ausgabe von *Der Pavillon der Mondverehrung* und eine Illustration daraus.

II. 1) Südliches Nanxi

134 Puxian-Oper *Die Zusammenkunft mit Ruilan im Regen.*

Die Oper zeigt, wie Jiang Shilong und Wang Ruilan sich kennenlernen.

Xu Yingying als Wang Ruilan, Zhou Ruxing als Jiang Shilong.

II. Südliches Nanxi und nördliches Zaju (12.–15. Jahrhundert)

In *Die Geschichte von der Hundetötung* von Xu Chen (Ming-Dynastie) heuert der reiche Sun Hua einige Gauner an, um seinen Bruder aus dem Haus zu vertreiben. Daraufhin tötet Suns Frau einen Hund und legt den Kadaver vor die Haustür. Als Sun Hua betrunken nach Hause kommt, glaubt er, es handle sich um einen ermordeten Menschen. Er fordert die Gauner auf, die Leiche wegzuschaffen, doch hängen sie ihm stattdessen einen Prozess an. Suns Bruder begräbt den Hund. Als Suns Frau ihrem Mann später die Wahrheit erzählt, erkennt Sun Hua die wahre Aufrichtigkeit seines Bruders und versöhnt sich mit ihm.

135 Alte Ausgabe von *Die Geschichte von der Hundetötung* und eine Illustration daraus.

II. 1) Südliches Nanxi

136 Puxian-Oper *Yang versucht, ihren Mann zu überzeugen*.

Die Szene aus *Die Geschichte von der Hundetötung* zeigt, wie Yang ihren Mann Sun Hua davon zu überzeugen versucht, sich nicht mit den Gaunern einzulassen.

Zhu Jinshui als Sun Hua, Chen Qiujin als Yang Shi.

II. Südliches Nanxi und nördliches Zaju (12.–15. Jahrhundert)

II. 2) Nördliches Zaju

Das nördliche Zaju wurde zu den kräftigeren und wilderen „Melodien des Nordens" gesungen. Es basierte auf dem Zaju der Song-Dynastie (960–1279), dem Yuanben der Jin-Dynastie (1125–1234) und der Balladendichtung Zhugongdiao. Im Laufe seiner Entwicklung gingen weitere Theaterformen in das Zaju ein.

Im Vergleich zum Zaju der Song-Dynastie hatte sich das Zaju der Yuan-Dynastie bezüglich Aufbau, Handlung und Gesang fortentwickelt. Die Struktur des Zaju war nun genau definiert. Im Regelfall wies jedes Stück vier Akte sowie einen Prolog oder ein Zwischenspiel auf. Jeder Akt enthielt viele Gesänge in der gleichen Gongdiao, der gleichen Tonart, die zusammen eine Suite bildeten. Die formale und musikalische Einheit wurde durch eine inhaltliche unterstützt: Die Stücke folgten nun einer durchgehenden Handlung, die sich über die Abfolge der Akte logisch entwickelte.

Gegenüber dem Zaju der Song-Dynastie war auch der Vorrat an Rollen gewachsen. Als besondere Neuheit kam die Frauengestalt in bedeutsamer Funktion hinzu. Zudem enthielten die Stücke nun für gewöhnlich eine Rolle, männlich oder weiblich, die als Hauptpartie fungierte. Es gab sowohl Darsteller, die sich auf weibliche oder männliche Rollen spezialisierten, als auch solche, die beides sangen.

Das Zaju erblühte zunächst in Orten oder Regionen des nördlichen China wie Beijing, Shanxi, Shandong und Henan, breitete sich jedoch nach Gründung der Yuan-Dynastie auch in den Süden aus. Durch die Kombination einer einfachen, volkstümlichen Sprache mit dem eleganten Stil der Gelehrten war das nördliche Zaju für alle Bildungsschichten gleichermaßen ansprechend.

Den Yuan-zeitlichen Zaju-Autoren kommt eine sehr wichtige Funktion in der Geschichte der chinesischen Literatur zu. Spätere Generationen stellten im Literaturkanon das Zaju sowie undramatische Kunstlieder mit Gedichten der Tang-Dynastie (618–907) und Lyrik der Song-Dynastie auf eine Stufe. Zaju-Stücke hatten weitreichende Auswirkungen auf die Opern späterer Generationen, und zwar sowohl hinsichtlich der Handlungsstränge als auch hinsichtlich der verschiedenen Arten von Bühnendarbietung. Viele Stücke des nördlichen Zaju wurden für lokale Bühnenaufführungen permanent über- und bearbeitet.

137 Bühne (Yuan-Dynastie) im Houtu-Tempel, Provinz Shanxi.

Liang Sicheng datiert diesen Bau auf die Yuan-Dynastie.

II. 2) Nördliches Zaju

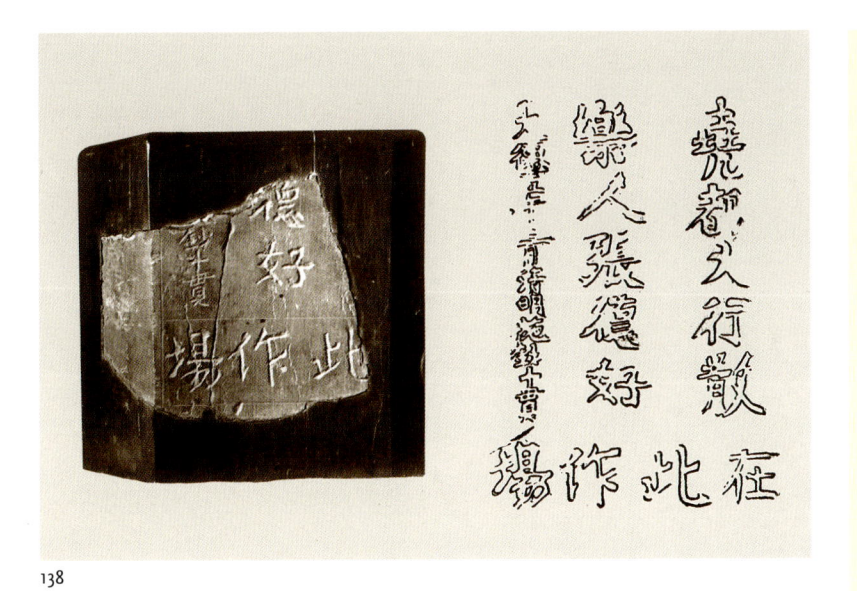

138 Überreste einer Zeichnung (Yuan-Dynastie) auf einer steinernen Tempelsäule in der Provinz Shanxi.

Die Inschrift besagt: „Im März 1301 trat hier der Musiker Zhang Dehao aus Dahang in Yaodu auf."

139 Bühnenturm im Dongyue-Tempel, Provinz Shaanxi.

Liang Sicheng datiert diese Bühne auf die Song-Dynastie. Auch in den *Annalen der Tongzhou-Präfektur* ist niedergelegt, dass die Bühne in der Zhenghe-Zeit (1111–1118) der Song-Dynastie erbaut wurde.

II. Südliches Nanxi und nördliches Zaju (12.–15. Jahrhundert)

140 Tanzpavillon (Yuan-Dynastie) im Qiaoze-Tempel, Provinz Shanxi.

Die Bühne wurde 1324 erbaut. Über der Bühne bildete eine achteckige, kassettenartige Struktur eine kuppelfömige Decke.

141 Tanzpavillon (Yuan-Dynastie) im Dongyue-Tempel, Provinz Shanxi.

Der Tanzpavillon wurde im Jahr 1345 erbaut.

II. 2) Nördliches Zaju

142 Wandgemälde aus Yuans Grabstätte in Yuncheng, Provinz Shanxi.

An der Westwand des Grabmals findet sich die Malerei einer Aufführung des Zaju *Die Wunder von Wind und Schnee*. Die Malerei der Ostwand zeigt die musikalische Begleitung eines Orchesters. Klar erkennbar ist an diesen Gemälden, dass das Rollensystem der Song-Dynastie noch immer vorherrschend war. Der zweite Darsteller von rechts ist ein Fujing, eindeutig zu identifizieren an seiner Maskierung.

II. Südliches Nanxi und nördliches Zaju (12.–15. Jahrhundert)

143 Erlass (Yuan-Dynastie), der es den Kindern aus gutem Haus verbot, Sanyue zu erlernen.

1274 verfügte der Staat Yuan, dass Kinder aus gutem Haus weder Sanyue, noch Bühnenkünste erlernen dürfen.

144 Schnitzerei einer Zaju-Aufführung auf dem Sarkophag von Pan Dechong, freigelegt in Yongle, Provinz Shanxi.

Pan Dechong war eine bekannte Persönlichkeit der Quanzhen-Religion. Er verstarb 1256 und wurde 1260 begraben. Die Steinschnitzerei, die eine Zaju-Aufführung der frühen Yuan-Dynastie zeigt, findet sich auf der Vorderseite seines Sarkophags. Die Figuren stellten folgende vier Rollen dar (von links): Fujing, Moni, Fumo und Zhuanggu.

143

144

II. 2) Nördliches Zaju

145 Wandgemälde eines Yuan-zeitlichen Zaju im Mingyingwang-Tempel, Provinz Shanxi.

Der Mingyingwang-Tempel, auch Shuishen-Tempel genannt, wurde ursprünglich in der Tang-Dynastie errichtet und zwischen 1319 und 1324 wiedererbaut. Das Wandgemälde von 311 cm Breite und 411 cm Höhe findet sich im Innern des Tempels auf der östlichen Seite der Südwand. Eine horizontale Tafel auf dem Wandgemälde besagt: „Zhongduxiu, ein Musiker aus Dahang, trat hier auf." Abgebildet ist die Bühnenaufführung eines Yuan-zeitlichen Zaju. Die fünfte und sechste Figur von links sind ihrem Rollentyp entsprechend geschminkt.

II. Südliches Nanxi und nördliches Zaju (12.–15. Jahrhundert)

146 Tanzpavillon (1271) im Jiwang-Tempel, Provinz Shanxi.

Unter der Bühne findet sich, eingeritzt in das Ziegelgestein, eine Beschreibung von der Konstruktion des Pavillons.

147 Verbreitung der Zaju-Autoren während der Yuan-Dynastie.

146-1

146-2

II. 2) Nördliches Zaju

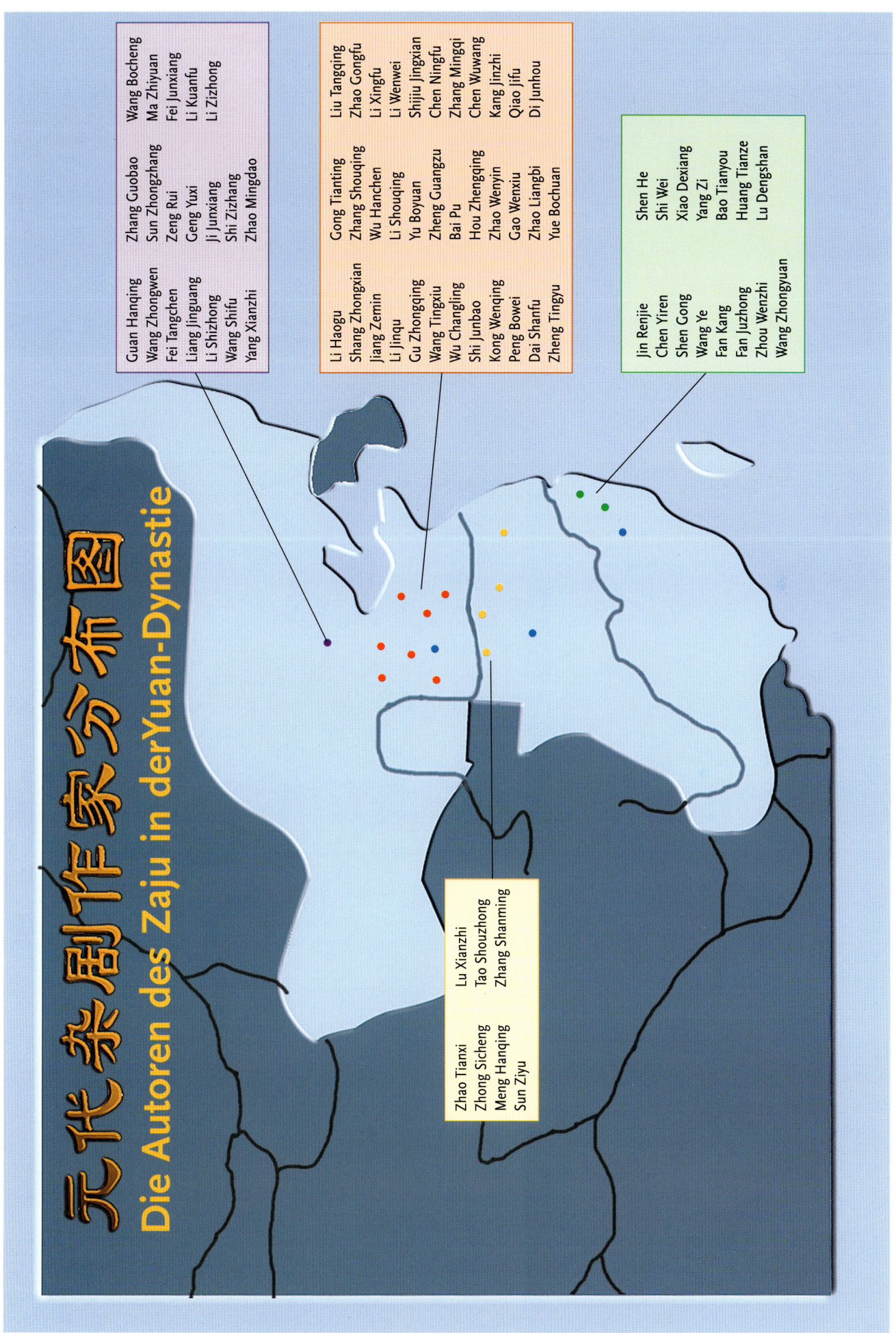

Guan Hanqing	Zhang Guobao	Wang Bocheng
Wang Zhongwen	Sun Zhongzhang	Ma Zhiyuan
Fei Tangchen	Zeng Rui	Fei Junxiang
Liang Jinguang	Geng Yuxi	Li Kuanfu
Li Shizhong	Ji Junxiang	Li Zizhong
Wang Shifu	Shi Zizhang	
Yang Xianzhi	Zhao Mingdao	

Li Haogu	Gong Tianting	Liu Tangqing
Shang Zhongxian	Zhang Shouqing	Zhao Gongfu
Jiang Zemin	Wu Hanchen	Li Xingfu
Li Jinqu	Li Shouqing	Li Wenwei
Gu Zhongqing	Yu Boyuan	Shijiu Jingxian
Wang Tingxiu	Zheng Guangzu	Chen Ningfu
Wu Changling	Bai Pu	Zhang Mingqi
Shi Junbao	Hou Zhengqing	Chen Wuwang
Kong Wenqing	Zhao Wenyin	Kang Jinzhi
Peng Bowei	Gao Wenxiu	Qiao Jifu
Dai Shanfu	Zhao Liangbi	Di Junhou
Zheng Tingyu	Yue Bochuan	

Jin Renjie	Shen He
Chen Yiren	Shi Wei
Shen Gong	Xiao Dexiang
Wang Ye	Yang Zi
Fan Kang	Bao Tianyou
Fan Juzhong	Huang Tianze
Zhou Wenzhi	Lu Dengshan
Wang Zhongyuan	

Zhao Tianxi	Lu Xianzhi
Zhong Sicheng	Tao Shouzhong
Meng Hanqing	Zhang Shanming
Sun Ziyu	

元代杂剧作家分布图
Die Autoren des Zaju in der Yuan-Dynastie

II. Südliches Nanxi und nördliches Zaju (12.–15. Jahrhundert)

Guan Hanqing und seine Stücke

Guan Hanqing, ein Zaju-Autor der Yuan-Dynastie, verfasste 67 Stücke. Nur 18 davon sind überliefert, darunter auch die bekannten Werke *Schnee im Mittsommer, Lord Guan geht zum Fest, Der Uferpavillon, Der Pavillon der Mondverehrung, Die wieder hergestellte Romanze* und *Der Schmetterlingstraum*.

148 Bildnis von Guan Hanqing (Yuan-Dynastie).

Schnee im Mittsommer erzählt die Geschichte von Duo E, die in die Familie Cai einheiratet, deren Mann jedoch kurz nach der Hochzeit verstirbt. Der Schurke des Stücks, Zhang Lu'er, plant, Dous Schwiegermutter zu vergiften und Dou zur Heirat zu zwingen. Zu Zhangs Überraschung nimmt sein eigener Vater das Gift, um die Pläne seines Sohnes zu durchkreuzen. Zhang beschuldigt daraufhin Dou E und ihre Schwiegermutter, seinen Vater vergiftet zu haben, und besticht die Beamten, die beiden zu foltern. Um ihre Schwiegermutter zu retten, gesteht Dou E die Tat, und wird zum Tode verurteilt. Vor der Hinrichtung schreit sie jedoch heraus, dass ihr Unrecht widerfahre und heftige Schneefälle im Juni ihre Unschuld beweisen würden. Drei Jahre später kommt der Vater von Dou E durch die Stadt, in der seine Tochter hingerichtet worden ist, lässt das Verfahren wieder aufnehmen und stellt die Ehre seiner Tochter wieder

II. 2) Nördliches Zaju

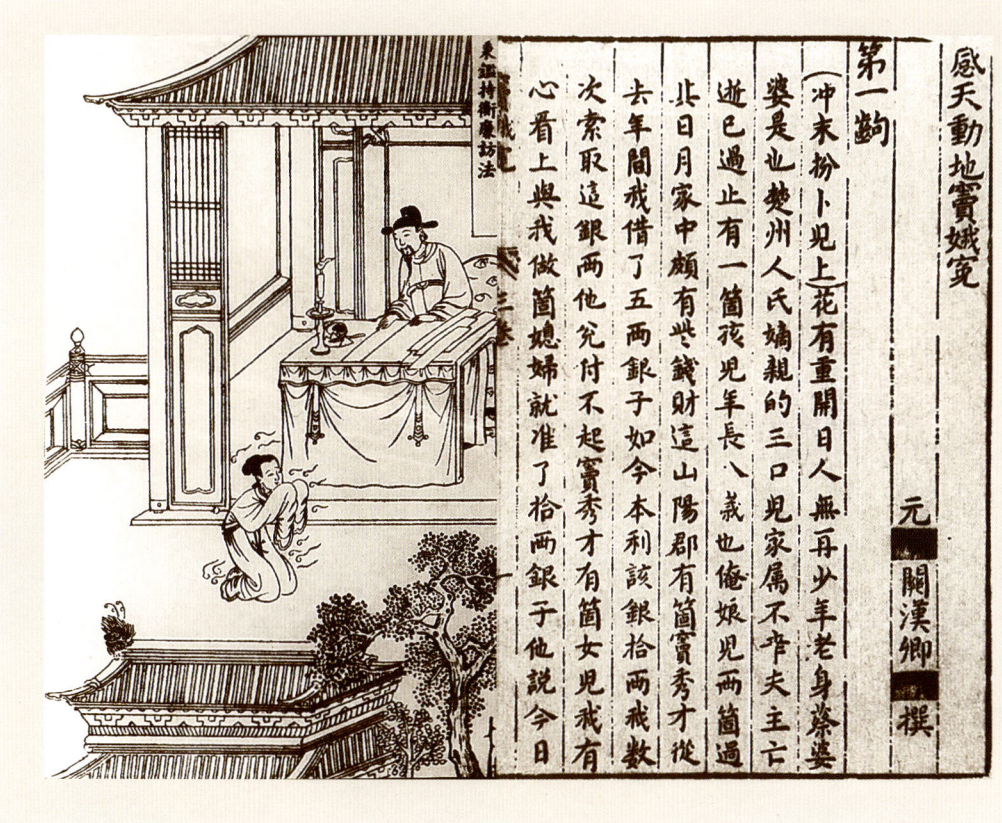

149 Puju-Oper *Schnee im Mittsommer*.

Szene am Ort der Exekution. Dou E hat eben herausgerufen, dass ihr Unrecht widerfahre, und die Welt verflucht.
Wang Xiulan als Dou E.

150 Alte Ausgabe von *Schnee im Mittsommer* und eine Illustration daraus.

II. Südliches Nanxi und nördliches Zaju (12.–15. Jahrhundert)

Lord Guan geht zum Fest beschreibt, wie Lu Su, Berater im Staate Wu, während der Zeit der drei Reiche (220–280) plant, Jingzhou von Liu Bei, dem König von Shu, zurückzugewinnen. Hierzu lädt er Guan Yu, den General von Liu Bei, zu einem Fest ein, das er für einen Hinterhalt arrangiert. Zwar durchschaut Guan die Falle sofort, doch geht er kühn zum Fest, alleine mit seinem Schwert. Sein Mut verschreckt Lu, sodass Guan unversehrt nach Shu zurückkehrt.

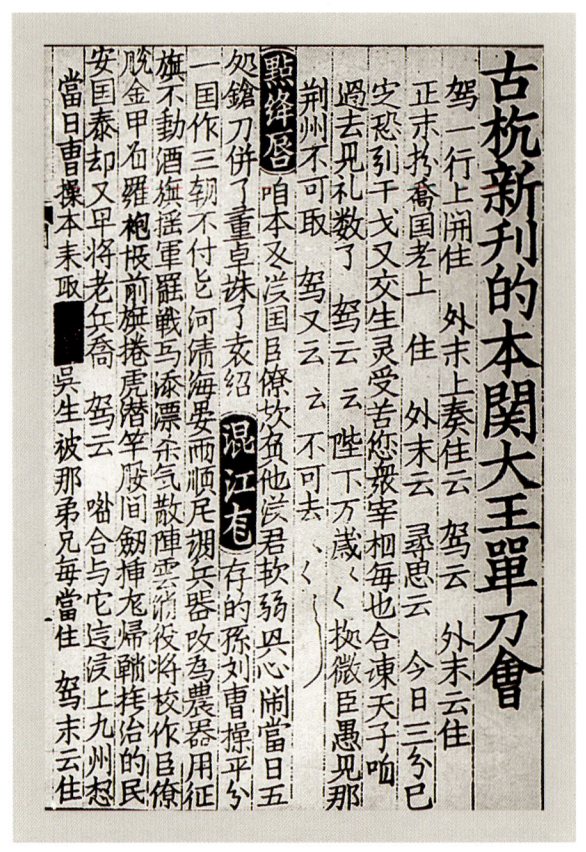

151 Alte Ausgabe von *Lord Guan geht zum Fest*.

152 Kunqu-Oper *Lord Guan geht zum Fest*.

Das Foto zeigt die Szene, in der Guan alleine mit seinem Schwert zum Fest geht.
Hou Yongkui als Guan Yu.

Der Uferpavillon erzählt, wie der junge Edelmann Yang Yanei ein Komplott schmiedet, um Bai Shizhangs Frau Tan Ji'er zu rauben. Mit dem Schwert und den goldenen Machtinsignien des Kaisers straft Yang Tans Mann. Tan Ji'er verkleidet sich als Fischerfrau, jagt Yang am Uferpavillon das Schwert und die Machtinsignien ab und siegt so über Yangs Intrige.

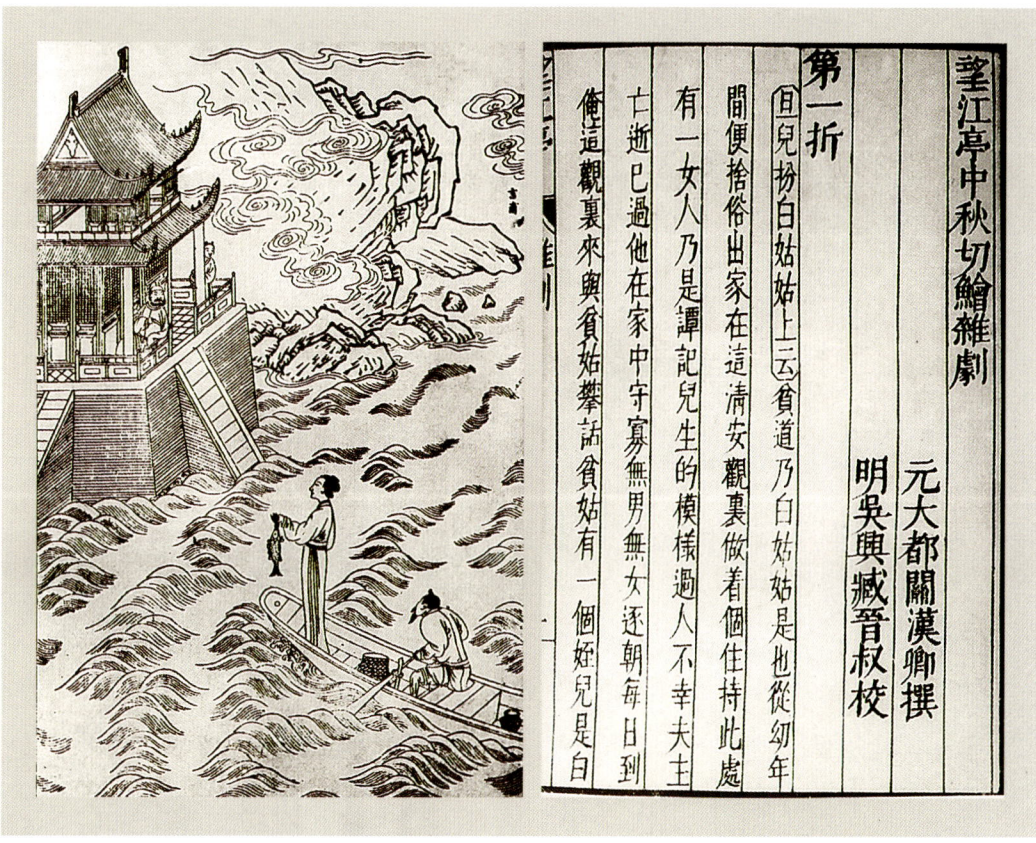

153 Alte Ausgabe von *Der Uferpavillon* und eine Illustration daraus.

154 Sichuan-Oper *Der Uferpavillon*.

Tan Ji'er nutzt Yangs Trunkenheit, um ihm das Schwert und die Machtinsignien abzujagen. Yang Shuying als Tan Ji'er.

II. Südliches Nanxi und nördliches Zaju (12.–15. Jahrhundert)

In *Die wieder hergestellte Romanze* beleidigt der reiche Xiao Qianhu das Dienstmädchen Yanyan. Später, am Hochzeitstag von Xiao Qianhu mit einem anderen Mädchen, deckt Yanyan sein widerwärtiges Verhalten auf. Um Yanyan zu beruhigen, akzeptiert Xiao Qianhu sie als seine Konkubine.

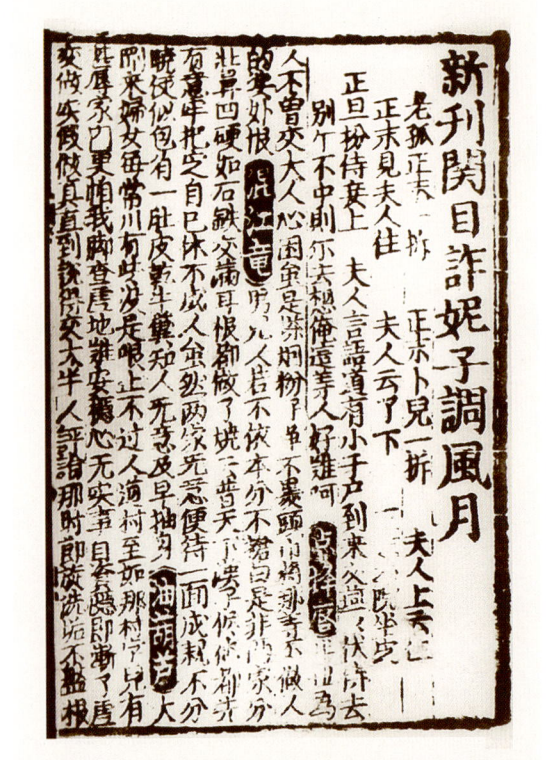

155 Alte Ausgabe von *Die wieder hergestellte Romanze*.

156 Peking-Oper *Yanyan*.
Liu Changyu als Yanyan.

157 Puju-Oper *Yanyan*.
Wang Xiulan als Yanyan, Xiao Yuelai als Xiao Qianhu.

In *Von einer Kurtisane gerettet* wird das singende Mädchen Song Yinzhang durch eine List dazu gebracht, Zhou She zu heiraten, und erfährt Leid durch ihn. Später wird Song von ihrem Freund Zhao Pan'er aus Zhou's Haus gerettet und Song heiratet den Gelehrten An.

158 Alte Ausgabe von *Von einer Kurtisane gerettet* und eine Illustration daraus.

159 Kunju-Oper *Von einer Kurtisane gerettet*.
Zhang Xian als Zhao Pan'er, Wang Chuansong als Zhou She, Gong Shikui als Song Yinzhang.

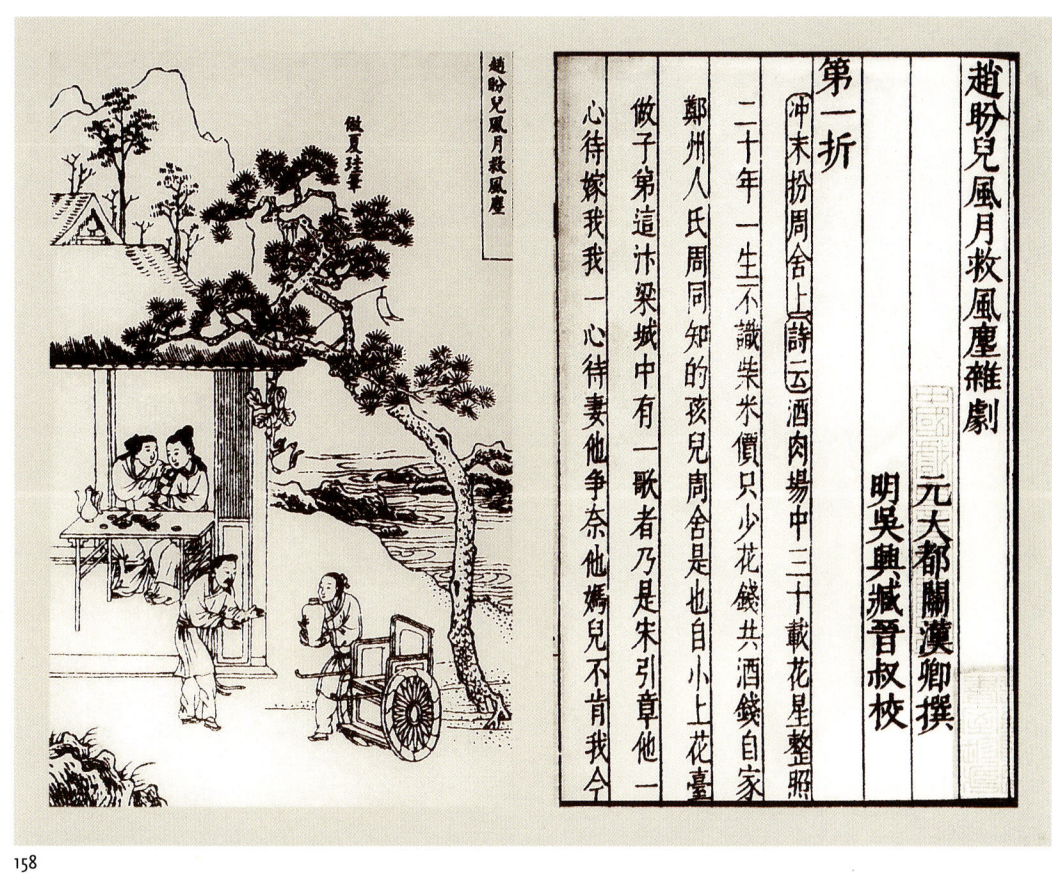

158

159

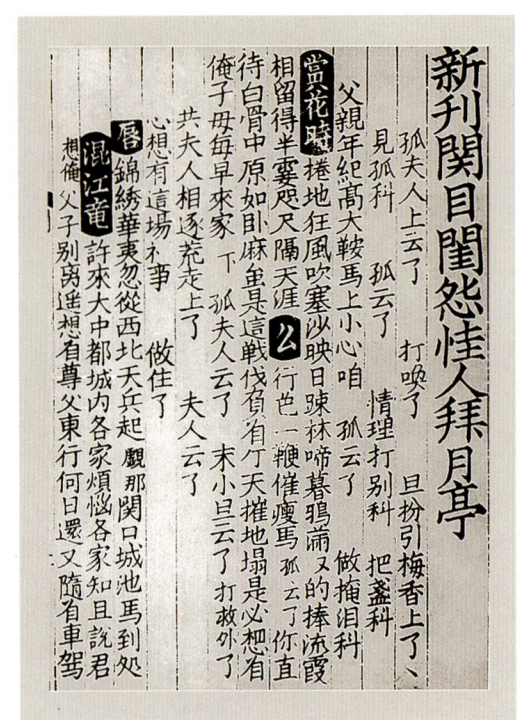

II. Südliches Nanxi und nördliches Zaju (12.–15. Jahrhundert)

160

160 Alte Ausgabe von *Der Pavillon der Mondverehrung*.

Für die Handlung des Stücks vergleiche den Eintrag über das Nanxi *Der Pavillon der Mondverehrung*, S. 90.

161 Xiangju-Oper *Der Pavillon der Mondverehrung* im Gaoqiang-Stil.

Der Pavillon der Mondverehrung erzählt die Geschichte von Wang Ruilan, die sich nach Jiang Shilong sehnt und Räucherstäbchen entzündet, um für Jiangs Sicherheit zu beten. Sie wird von Jiang Ruilian erkannt, woraufhin sich die beiden geloben, Schwägerinnen zu werden.

Peng Linong als Wang Ruilan, Zuo Dabin als Jiang Ruilian.

161

II. 2) Nördliches Zaju

Wang Shifu und seine Stücke

Wang Shifu, ein Zaju-Autor der Yuan-Dynastie, verfasste 14 Stücke. Unter den überlieferten Stücken finden sich *Das Westzimmer*, *Die Geschichte von der Wohnhöhle* und *Die Lichun-Halle*.

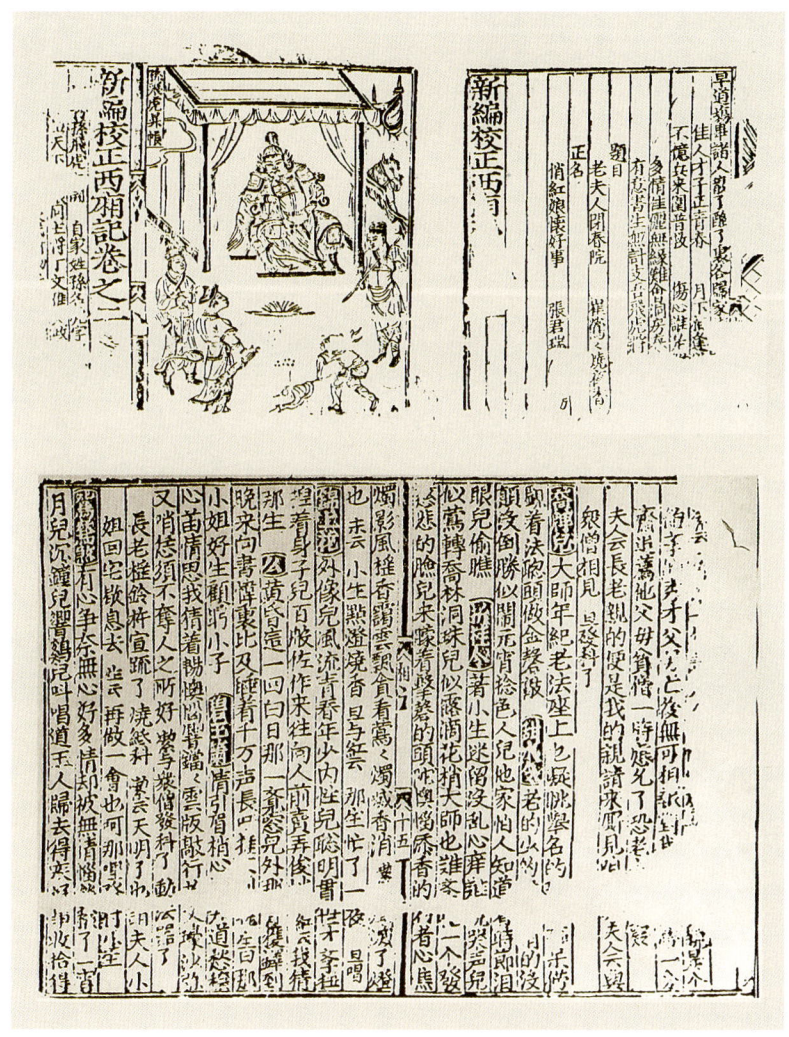

Die Handlung von *Das Westzimmer* entstammt der Tang-zeitlichen Erzählung *Die Geschichte von Yingying* von Yuan Zhen. Basierend auf dem Zhugongdiao *Das Westzimmer* von Dong Xieyuan verwandelte Wang Shifu die Geschichte in ein Zaju. *Das Westzimmer* erzählt die Liebesgeschichte zwischen dem jungen Gelehrten Zhang Gong und dem wohlhabenden Mädchen Cui Yingying. Es zeichnet typische Charaktere wie Zhang Gong, Cui Yingying, ihr Dienstmädchen Hongniang und die alte Dame, Cuis Mutter. Das Stück wird sehr geschätzt und nimmt eine wichtige Rolle in der Geschichte der chinesischen Oper ein.

162 Erhaltene Seiten einer Version von *Das Westzimmer* aus der späten Yuan- und frühen Ming-Dynastie.

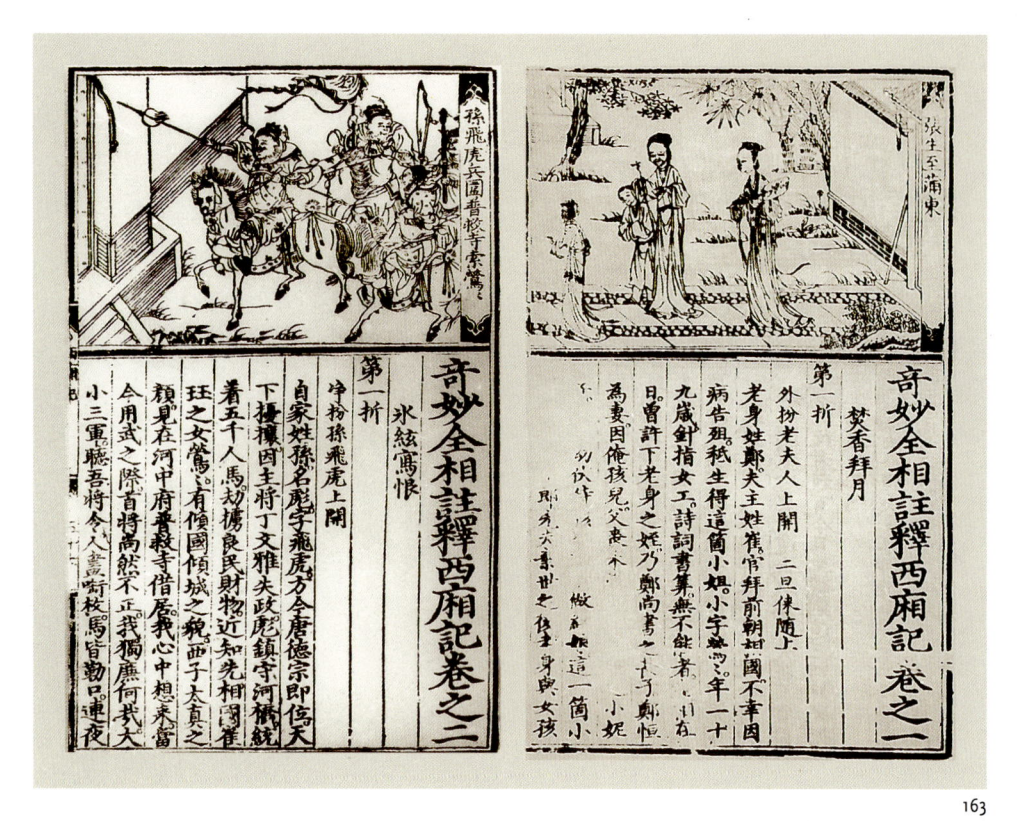

II. Südliches Nanxi und nördliches Zaju (12.–15. Jahrhundert)

163 Version von *Das Westzimmer* aus der Hongzhi-Zeit (1488–1506) der Ming-Dynastie.

164 Illustration von *Das Westzimmer* aus der Ausgabe von Zhang Shenzhi (Ming-Dynastie).

II. 2) Nördliches Zaju

165 Shaoxing-Oper *Das Westzimmer*.
Yuan Xuefen als Yingying, Lu Ruiying als Hongniang, Fan Ruijuan als Zhang Gong.

166 Peking-Oper *Das Westzimmer*.
Zhang Junqiu als Yingying, Du Jinfang als Hongniang.

II. Südliches Nanxi und nördliches Zaju (12.–15. Jahrhundert)

Bai Pu und seine Stücke

Bai Pu, ein Zaju-Autor der Yuan-Dynastie, verfasste 16 Stücke. Unter den überlieferten Stücken finden sich *Pei Shaojun und Li Qianjin* und *Nachtregen auf dem Wutong-Baum*. Bai Pu gilt als einer der „vier großen Zaju-Meister der Yuan-Dynastie".

In *Pei Shaojun und Li Qianjin* verlieben sich die Protagonisten und heiraten heimlich. Später entdeckt Peis Vater die heimliche Ehe und jagt Li aus seinem Haus. Schließlich ist Pei in den höchsten Palastprüfungen erfolgreich und die zwei jungen Liebenden werden wieder vereint.

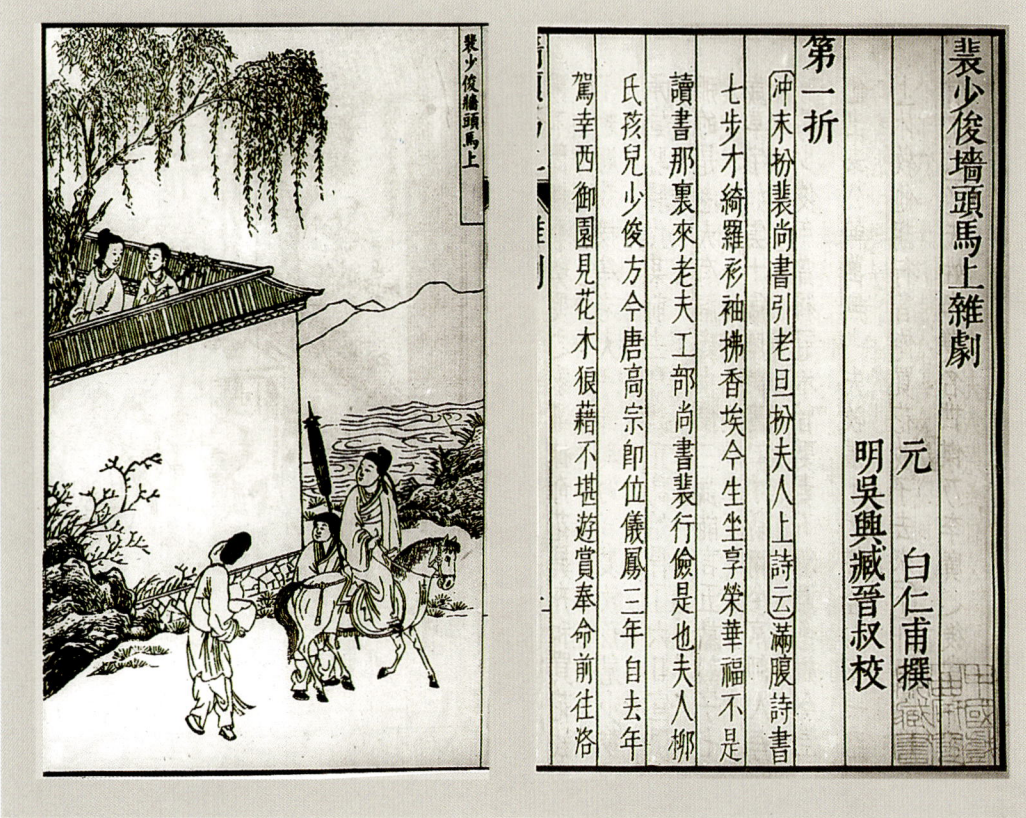

167 Alte Ausgabe von *Pei Shaojun und Li Qianjin* und eine Illustration daraus.

168 Kunju-Oper *Pei Shaojun und Li Qianjin*.
Yu Zhenfei als Pei Shaojun, Yan Huizhu als Li Qianjin.

II. 2) Nördliches Zaju

Ma Zhiyuan und seine Stücke

Ma Zhiyuan, ein Zaju-Autor der Yuan-Dynastie, verfasste 15 Stücke. Unter den überlieferten Stücken finden sich *Die Sorgen des Königs von Han*, *Jianfu Stele*, *Der Yueyang-Turm* und *Tränen im blauen Gewand*. Das ebenfalls überlieferte Stück *Der gelbe Traum von der Hirse* verfasste Ma Zhiyuan gemeinsam mit anderen Autoren. Ma Zhiyuan gilt als einer der „vier großen Zaju-Meister der Yuan-Dynastie".

Die Sorgen des Königs von Han erzählt die Geschichte von Kaiser Yuan der Westlichen Han-Dynastie (206 v. Chr. – 24 n. Chr.), der dem mongolischen Khan als Friedensgabe seine Konkubine Wang Zhaojun zur Frau anbietet.

169 Alte Ausgabe von *Die Sorgen des Königs von Han* und eine Illustration daraus.

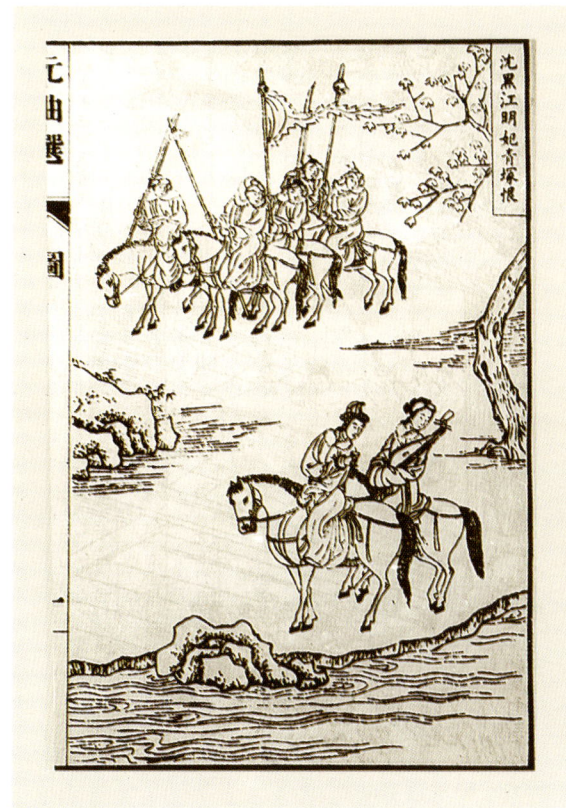

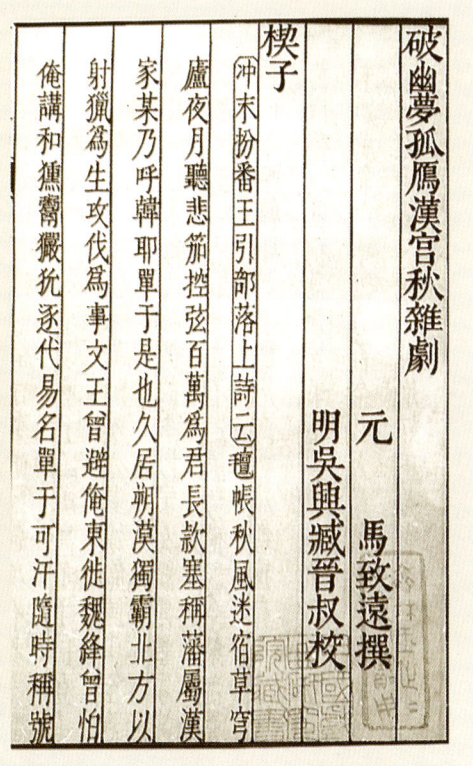

II. Südliches Nanxi und nördliches Zaju (12.–15. Jahrhundert)

Zheng Guangzu und seine Stücke

Zheng Guangzu, ein Zaju-Autor der Yuan-Dynastie, verfasste 18 Stücke. Unter den überlieferten Stücken finden sich *Die Seele der Qiannü trennt sich von ihrem Körper*, *Romanze an der Hanlin-Akademie*, *Wang Can besteigt den Turm* und *Regentschaft des Herzogs von Zhou*. Zheng Guangzu gilt als einer der „vier großen Zaju-Meister der Yuan-Dynastie".

Die Seele der Qiannü trennt sich von ihrem Körper erzählt, wie sich Wang Wenju und Zhang Qiannü ineinander verlieben, aber Zhangs Mutter sich weigert, der Hochzeit zuzustimmen, solange Wang nicht die höchsten Palastprüfungen abgelegt hat. Um den Geliebten in die Hauptstadt begleiten zu können, verlässt Qiannüs Seele ihren Körper, der während der Reise zu Hause im Koma liegt. Später, nachdem Zhang die Prüfungen bestanden hat, kehrt das Paar zurück, um Qiannüs Eltern zu besuchen. Qiannüs Seele verbindet sich wieder mit ihrem Körper und ihre Eltern stimmen der Hochzeit zu.

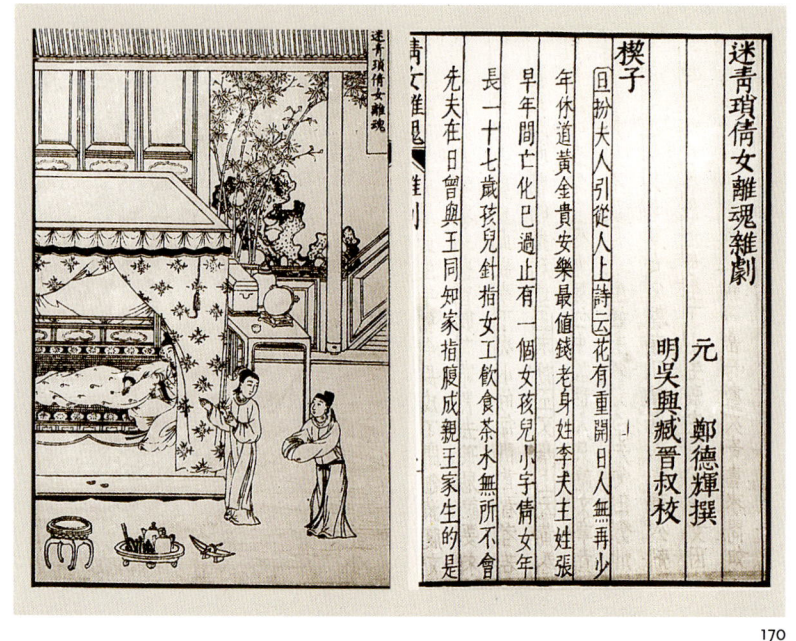

170 Alte Ausgabe von *Die Seele der Qiannü trennt sich von ihrem Körper* und eine Illustration daraus.

171 Peking-Oper *Die Seele der Qiannü trennt sich von ihrem Körper*.

Shen Xiaomei als Zhang Qiannü, Yang Xiaoqing als Wang Wenju.

Ji Junxiang und seine Stücke

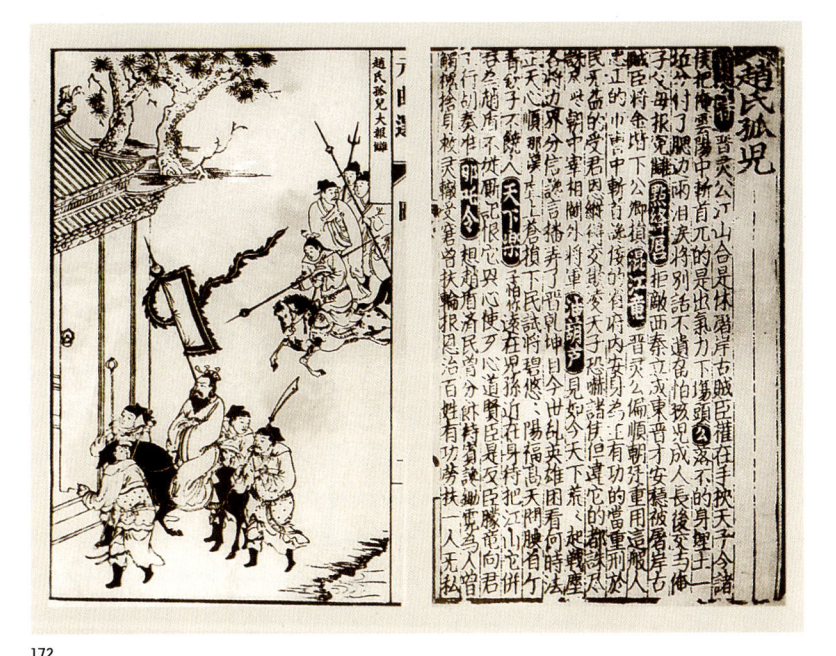

Ji Junxiang, ein Zaju-Autor der Yuan-Dynastie, verfasste sechs Stücke, von denen lediglich *Das Waisenkind aus der Familie Zhao* überliefert ist.

Das Waisenkind aus der Familie Zhao erzählt, wie Cheng Ying und Gongsun Chujiu in der Zeit der Frühlings- und Herbstannalen (770–476 v. Chr.) ein Waisenbaby beschützen, den letzten lebenden Erben eines vernichteten Adelshauses. Der Waise rächt schließlich das große Unrecht vom Tod seiner Eltern.

172 Alte Ausgabe von *Das Waisenkind aus der Familie Zhao* und eine Illustration daraus.

173 Qinqiang-Oper *Das Waisenkind aus der Familie Zhao* in einer Aufführung der Yisu-Theatertruppe, Provinz Shaanxi.

174 Peking-Oper *Das Waisenkind aus der Familie Zhao*.

Ma Lianliang als Cheng Ying, Tan Yuanshou als Waise von Zhao.

II. Südliches Nanxi und nördliches Zaju (12.–15. Jahrhundert)

Kang Jinzhi und seine Stücke

Kang Jinzhi, ein Zaju-Autor der Yuan-Dynastie, verfasste die zwei Stücke *Li Kui bekennt seine Schuld* und *Der schwarze Wirbelwind Li Kui*.

Li Kui bekennt seine Schuld erzählt die Geschichte von *Die Räuber vom Liangshan-Moor*. Im Auftrag der Räuber Song Jiang und Lu Zhishen nimmt eine Gruppe von Banditen die Tochter eines Weinstubenbesitzers gefangen. Als Li Kui davon erfährt, geht er zur Festung der Banditen und wütet in deren Gotteshaus. Nach einer Auseinandersetzung von Angesicht zu Angesicht mit den Banditen wird sich Li Kui seiner Missetat bewusst und gesteht Song Jiang seine Schuld.

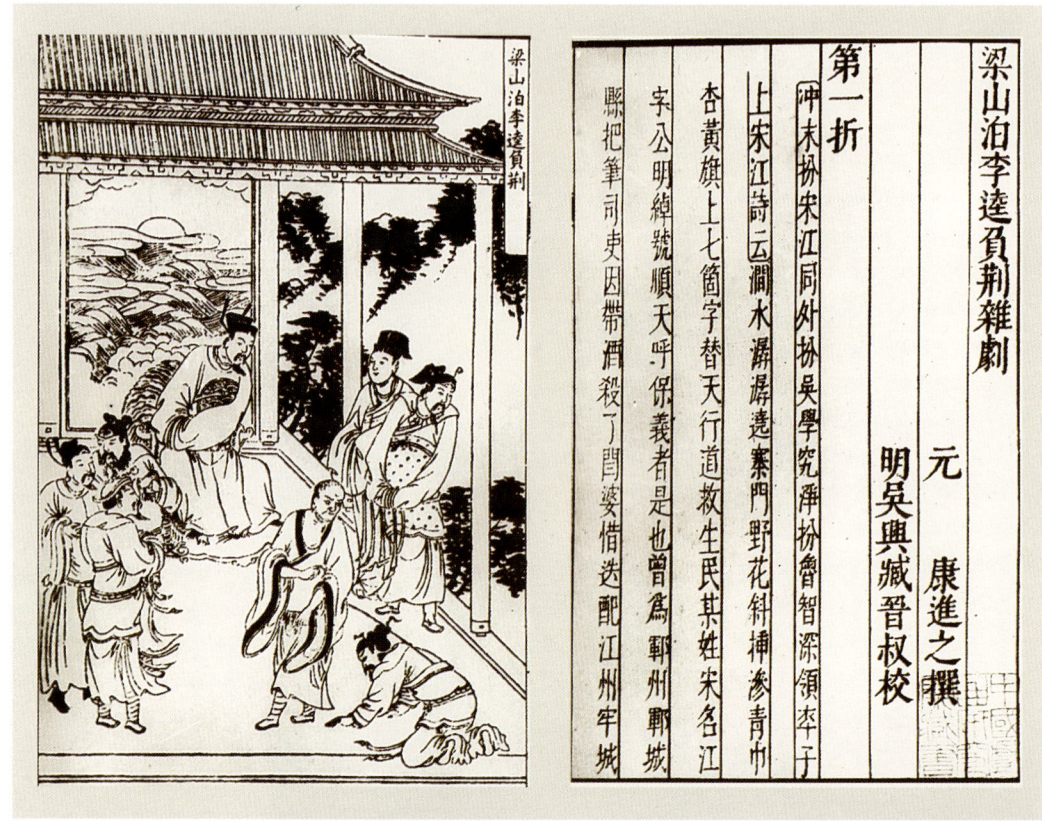

175 Alte Ausgabe von *Li Kui bekennt seine Schuld* und eine Illustration daraus.

176 Peking-Oper *Der schwarze Wirbelwind Li Kui*, Bearbeitung des Yuan-zeitlichen Zaju *Li Kui bekennt seine Schuld*.
Yuan Shihai als Li Kui, Li Hezeng als Song Jiang.

Yang Xianzhi und seine Stücke

Yang Xianzhi, ein Zaju-Autor der Yuan-Dynastie, verfasste neun Stücke. Die einzigen zwei überlieferten Stücke sind *Nächtlicher Regen in Xiaoxiang* und *Der Kuhan-Pavillon*.

Nächtlicher Regen in Xiaoxiang erzählt die Geschichte des jungen Gelehrten Cui Tong. Dieser verlässt, nachdem er die Palastprüfungen absolviert hat und Regierungsbeamter geworden ist, seine Frau und heiratet eine andere. Als Cuis frühere Frau Zhang Cuiluan von der Hochzeit hört, geht sie zu Cui, um ihn zur Rede zu stellen, wird jedoch fortgeschickt. Auf dem Weg in die Verbannung passiert Zhang die Poststation am Fluss. Dort begegnet sie ihrem Vater, zu dem sie den Kontakt verloren hatte. Später werden Zhang und Cui wieder vereint.

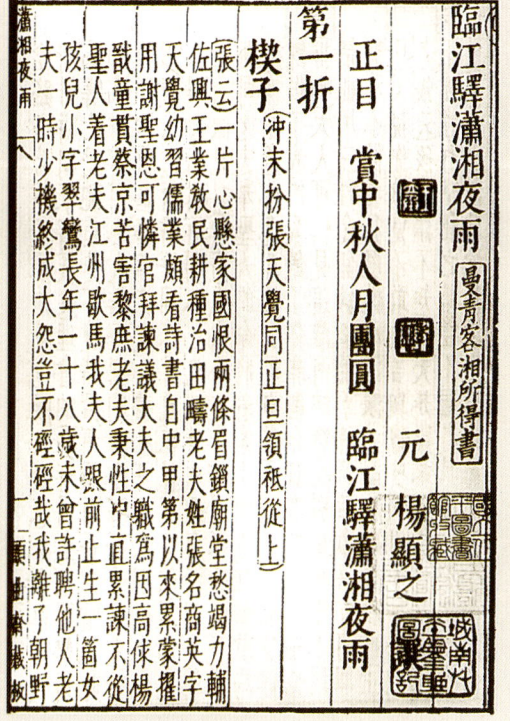

177 Alte Ausgabe von *Nächtlicher Regen in Xiaoxiang* und eine Illustration daraus.

178 Peking-Oper *Nächtlicher Regen in Xiaoxiang*.

Yang Qiuling als Zhang Cuiluan, Xiao Runde als Cui Tong.

II. Südliches Nanxi und nördliches Zaju (12.–15. Jahrhundert)

Li Haogu und seine Stücke

Li Haogu, ein Zaju-Autor der Yuan-Dynastie, verfasste drei Stücke. Das einzig überlieferte ist *Zhang Shen kocht die See*.

Zhang Shen kocht die See erzählt die Geschichte von Zhang Yu, der sich in die Tochter des Drachenkönigs verliebt, von jenem jedoch an der Besiegelung seiner Liebe gehindert wird. Daraufhin leiht sich Zhang Yu die Silberschale einer Fee und kocht darin die See, um den Drachenkönig zur Zustimmung zu zwingen.

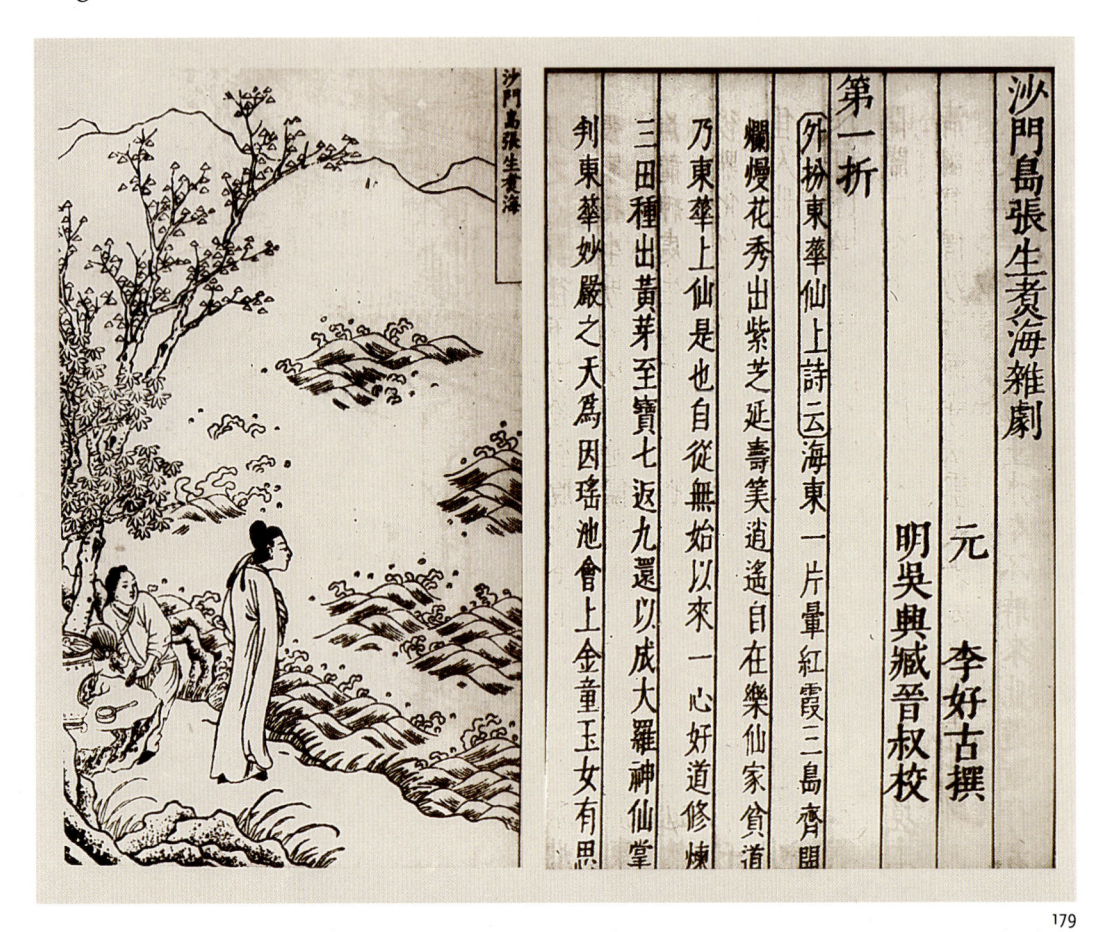

179 Alte Ausgabe von *Zhang Shen kocht die See* und eine Illustration daraus.

180 Pingju-Oper *Zhang Shen kocht die See*. Li Yilan als Tochter des Drachenkönigs, Yuan Fengxia als Zhang Yu.

II. 2) Nördliches Zaju

Li Zhifu und seine Stücke

Li Zhifu, ein Zaju-Autor der Yuan-Dynastie, verfasste zwölf Stücke. Das einzig überlieferte ist *Das Tigerkopfandenken*.

Das Tigerkopfandenken erzählt, wie General Shang Shouma während der Jin-Dynastie seinen Onkel Yin Zhuma dafür bestraft, dass dieser seine militärischen Weisungen verletzt hat. Später, als er erfährt, dass Yin gute Gründe für sein Vergehen hatte, verzeiht er ihm.

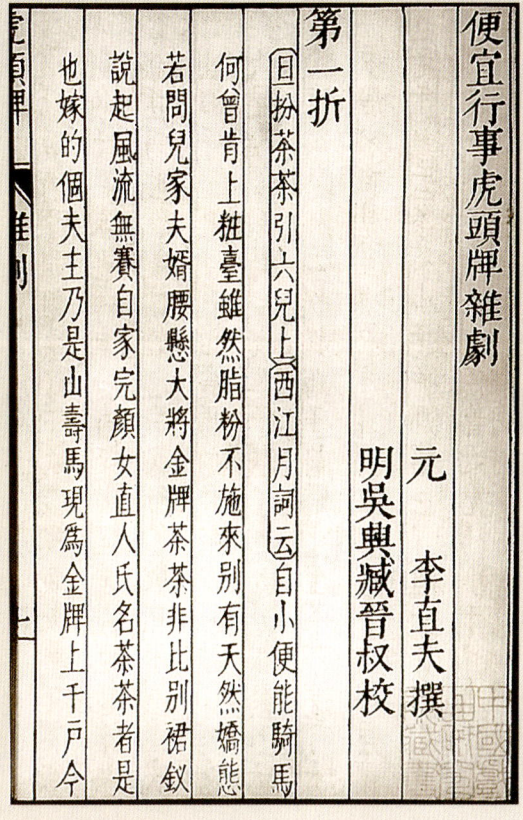

181 Alte Ausgabe von *Das Tigerkopfandenken* und eine Illustration daraus.

182 Alte Ausgabe von *Die Reislieferung in Chenzhou* und eine Illustration daraus.

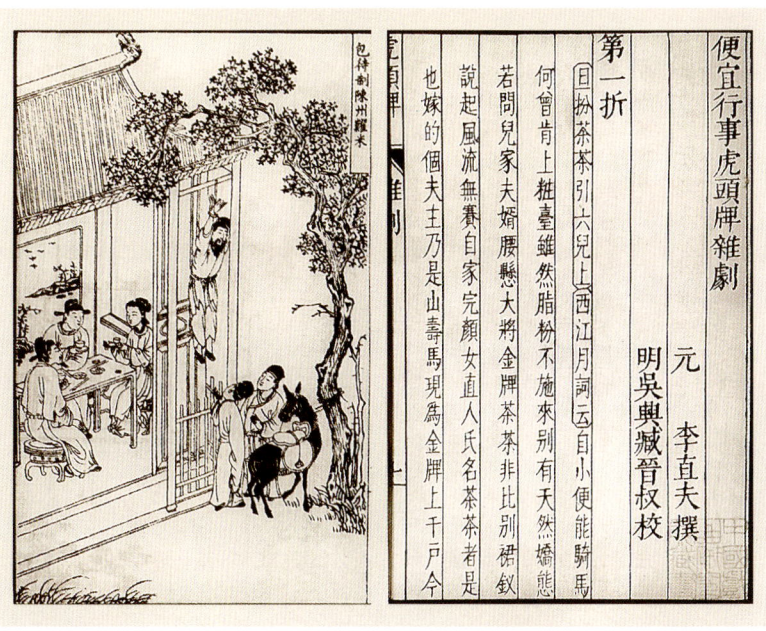

Die Reislieferung in Chenzhou, das Stück eines anonymen Bühnenautors, erzählt die Ereignisse um eine große Dürre in Chenzhou während der Song-Dynastie (960–1279). Die kaiserliche Regierung sendet Liu Dezhong und Yang Jinwu aus, um den Opfern der Hungersnot Korn zu bringen. Bei der Lieferung jedoch erpressen die zwei Betrüger Geld von den Opfern und richten jeden hin, der sich ihnen widersetzt. Nachdem Xiao Piegu in Kaifeng Klage erhoben hat, kommt Bao Zheng für Ermittlungen nach Chenzhou, um die zwei korrupten Beamten zu bestrafen.

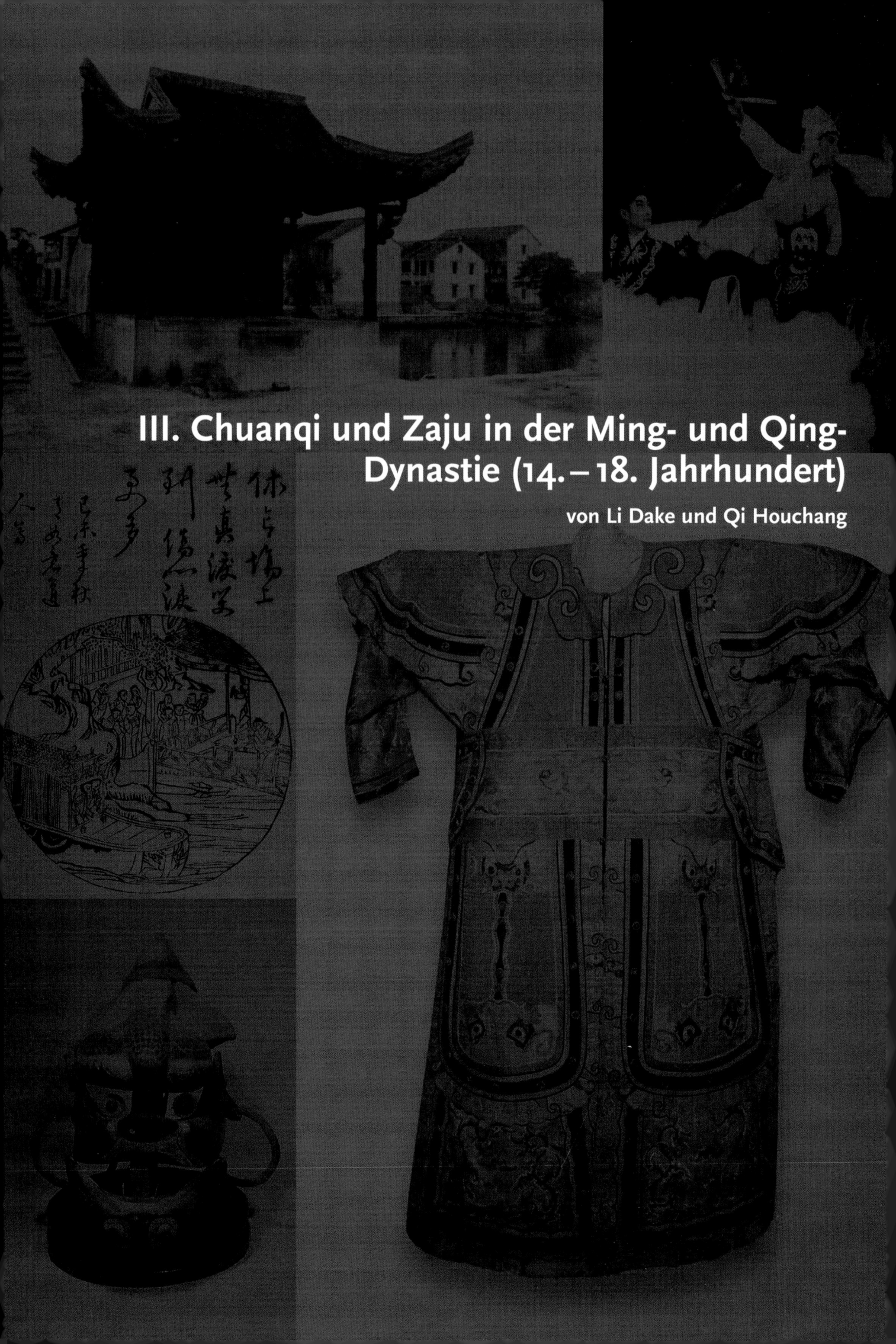

III. Chuanqi und Zaju in der Ming- und Qing-Dynastie (14.–18. Jahrhundert)

von Li Dake und Qi Houchang

Das Chuanqi, ein südlicher Theaterstil der Ming- (1368–1644) und frühen Qing-Dynastie (1644–1911), ging aus dem Ming-zeitlichen Nanxi sowie dem Austausch zwischen Stücken aus Nord und Süd hervor. So vereint es diverse Gesangsstile wie den lärmenden Yiyang-Stil, den lediglich von Perkussionsinstrumenten begleiteten Yuyao-Stil, den sanften, melodiösen Haiyan-Stil und den melodiösen, romantischen Kunshan-Stil.

Durch den Austausch und die Interaktion mit dem Kunshan-Stil, einer hoch entwickelten und verfeinerten Theaterform, trug das Chuanqi bezüglich Dramaturgie und darstellerischer Leistung wesentlich zur Entwicklung der chinesischen Oper bei. Dies gilt für Bereiche wie Gesang, Rezitation, Schauspiel, Tanz und Kunstkampf. Gerade der Kunshan-Stil wurde von den Literaten wegen seiner Raffinesse und Qualität gepriesen.

Seit der Mitte der Qing-Dynastie zerfielen die Stile Kunshan, Yiyang und andere in lokale Ausprägungen und beschleunigten das Aufkommen und die Entwicklung lokaler Opern, unter denen die Bangzi- und Pihuang-Melodien dominierten.

III. Chuanqi und Zaju in der Ming- und Qing-Dynastie (14.–18. Jahrhundert)

III. 1) Lokalstile und Bühnenaufführungen

Die zunehmende Verbreitung des Kunshan- und Yiyang-Stils sowie die steigende Anzahl von Literaten, die Chuanqi verfassten, spiegeln die Vielfalt sozialer Gewohnheiten in der Ming- (1368–1644) und Qing-Dynastie (1644–1911) wider. Feierlichkeiten der oberen Gesellschaftsschichten, Tempelmärkte und religiöse Anlässe ließen die Nachfrage nach Bühnenaufführungen ansteigen. Indem private ebenso wie professionelle Operntruppen dieser Nachfrage entsprachen, spielten sie wechselweise eine wichtige Rolle bei der Verbreitung der Oper in der gesamten Gesellschaft.

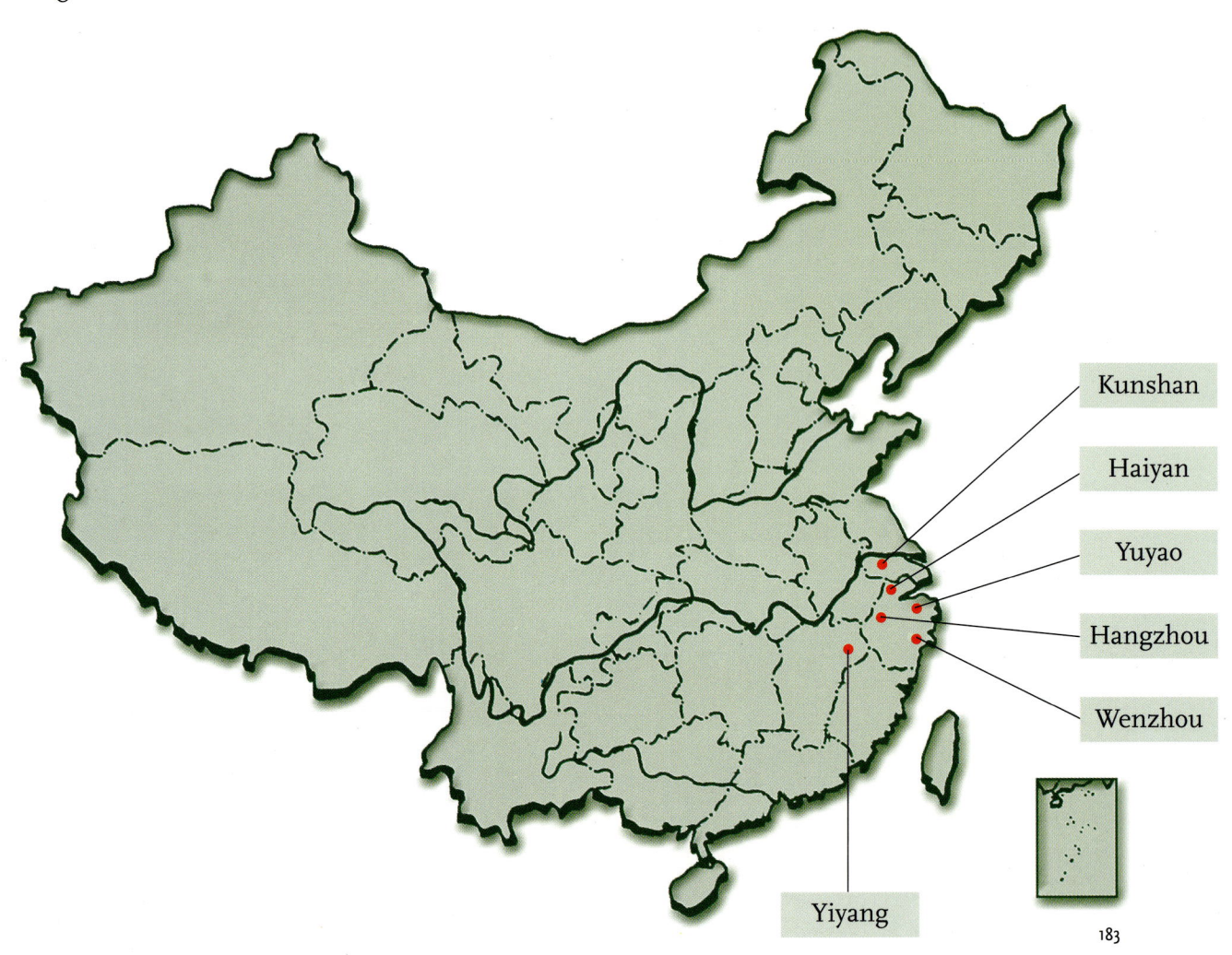

183 Verbreitung der Nanxi-Stile

III. 1) Lokalstile und Bühnenaufführungen

184 Abbildung (Ming-Dynastie) einer Aufführung im Kunshan-Stil, entnommen aus einer alten Ausgabe von *Der Lotusteich*.

185 Abbildung (Ming-Dynastie) einer Aufführung im Yiyang-Stil, entnommen aus einer alten Ausgabe von *Der treue Hund*.

III. Chuanqi und Zaju in der Ming- und Qing-Dynastie (14.–18. Jahrhundert)

186

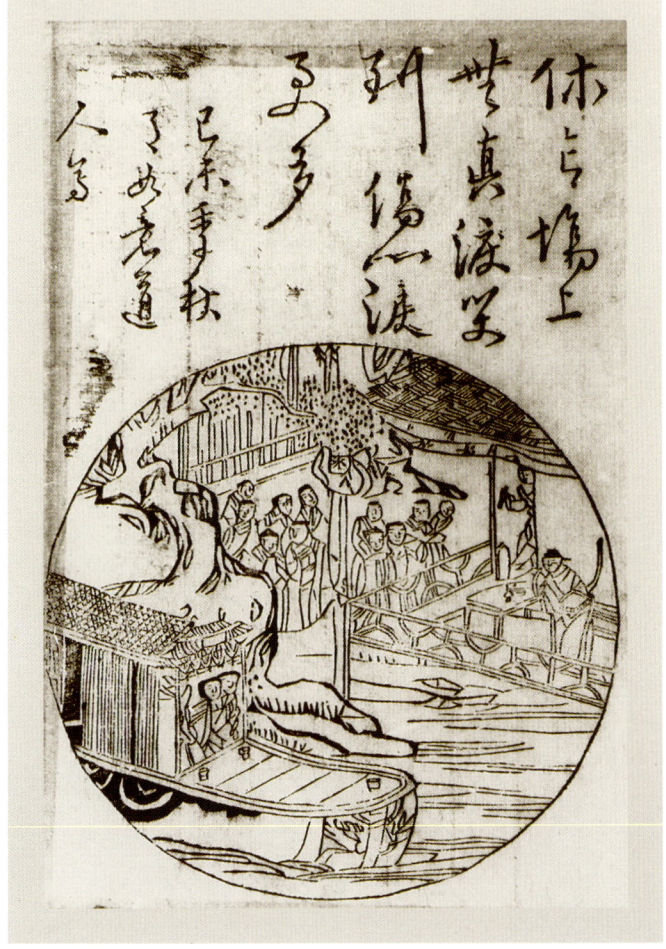

186 Abbildung (Ming-Dynastie) einer Aufführung im Haiyan-Stil, entnommen aus einer alten Ausgabe von *Jin Ping Mei*.

187 Abbildung (Ming-Dynastie) einer Aufführung in einem südchinesischen Dorf, entnommen aus einer alten Ausgabe von *Die Flunder* von Li Yu.

187

III. 1) Lokalstile und Bühnenaufführungen

188 Gemälde (Ming-Dynastie) mit dem Titel *Der Wohlstand von Nanzhong*, Darstellung einer Bühnenaufführung.

189 Gemälde (Ming-Dynastie) mit dem Titel *Szene des Wohlstands in der Südlichen Hauptstadt*, Darstellung einer Bühnenaufführung.

III. Chuanqi und Zaju in der Ming- und Qing-Dynastie (14.–18. Jahrhundert)

190 Bühne (Ming-Dynastie) im Guandi-Tempel, Provinz Shanxi.

Die Bühne wurde 1505 erbaut und 1831 wiedererrichtet. Sie enthält eine Reihe von Wasserbottichen, die unter beiden Seiten installiert sind. Am vorderen Ende der Bühne finden sich zwei Löcher, die – ebenso wie die Wasserbottiche – für Geräuscheffekte genutzt wurden.

191 Straßenbühne (Ming-Dynastie), Luocheng, Provinz Sichuan.

Die Straßen in Loucheng waren an den Enden schmal und in der Mitte breit, ähnlich der Form eines Bootes. Die Bühne befand sich an der breitesten Stelle der Straße. Ursprünglich erbaut wurde sie 1640, doch zeigt die Abbildung eine Rekonstruktion.

III. 1) Lokalstile und Bühnenaufführungen

192-1

192 Bühne (Ming-Dynastie), Provinz Zhejiang.

Die Bühne wurde in der späten Ming-Dynastie erbaut und in der späten Qing-Dynastie wiedererrichtet. Sie ist gekennzeichnet durch einen Vorsprung, in den die Worte „Hierher treten" eingeritzt sind. Es wird berichtet, dass auf dieser Bühne an jedem sechzehnten Tag des vierten Monats *Die Geschichte einer Laute* aufgeführt wurde. Der männliche Hauptdarsteller, der den Cai Bojie verkörperte, hatte auf den Vorsprung zu treten und in den Himmel hinaufzusehen. Andernfalls würde er damit bestraft worden sein, eine weitere Vorstellung geben zu müssen.

192-2

III. Chuanqi und Zaju in der Ming- und Qing-Dynastie (14.–18. Jahrhundert)

193 Verbreitung der Kunqiang-Stile.

194 Alte Ausgabe von *Die Qu-Regeln* von Wei Liangfu.

Die Erneuerung des Kunshan-Stils (Kunqu)

Wei Liangfu (1522–1573), geboren in Yuzhang, in der Provinz Jiangxi, ließ sich in Taicang, einer Nachbarstadt von Kunshan in der Provinz Jiangsu, nieder. Er studierte die Musik und die Lieder des Nordens, bevor er sich denen des Südens widmete. Das Grobe, Unausgereifte der südlichen Qu, der südlichen Lieder, empfand er jedoch als nicht zufriedenstellend, weshalb er die Formen, die klanglichen Muster und auch die Töne veränderte, um einen neuen musikalischen Stil zu schaffen. Wei arbeitete dabei mit vielen Musikern zusammen. Er verfeinerte die Musik bezüglich Melodik, Tonsystem und Rhythmik, setzte verstärkt die herausragenden Instrumente des Bühnenorchesters, die Querflöte und die Mundorgel, ein und verbesserte die Begleitung des Kunshan-Stils derart, dass er in musikalischer Hinsicht generell höheres Ansehen fand als die Stile Yiyang, Yuyao und Haiyan. Wei Liangfu berichtet von seinen Erfahrungen in *Eine Einführung in das südliche Qu*, was später zu *Die Qu-Regeln* wurde.

Liang Chenyu (1519–1591) war einer der ersten, die den Kunshan-Stil auf der Bühne anwendeten. Der Bühnenautor und herausragende Sänger, der sich selbst „Bolong" nannte, war in Kunshan beheimatet. Er komponierte im Kunshan-Stil das Chuanqi *Die Seidenwäsche* und hatte damit großen Erfolg.

III. Chuanqi und Zaju in der Ming- und Qing-Dynastie (14.–18. Jahrhundert)

195 Alte Ausgabe von *Die Seidenwäsche*.

In der Zeit der Frühlings- und Herbstannalen eroberte der Staat Wu den Staat Yue. Gou Jian, der König von Yue, bot dem König von Wu eine schöne Frau namens Xishi an, um einen Keil zwischen den König von Wu und seine Beamten zu treiben. Schließlich wurde Wu von Yue erobert und der König von Wu beging Selbstmord.

196 *Die Seidenwäsche: Die Bootsfahrt* im Kunshan-Stil.

Zhang Jiqing als Xishi.

197 *Die Seidenwäsche: Der Adoptivsohn* im Kunshan-Stil.

Shi Xiaomei als Wu Xin, Wang Jinan als Wu Yuan.

III. 1) Lokalstile und Bühnenaufführungen

198

199

198 *Die bestickte Jacke: Liedunterricht* im Kunqiang-Stil.

Die bestickte Jacke von Xu Lin (Ming-Dynastie) berichtet die Liebesgeschichte zwischen Zheng Yuanhe und dem singenden Mädchen Li Yaxian während der Tang-Dynastie. Der Akt *Liedunterricht* erzählt, wie Zheng Yuanhe in größten Nöten ist und von einem Bettler Lieder lernt.

Hua Chuanhao als Suzhou A Da, Wang Chuansong als Yangzhou A Er, Zhou Chuanying als Zheng Yuanhe.

199 *Wiederherstellung des Friedens im Himmel* im Kunqiang-Stil.

Wiederherstellung des Friedens im Himmel ist eine Bearbeitung des Romans *Die Reise nach dem Westen*. Der Affenkönig Sun Wukong läuft im Himmel Amok und wird schließlich durch Buddha Sakyamuni gebändigt.

Hao Zhenji als Affenkönig Sun Wukong.

III. Chuanqi und Zaju in der Ming- und Qing-Dynastie (14.–18. Jahrhundert)

200 Xiangju-Oper *Wu Song tötet seine Schwägerin* im Kunqiang-Stil.

Wu Song tötet seine Schwägerin ist eine Szene aus dem Chuanqi *Das selbstgerechte Rittertum* von Shen Jing (Ming-Dynastie). Das Stück handelt von Wu Song, der seine Schwägerin Pan Jinlian tötet, um seinen ermordeten Bruder Wu Dalang zu rächen.
  Kuang Shengping als Wu Song, Liu Guoqing als Pan Jinlian.

201 Sichuan-Oper *Ein betrunkener Yamen-Läufer* im Kunqiang-Stil.

Die Oper *Ein betrunkener Yamen-Läufer* entstammt dem Chuanqi *Die rote Birne* von Xu Fuzuo (Ming-Dynastie). Der Yamen-Läufer Lu Fengxuan ist beauftragt, sich mit Zhao Ruzhou zu verabreden, um einen geselligen Abend im Mondschein zu genießen.
  Liu Chengji als Lu Fengxuan.

III. 1) Lokalstile und Bühnenaufführungen

Yiyang und andere Stile

Der Yiyang-Stil aus der gleichnamigen Stadt in der Provinz Jiangxi breitete sich über ganz China aus und galt als der populärste und einflussreichste der „vier großen Stile". Das Hauptcharakteristikum des Yiyang-Stils bestand darin, dass „eine Person singt und weitere mit einstimmen, während sie Gongs und Trommeln schlagen, um den Rhythmus anzugeben". Der freie Gesang des Yiyang-Stils war besonders aufnahmebereit für musikalische Einflüsse und entwickelte sich in anderen Regionen zu den Stilen Huizhou, Qingyang, Siping, Jingqiang und Gaoqiang weiter. Da die zahllosen Stücke ein weites Spektrum an Themen abdeckten, waren die Aufführungen im Yiyang-Stil kühn, ungezwungen und volksnah.

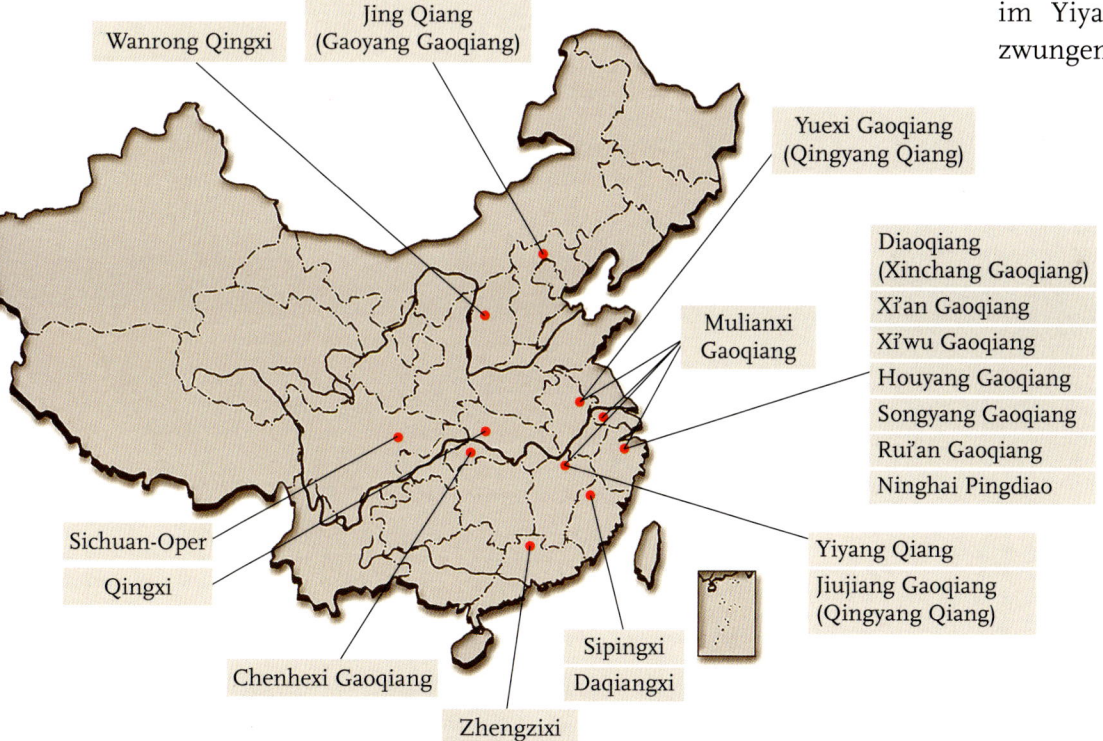

Karte 202: Wanrong Qingxi, Chu Qiang, Jing Qiang, Qingyang Qiang, Taiping Qiang, Huizhou Qiang, Siping Qiang, Yiwu Qiang, Qingxi, Leping Qiang, Yiyang Qiang.

Karte 203: Wanrong Qingxi, Jing Qiang (Gaoyang Gaoqiang), Yuexi Gaoqiang (Qingyang Qiang), Diaoqiang (Xinchang Gaoqiang), Xi'an Gaoqiang, Xi'wu Gaoqiang, Houyang Gaoqiang, Songyang Gaoqiang, Rui'an Gaoqiang, Ninghai Pingdiao, Mulianxi Gaoqiang, Sichuan-Oper, Qingxi, Chenhexi Gaoqiang, Zhengzixi, Sipingxi, Daqiangxi, Yiyang Qiang, Jiujiang Gaoqiang (Qingyang Qiang).

Überblick über die Opern im Gaoqiang-Stil

Jiangxi:	Ganju	Zhejiang:	Ouju	Guangdong:	Pailouxi
	Dong Hexi		Wuju		Chaoju (Chaoqiang)
	Fuhexi	Henan:	Balingxi		Aoju (Guangqiang)
	Yuanhexi		Qiju		Baizixi
	Ruanhexi		Xiangju		Qiongju
	Ji'anxi		Hengyang Xiangju	Guangxi:	Guiji
Fujian:	Minju		Changde Hanju	Shangdong:	Taozixi
	Cimingxi				

202 Entwicklung des Yiyang-Stils.

203 Verbreitung des Gaoqiang-Stils.

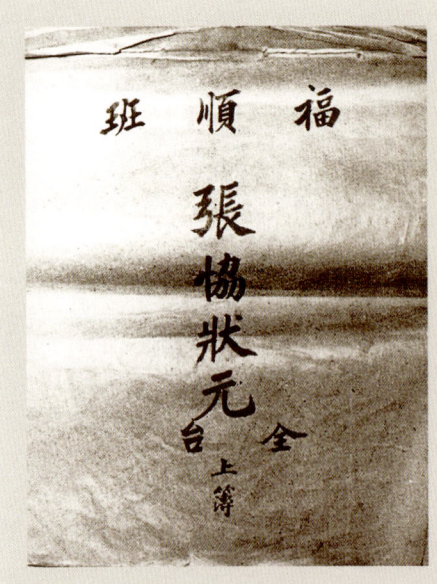

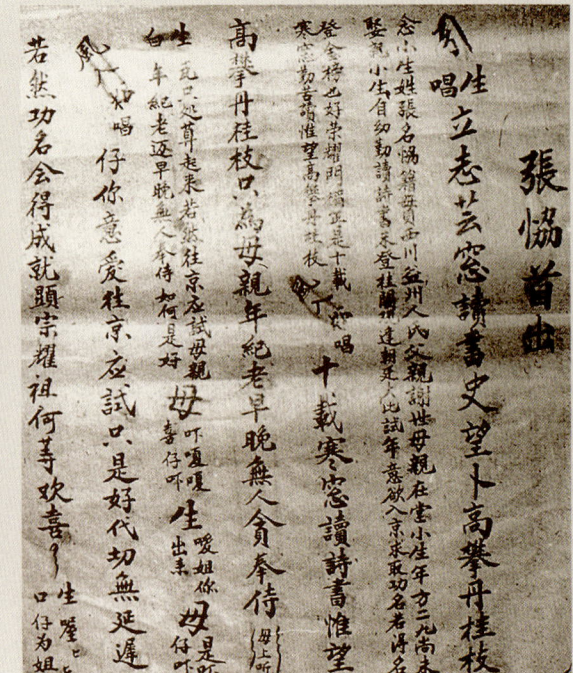

III. Chuanqi und Zaju in der Ming- und Qing-Dynastie (14.–18. Jahrhundert)

204

204 Alte, handgeschriebene Kopie der Puxian-Oper *Zhuangyuan Zhang Xie* im Xinghua-Stil.

Die Oper *Zhuangyuan Zhang Xie* entstand aus dem Song-zeitlichen Nanxi gleichen Titels. Das Stück erzählt, wie ein armes Mädchen Zhang Xie rettet, als dieser auf dem Weg zu den Palastprüfungen ausgeraubt wird. Die beiden heiraten, doch nachdem Zhang den Rang des Zhuangyuan errungen hat, verlässt er das arme Mädchen. Ein hoher Beamter adoptiert es und bringt die beiden wieder zusammen.

205 Puxian-Oper *Zhuangyuan Zhang Xie* im Xinghua-Stil.

205-1

205-2

134

III. 1) Lokalstile und Bühnenaufführungen

206 Chaoju-Oper *Chensan und Wuniang* in einer Aufführung einer Chaoju-Operntruppe aus der Provinz Guangdong.

Chensan und Wuniang erzählt, wie Chensan und Huang Wuniang sich ineinander verlieben, aber durch Huangs Vater an der Hochzeit gehindert werden. Mit Hilfe des Dienstmädchens Yichun brennen Chansan und Wuniang durch.

207 Liyuan-Oper *Chensan und Wuniang*.

Su Wushui als Wuniang, Su Ou als Yichun, Cai Ziqiang als Chensan.

135

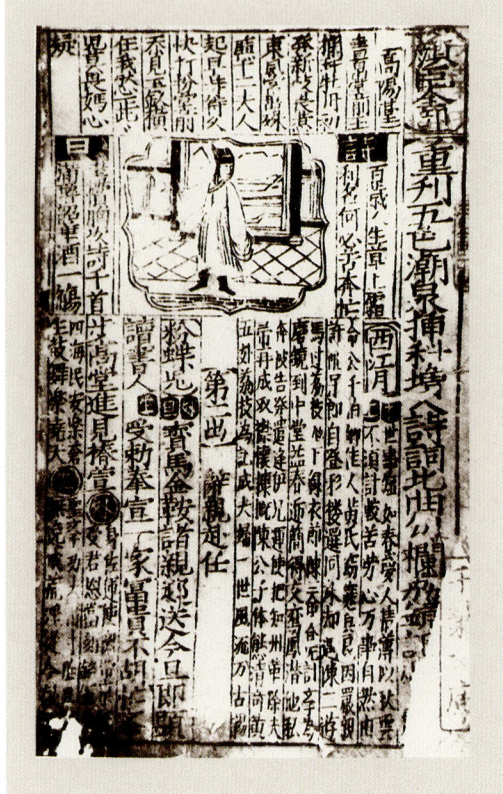

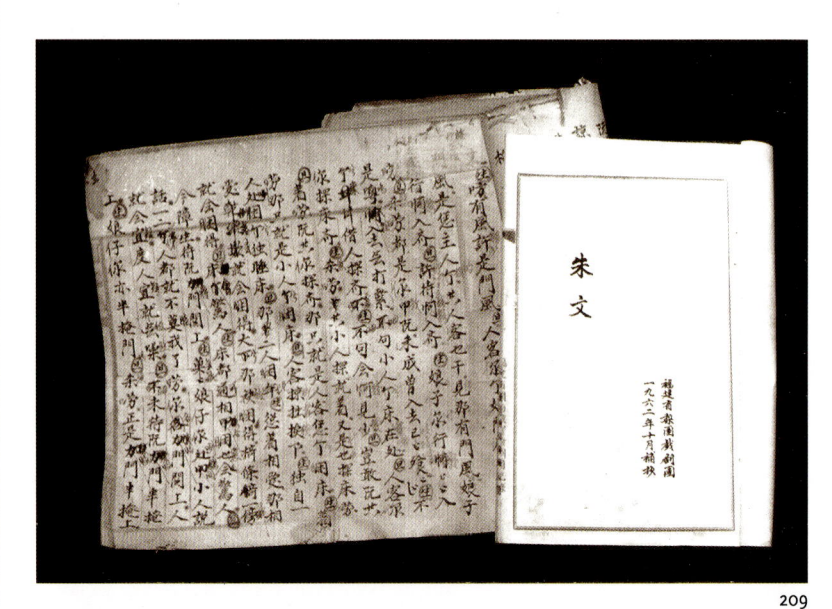

III. Chuanqi und Zaju in der Ming- und Qing-Dynastie (14.–18. Jahrhundert)

208 Alte Ausgabe von *Die Litschi und der kostbare Spiegel*.

Das Stück erzählt die gleiche Handlung wie *Chensan und Wuniang*.

209 Alte, handgeschriebene Kopie der Liyuan-Oper *Zhu Wen trifft einen Geist*.

210 Liyuan-Oper *Zhu Wen trifft einen Geist* in einer Aufführung der Liyuan-Operntruppe aus Jinjiang, Provinz Fujian.

Obwohl das originale Yuan-zeitliche Stück *Zhu Wens Taiping-Geld* verloren gegangen ist, überlebte es als Liyuan-Oper. In diesem Stück begegnet der Held Zhu Wen dem Geist eines jungen Mädchens, das ihm Geld gibt. Das Stück endet mit ihrer Hochzeit.

III. 1) Lokalstile und Bühnenaufführungen

211 *Auf der Jagd* im Qingyang-Stil nach *Die Geschichte vom weißen Kaninchen*.

212 Zhengzi-Oper *Die fortgeworfene Haarnadel*.

Szenenfoto der Haifeng-Theatertruppe aus der Provinz Guangdong.

III. Chuanqi und Zaju in der Ming- und Qing-Dynastie (14.–18. Jahrhundert)

III. 2) Bühnenautoren und ihre Stücke

Während der Ming-Dynastie (1368–1644) bewahrten das Chuanqi und das Zaju viele Traditionen des Nanxi und des nördlichen Zaju. Während der Regierungsperioden von Longqing (1567–1572) und Wanli (1572–1620) wurde der Kunqiang-Stil sehr populär und das Chuanqi erreichte neue Höhen der Aktivität. Im Laufe vieler Jahre fand eine Vermischung der Stile Yiyang und Kunshan statt, aus der letzterer mit einem veränderten Melodiensystem hervorging.

Zu jener Zeit gab es zahllose Bühnenautoren, die neue Stücke verfassten. Auch zahlreiche weniger hochrangige Literaten und Künstler schrieben Stücke, die populär und leicht verständlich waren und einen besonderen lokalen Stil pflegten.

213 Aufführungsverbote, aufgelistet im Anhang von *Das Gesetz der großen Ming-Dynastie*.

III. 2) Bühnenautoren und ihre Stücke

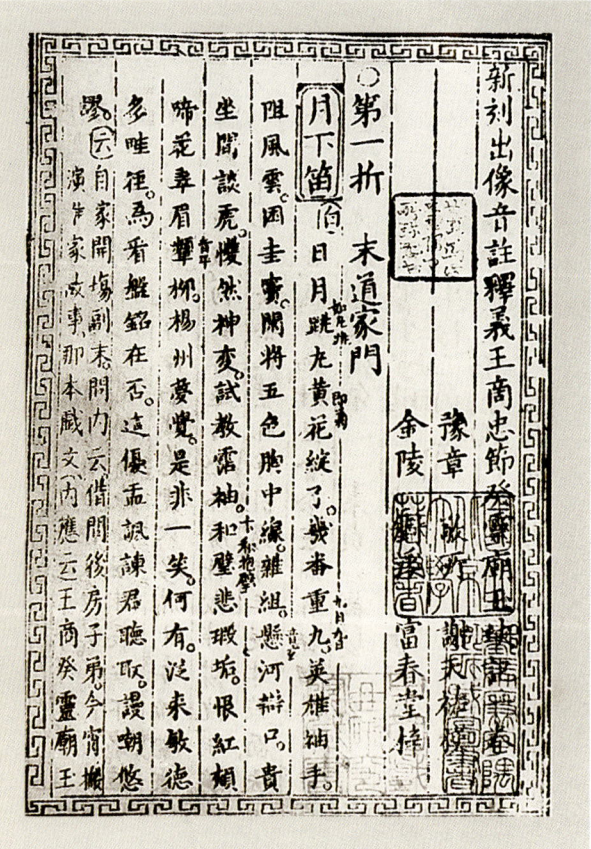

214 Alte Ausgabe von *Ein Stück Jade* von Zheng Ruoyong (Ming-Dynastie) und eine Illustration daraus.

Die Oper *Ein Stück Jade* berichtet vom Gelehrten Wang Sheng, dem seine Frau als Glücksbringer ein Stück Jade schenkt, bevor er zu den Palastprüfungen in die Hauptstadt reist. Doch Wang versagt bei seinen Prüfungen und gibt all sein Geld in einem Bordell aus. Seine Frau wird unterdessen von einem rebellischen General gefangengenommen, woraufhin sie sich aus Trotz das Gesicht zerschneidet. Einige Jahre später legt Wang erfolgreich die Prüfungen ab, erhält den Titel des Zhuangyuan und wird mit seiner Frau wiedervereint.

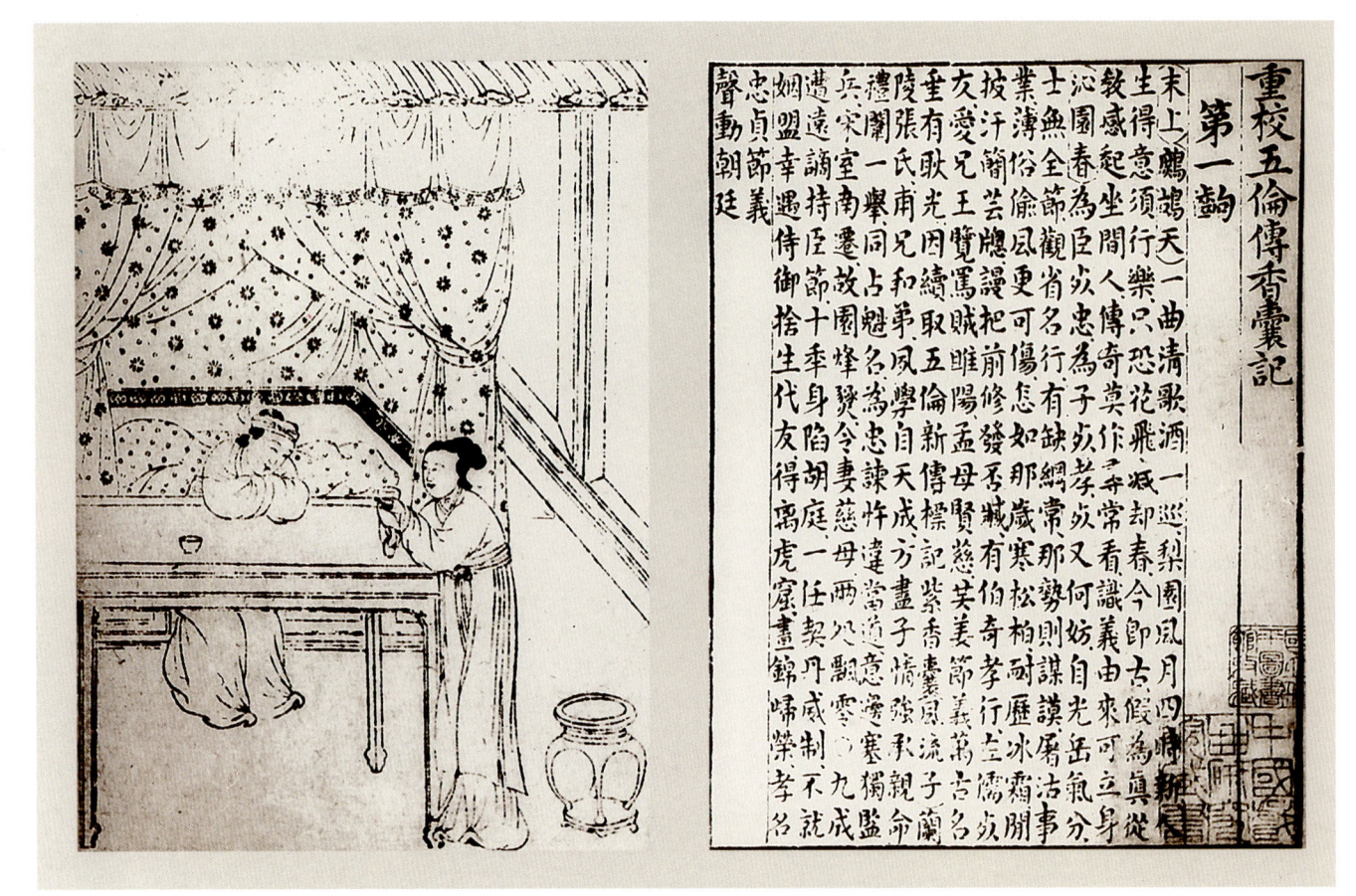

III. Chuanqi und Zaju in der Ming- und Qing-Dynastie (14.–18. Jahrhundert)

215 Alte Ausgabe von *Das Duftsäckchen* von Shao Can (Ming-Dynastie) und eine Abbildung daraus.

In *Das Duftsäckchen* erhält Zhang Jiucheng, ein Offizier der Song-Dynastie, die Weisung, auf eine Mission nach Jin zu ziehen, wo er dann gefangengenommen wird. Ein Bettler, der in den Besitz von Zhangs Duftsäckchen gelangt ist, versucht dieses an Zhangs Frau und deren Mutter zurückzuverkaufen. Er erzählt ihnen, dass Zhang bereits gestorben sei. Später kann Zhang aus Jin fliehen und wird ein Beamter. Er kommt mit seiner Frau wieder zusammen, als er sie sein Duftsäckchen in den Händen halten sieht.

III. 2) Bühnenautoren und ihre Stücke

新編黑旋風仗義疏財 全賓

（淨辦趙都巡引公吏人上開云）自家是趙都巡今蒙上司差遣下鄉去催趙秋糧（做喚公吏人上）（淨云）這一遭下鄉去催好多多問那欠糧的百姓討些錢物來也（下）（外辦李嶽古引卜旦二俠上云）老夫姓李。家住在東平府劉家村老夫平日直實因此上人喚老夫做李嶽古嫡親的四口兒這是我渾家崔氏這是我女兒千嬌年長一十八歲這是我兒孩兒。李寬一箇十二歲一箇十一歲為因老夫家貧拖欠了官糧五十餘石官府催併收納老夫無奈將這兩箇小兒子前去東平府城內賣了換些糧米納官行到半路天色晚了兀的前面一座古廟老妻俺向廟中宿一夜明日入城去也（做到廟科了）（淨辦孤引公吏上云）自家是趙都巡因為催糧到此天色昏晚此處無有人家且去兀那廟中歇一歇罷（做見外備說云

216

216 Zaju *Li Kui, ein großzügiger Mann* von Zhu Youdun (Ming-Dynastie).

Li Kui, ein großzügiger Mann beschreibt, wie Li Piegu, dessen Tochter früh gezwungen wurde, einen Beamten zu heiraten, zum Liangshan zieht, um die Räuber um Hilfe zu bitten. Li Kui verkleidet sich als Braut und überlistet den Beamten.

217 Peking-Oper *Der Dingjia-Berg*.

Der Dingjia-Berg basiert auf dem ersten Teil von *Li Kui, ein großzügiger Mann*.
Hou Xirui als Li Kui.

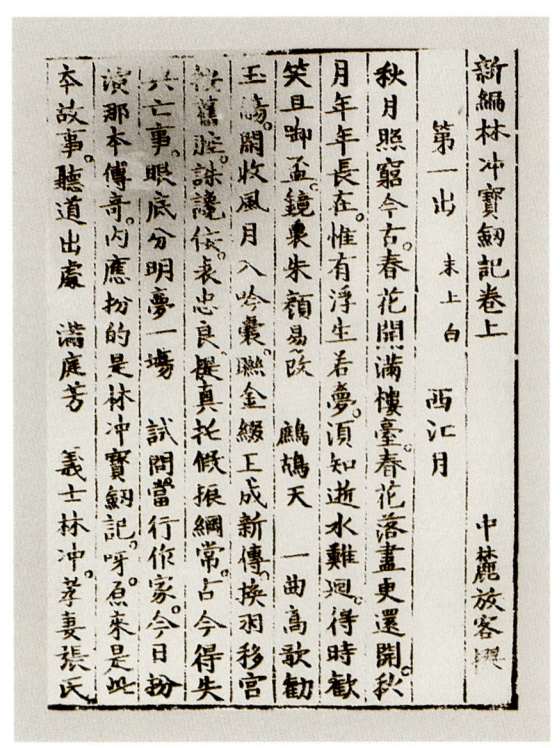

III. Chuanqi und Zaju in der Ming- und Qing-Dynastie (14.–18. Jahrhundert)

218

218 Alte Ausgabe von *Die Geschichte des zweischneidigen Schwertes* von Li Kaixian (Ming-Dynastie).

Die Geschichte des zweischneidigen Schwertes erzählt, wie sich Lin Chong, verfolgt vom skrupellosen Minister Gao Qiu, den Räubern vom Liangshan-Moor anschließt. Später führt Lin Chong die Räuber bei einem Angriff auf die Hauptstadt an. Um sie zu besänftigen, muss der Kaiser deren Forderung zustimmen, Gao Qiu vor ihren Augen hinrichten zu lassen.

219 Kunqu-Oper *Die Geschichte des zweischneidigen Schwertes: Die nächtliche Flucht.*

Hou Yongkui als Lin Chong.

219

142

III. 2) Bühnenautoren und ihre Stücke

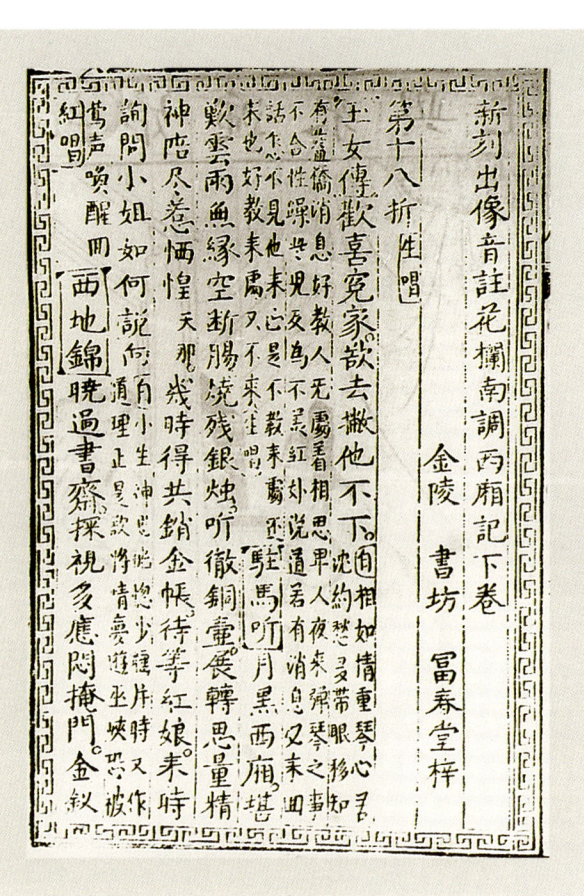

220 Alte Ausgabe von *Die südliche Version von Das Westzimmer* von Li Rihua (Ming-Dynastie) und eine Illustration daraus.

Cui Shipei (Ming-Dynastie) überarbeitete Wang Shifus Yuan-zeitliches Zaju *Das Westzimmer* zu einem Chuanqi. Diese Version ist nicht überliefert. Li Rihua wiederum revidierte Cuis Werk und erweiterte es zu *Die südliche Version von Das Westzimmer*.

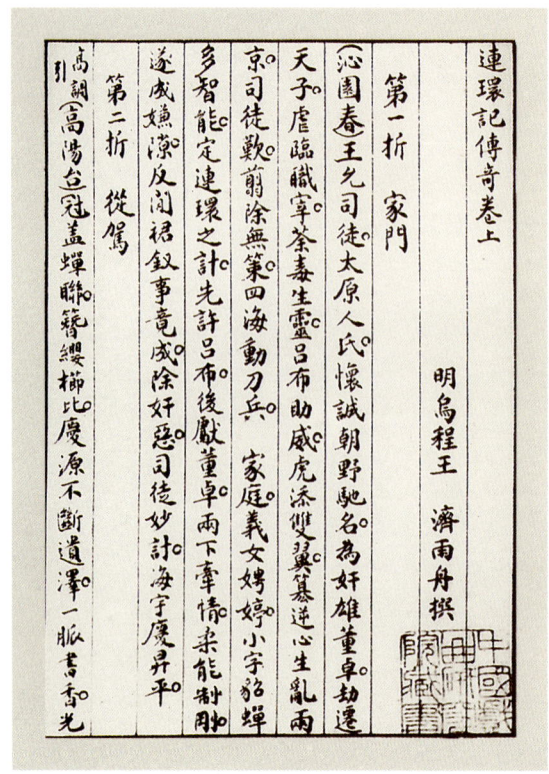

III. Chuanqi und Zaju in der Ming- und Qing-Dynastie (14.–18. Jahrhundert)

221

221 Alte Ausgabe von *Die verzahnten Strategien* von Wang Ji (Ming-Dynastie).

Die verzahnten Strategien erzählt, wie der Minister Situ Wangyun während der Östlichen Han-Dynastie plant, seinen Erzfeind Dong Zhuo zu töten. Aus diesem Grund beauftragt er seine Adoptivtochter Diao Chan, einen Keil zwischen Dong und seinen Adoptivsohn Lu Bu zu treiben. Der Plan geht auf und Lu Bu tötet Dong Zhuo.

222 Alte Ausgabe von *Die südliche Version von Das Westzimmer: Gang durch den Palast*.

Shi Xiaomei als Zhang Gong, Lin Jifan als Fa Cong.

222

III. 2) Bühnenautoren und ihre Stücke

223 Sichuan-Oper *Das kleine Bankett*.
Zhang Yalan als Lu Bu, Yu Yinglan als Diao Chan.

224 *Die verzahnten Strategien: Das kleine Bankett* im Kunqiang-Stil.
Yu Zhenfei als Lu Bu, Zhang Xian als Diao Chan.

III. Chuanqi und Zaju in der Ming- und Qing-Dynastie (14.–18. Jahrhundert)

225 Alte Ausgabe von *Der singende Phönix* von Wang Shizhen (Ming-Dynastie).

Der singende Phönix erzählt, wie der verräterische Beamte Yan Song während der Yuan-Dynastie die Macht bei Hofe an sich reißt und die Regierungsgeschäfte kontrolliert. Unter der Führung von Yang Jinsheng kämpfen acht Beamte gegen Yan Song, doch misslingt es ihnen wieder und wieder, ihn zur Rechenschaft zu ziehen. Schließlich werden Yan Song und seine Mithelfer entlarvt und bestraft.

226 Kunju-Oper *Der singende Phönix: Eine Festschrift auf den Kaiser.*
Huang Xiaowu als Yang Jisheng.

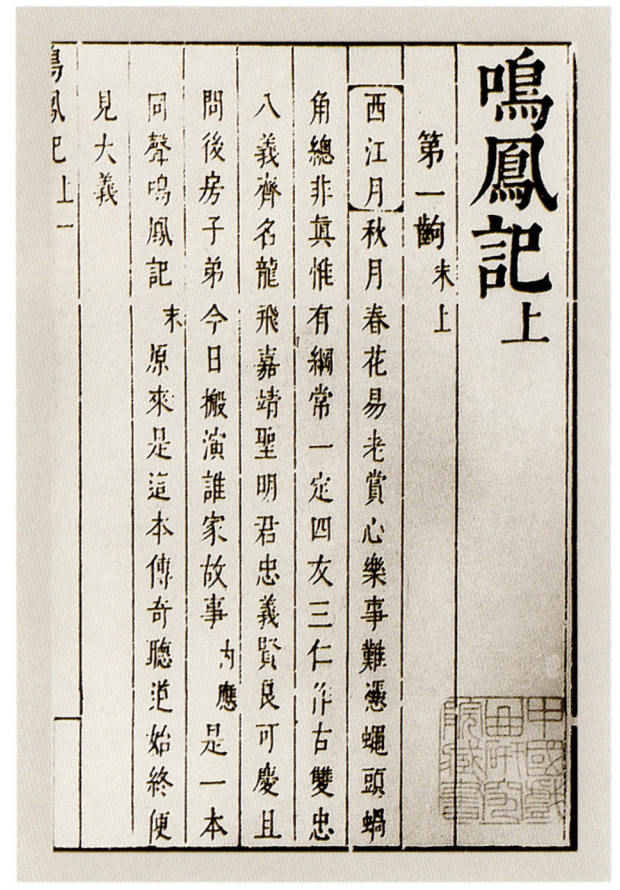

III. 2) Bühnenautoren und ihre Stücke

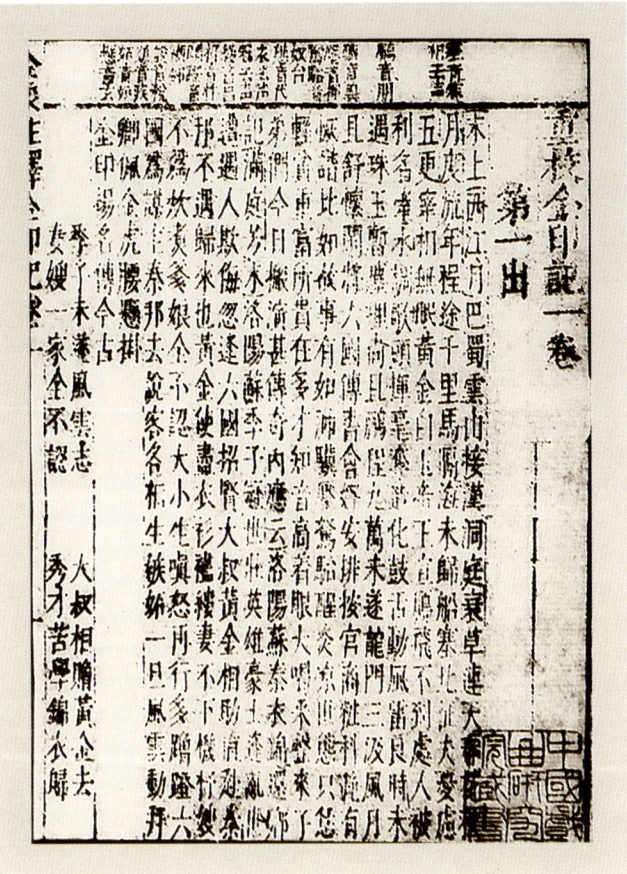

227 Alte Ausgabe von *Das goldene Siegel* von Su Fuzhi (Ming-Dynastie).

Das goldene Siegel spielt zur Zeit der Kämpfenden Reiche. Es erzählt die Geschichte eines Mannes namens Su Qin, der unter der schlechten Behandlung durch seine Familie leidet. Als er später Premierminister wird, schmeicheln ihm seine nun kriecherischen Angehörigen.

228 Wuju-Oper *Das goldene Siegel*.

Zhou Yuegui als Su Qin, Zheng Lanxiang als Zhou Shi.

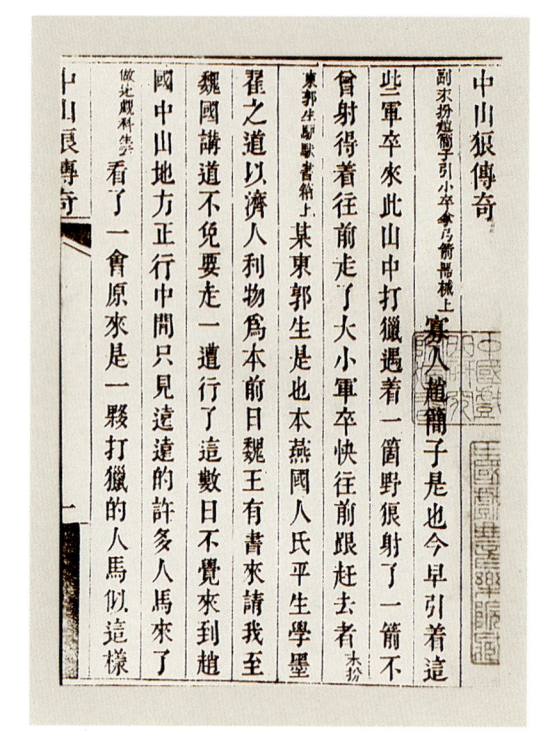

III. Chuanqi und Zaju in der Ming- und Qing-Dynastie (14.–18. Jahrhundert)

229 Alte Ausgabe des Zaju *Der Wolf vom Zhongshan* von Kang Hai (Ming-Dynastie).

Der Wolf vom Zhongshan erzählt, wie zur Zeit der Kämpfenden Reiche Dong Guo einen Wolf rettet, der gejagt wurde. Nach seiner Errettung greift der Wolf Dong Guo an, doch gelingt es diesem, das Tier erfolgreich abzuwehren.

230 Kanton-Oper *Zum Premierminister der Sechs Reiche ernannt*.

III. 2) Bühnenautoren und ihre Stücke

231 Alte Ausgabe des Zaju *Die vier Schreie des Gibbons* von Xu Wei und Illustrationen daraus.

Die vier Schreie des Gibbons enthält vier Zaju: (1) *Ein überheblicher Träumer* schildert, wie ein Beamter des Magistrats die Seele von Cao Cao zurückruft. (2) *Ein Traum im Land Cui* beschreibt, wie der Mönch Yueming dem Cuiliu predigt. (3) *Mulan* erzählt die Geschichte eines Mädchens namens Hua Mulan, die sich an Stelle ihres Vaters der Armee anschließt. (4) Die Geschichte *Die Zhuangyuan* handelt von einem Mädchen namens Huang Conggu, das sich als Junge verkleidet, den Rang des Zhuangyuan erzielt und am Ende den Sohn des Premierministers heiratet.

III. Chuanqi und Zaju in der Ming- und Qing-Dynastie (14.–18. Jahrhundert)

Xu Wei (1521–1593) war ein Mann von kühnem Charakter, der in seiner Beamtenlaufbahn immer wieder enttäuscht wurde. Talentiert in Poesie, Komposition und Malerei war er ein fruchtbarer Bühnenautor, unter dessen Stücken sich *Die vier Schreie des Gibbons* sowie *Singen anstatt zu weinen* befanden. Sein Werk *Eine Einführung in das Nanxi* ist das älteste Buch zu diesem Thema.

232 Porträt des Xu Wei.

233 Steinschnitzerei eines Abbilds von Xu Wei, verwahrt im ehemaligen Wohnsitz Xu Weis in Shaoxing, Provinz Zhejiang.

III. 2) Bühnenautoren und ihre Stücke

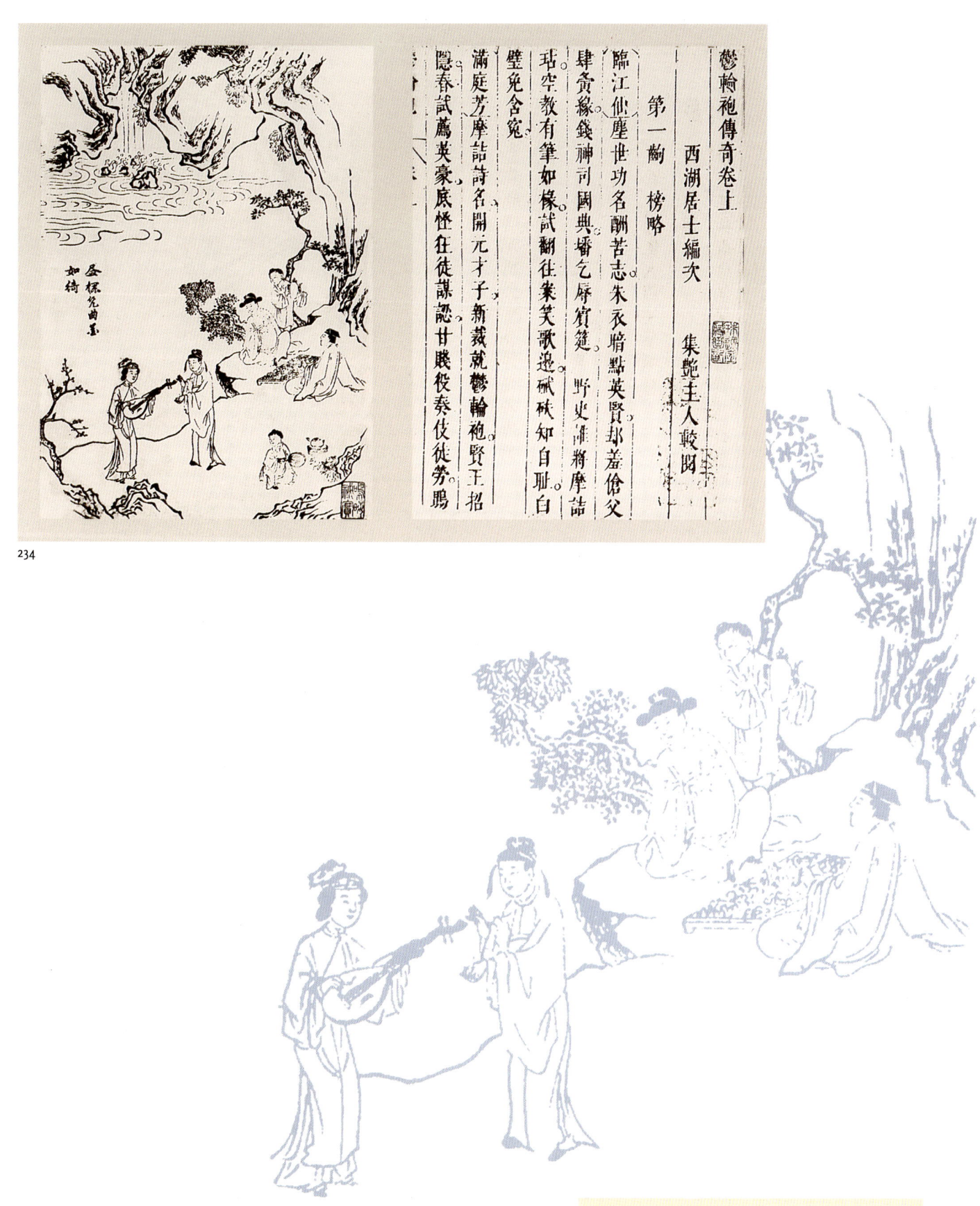

234

234 Alte Ausgabe von *Yulunpao* und eine Illustration daraus.

Yulunpao erzählt die Geschichte von Wang Wei, einem berühmten Einsiedler, der Amt und Würden zurückweist, als er dem verräterischen General An Lushan trotzt.

III. Chuanqi und Zaju in der Ming- und Qing-Dynastie (14.–18. Jahrhundert)

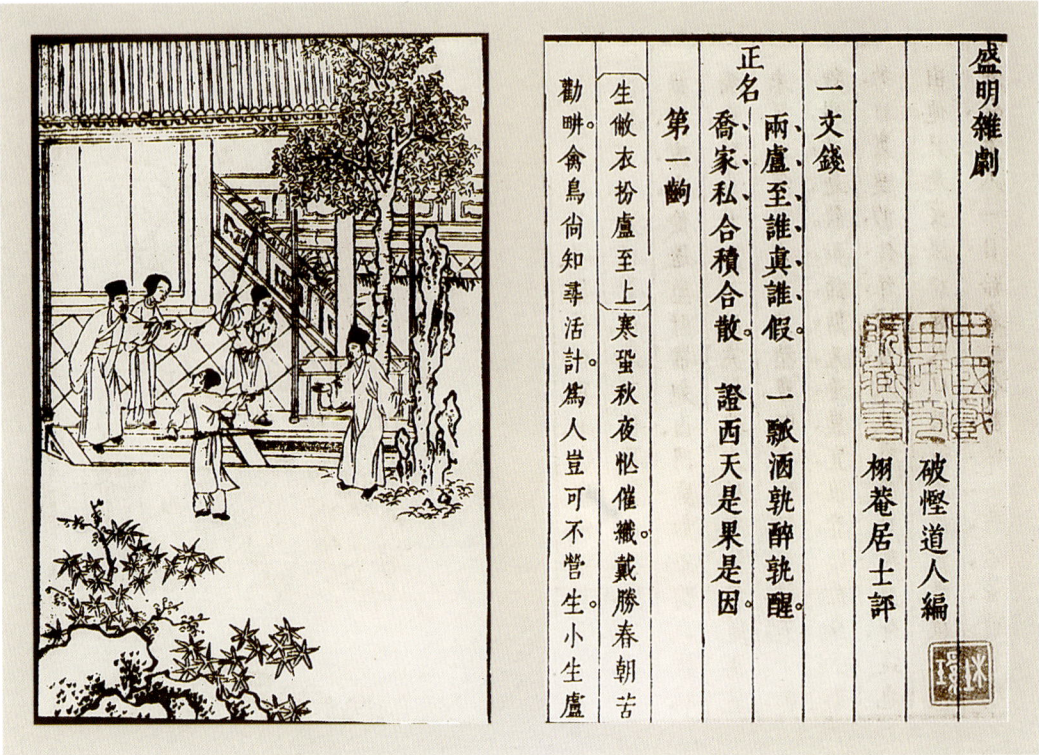

235 Zaju *Eine Schnur voll Münzen* von Xu Fuzuo (Ming-Dynastie).

Eine Schnur voll Münzen erzählt die Geschichte des Buddha Sakyamuni, dem Begründer des Buddhismus, der dem Geizhals Lu Zhi Erleuchtung brachte und ihm die Vergänglichkeit des irdischen Lebens ins Bewusstsein rief.

III. 2) Bühnenautoren und ihre Stücke

Tang Xianzu (1550–1616) stammte aus Linchuan in der Provinz Jiangxi. Er verfasste *Die Geschichte der purpurnen Haarnadel*, *Der Pfingstrosenpavillon* (auch bekannt als *Die Rückkehr der Seele*), *Die Nanke-Geschichte* und *Der Handan-Traum*. Diese vier Stücke wurden zusammen *Die vier Träume von Linchuan* genannt.

Tang war der Ansicht, dass Bühnenautoren über Emotionen schreiben sollten und die Phonologie den emotionalen Ausdruck nicht einschränken dürfe. So zeichnen sich seine Werke durch ihre dramatische Kraft aus.

236 Abbildung von Tang Xianzu, gemalt von Chen Zuolin (Qing-Dynastie).

III. Chuanqi und Zaju in der Ming- und Qing-Dynastie (14.–18. Jahrhundert)

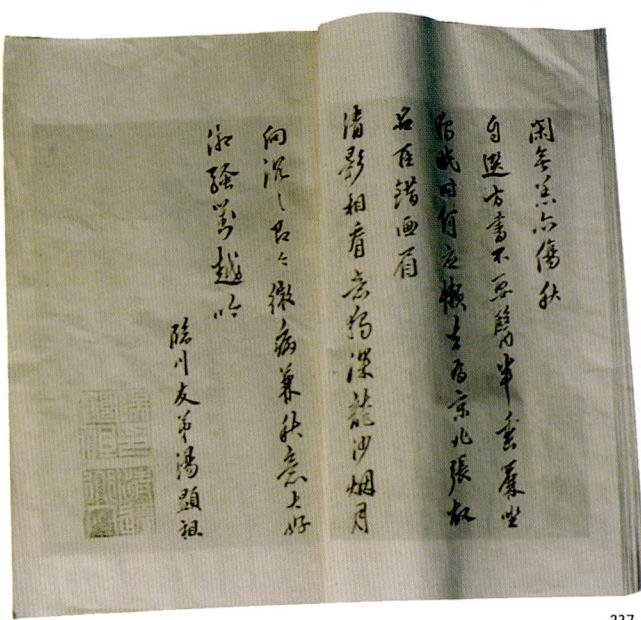

237 Manuskript von Tang Xianzu.

238 Holzblock mit Tang Xianzus Werken.

239 Ehemaliger Wohnsitz von Tang Xianzu.

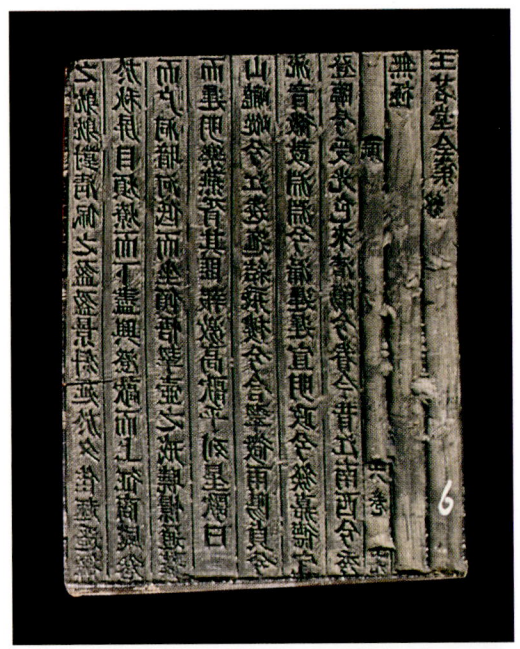

III. 2) Bühnenautoren und ihre Stücke

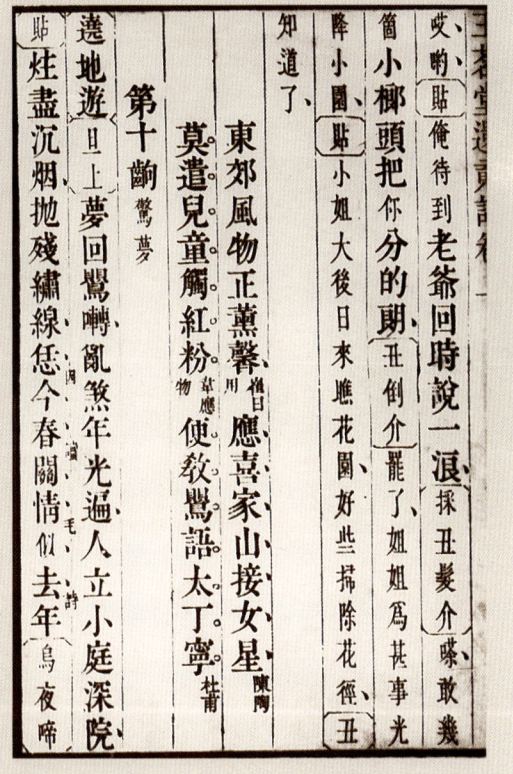

240 Alte Ausgabe von *Die Rückkehr der Seele* und eine Illustration daraus.

Die Rückkehr der Seele erzählt die Geschichte von Du Liniang, einem jungen Mädchen, das von einem Rendezvous mit einem jungen Gelehrten namens Liu Mengmei träumt. Als sie erwacht und feststellt, dass es sich lediglich um einen Traum gehandelt hat, verfällt sie in eine tiefe Melancholie und verstirbt. Ihre Seele erscheint Liu und weist ihn an, ihren Körper wiederzubeleben. Am Ende heiraten die beiden.

241 *Der Pfingstrosenpavillon: Chunxiang verwüstet das Studierzimmer* im Kunqiang-Stil.

Han Shichang als Chunxiang.

III. Chuanqi und Zaju in der Ming- und Qing-Dynastie (14.–18. Jahrhundert)

242 Jiangxi-Oper *Die Rückkehr der Seele* im Gaoqiang-Stil.

Pan Fengxia als Du Liniang.

243 *Der Pfingstrosenpavillon: Spaziergang im Garten* im Kunqiang-Stil.

Zhang Jiqing als Du Liniang, Xu Hua als Chun Xiang.

244 *Der Pfingstrosenpavillon: Spaziergang im Garten* im Kunqiang-Stil.

Mei Lanfang als Du Liniang, Jiang Miaoxiang als Liu Mengmei.

III. 2) Bühnenautoren und ihre Stücke

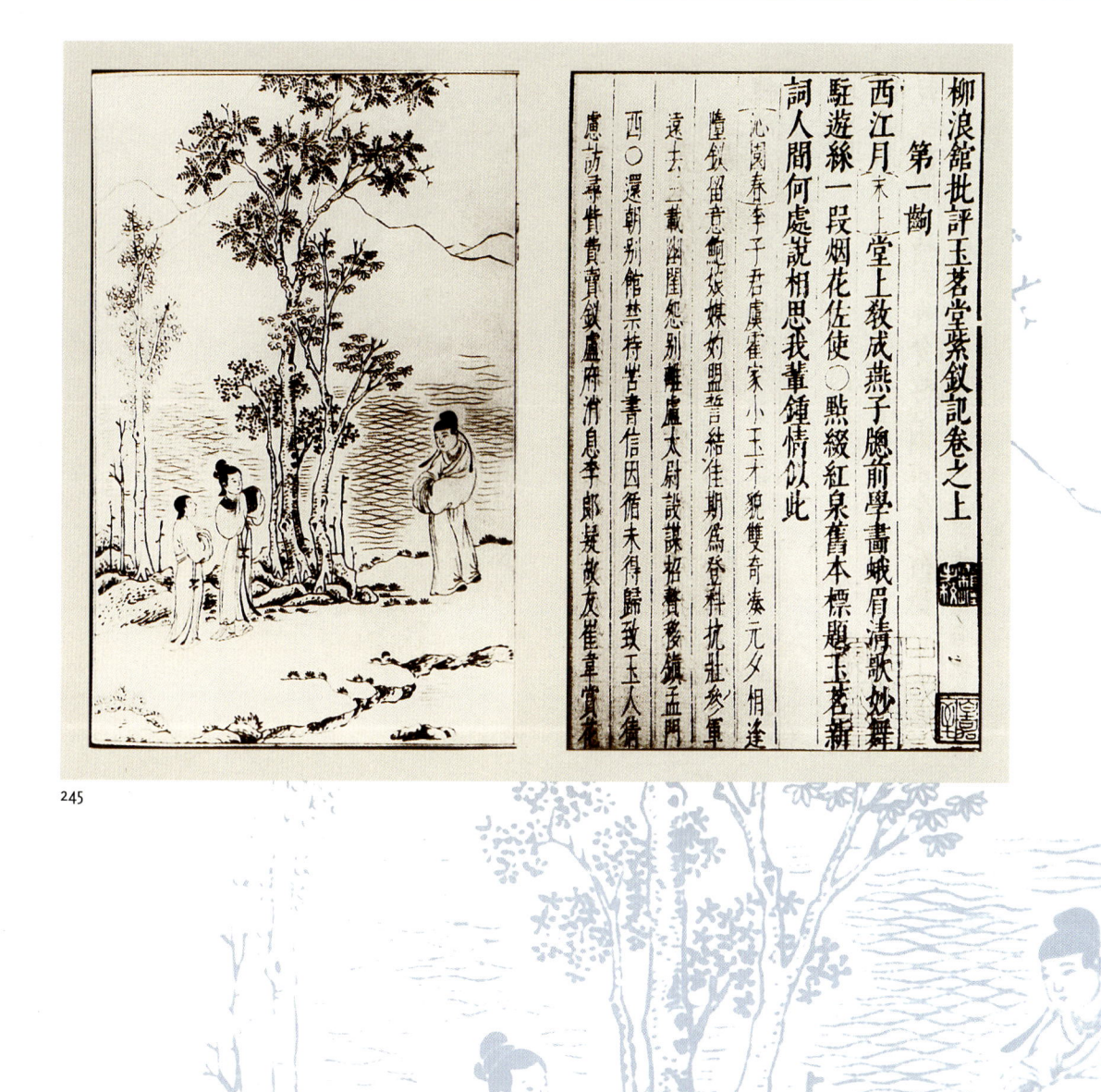

245 Alte Ausgabe von *Die Geschichte der purpurnen Haarnadel* und eine Illustration daraus.

In *Die Geschichte der purpurnen Haarnadel* entdeckt Li Yi, ein Gelehrter der Yuan-Dynastie, die purpurne Jadehaarnadel, die Huo Xiaoyu verloren hat. Li Yi benutzt die Haarnadel, um eine Heirat mit Xiaoyu zu arrangieren. Als er zum Zhuangyuan wird und militärische Ehren erhält, drängt ihn der Beamte Lu Taiwei, seine Tochter zu heiraten. Lu erwirbt die purpurne Jadehaarnadel und erzählt Li, dass Xiaoyu wieder geheiratet hat. Später werden Li und Xiaoyu mit Hilfe von Huang Shanke wieder vereint.

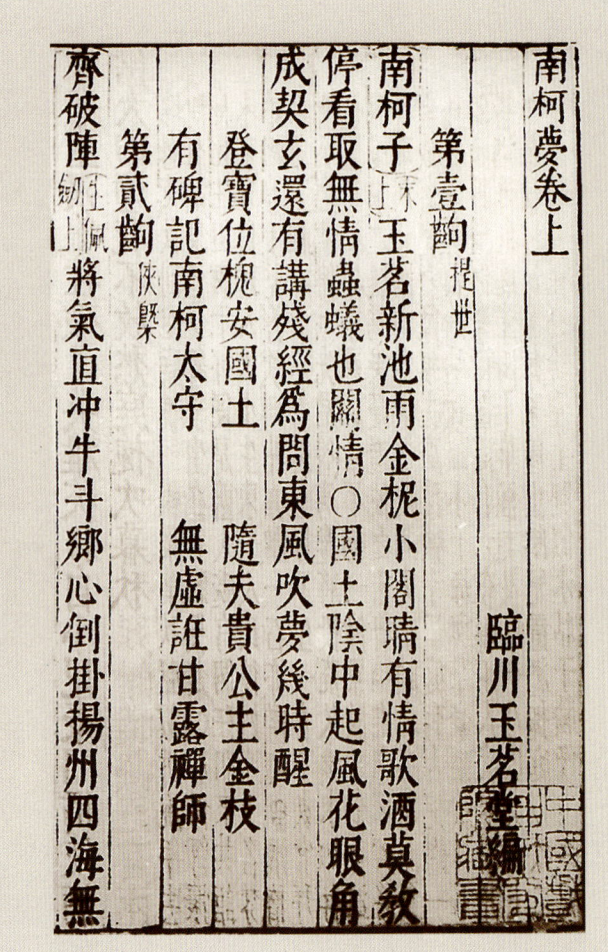

III. Chuanqi und Zaju in der Ming- und Qing-Dynastie (14.–18. Jahrhundert)

246 Alte Ausgabe von *Die Nanke-Geschichte* und eine Illustration daraus.

Die Nanke-Geschichte erzählt, wie Chun Yufen von einer Reise ins Land Huaian träumt. Dort heiratet er die Prinzessin und wird ein Beamter von Nanke. Bald darauf folgt seine Beförderung zum Premierminister, später die Verbannung wegen Korruption. Als Chun Yufen erwacht, realisiert er die Vergänglichkeit des Irdischen und stirbt.

III. 2) Bühnenautoren und ihre Stücke

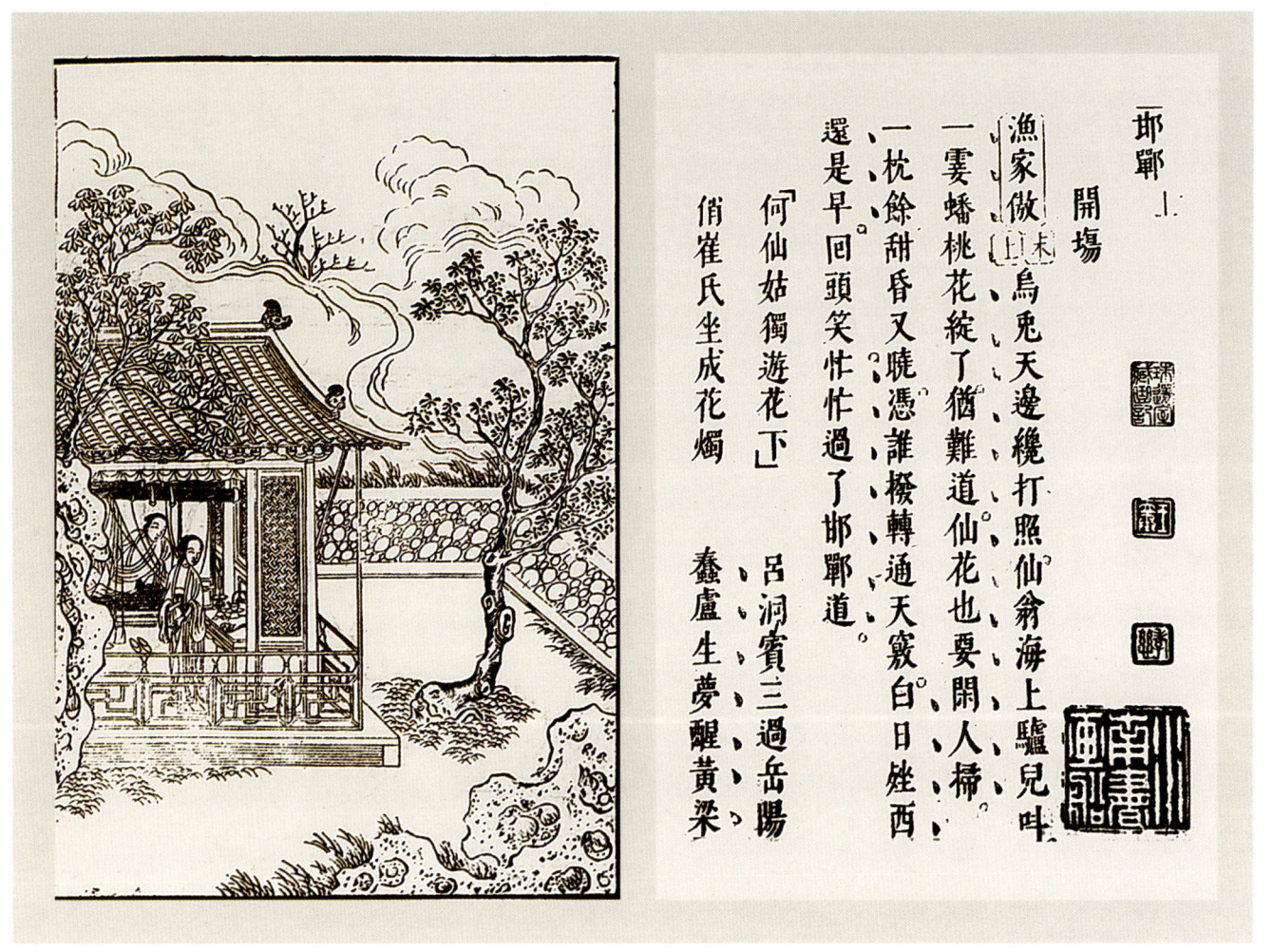

邯鄲　上

開場

漁家傲〔末上〕

烏兔天邊繞打照仙翁海上驢兒吽、
一雲蟠桃花綻了猶難道仙花也要開人掃、
一枕餘甜昏又曉憑誰撥轉通天竅白日姓西、
還是早回頭笑忙忙過了邯鄲道。

「何仙姑獨遊花下」　呂洞賓三過岳陽
俏崔氏坐成花花燭　蠢盧生夢醒黃粱

247 Alte Ausgabe von *Der Handan-Traum* und eine Illustration daraus.

Der Handan-Traum erzählt, wie ein junger Mann namens Lu Sheng davon träumt, durch Korruption ein Beamter zu werden. Es folgt seine Verbannung vom Hof, doch gewinnt Lu Sheng später seine Position zurück. Als er erwacht, ist er erleuchtet und geht fort, um bei Lü Dongbin zu studieren und unsterblich zu werden.

III. Chuanqi und Zaju in der Ming- und Qing-Dynastie (14.–18. Jahrhundert)

Shen Jing (1553–1610) verfasste 17 Stücke, darunter *Der rechtschaffene Held* und *Stücke zur Unterhaltung*. Im Gegensatz zu Tang Xianzu war Shen Jing der Ansicht, dass Bühnenautoren einen besonderen Fokus auf die Phonologie richten sollten. Sein besonderes Interesse galt der Intonation und dem Rhythmus, und er opferte eher dramatische Effekte, als auf die Einhaltung musikalischer Regeln zu verzichten. Um den Standard von Musik und Lyrik zu heben, schrieb er ein Buch mit dem Titel *Neun südliche Tonarten und dreizehn Formen*, worin er 719 Lieder als Modelle für Bühnenautoren und Sänger festlegte.

248 Alte Ausgabe von *Der rechtschaffene Held* und eine Illustration daraus.

Der rechtschaffene Held erzählt die Geschichte von Wu Song aus dem Roman *Die Räuber vom Liangshan-Moor*, angefangen vom Kampf mit dem Tiger und endend mit der Kapitulation von Wu Song sowie den anderen Räubern vor dem Hof.

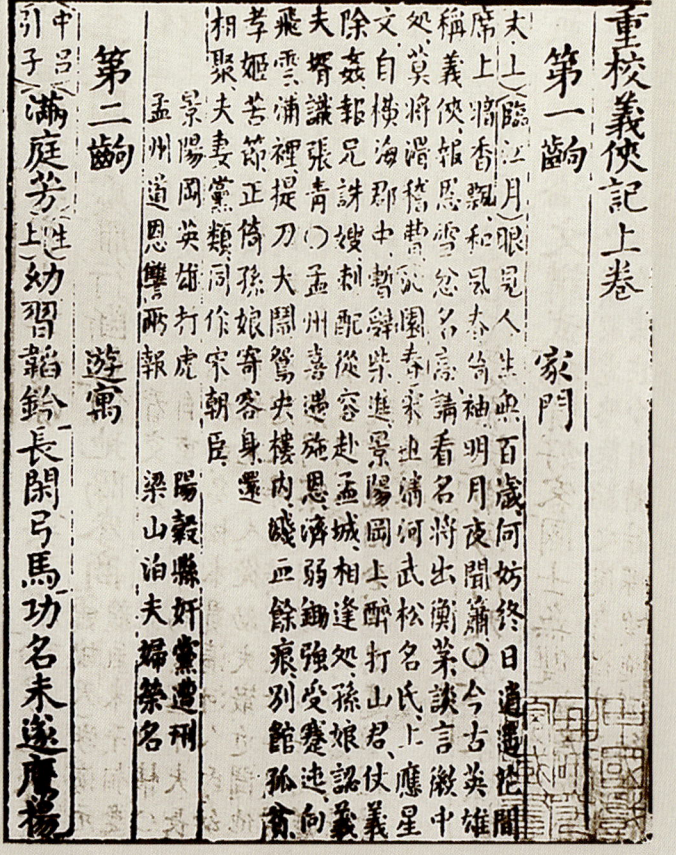

III. 2) Bühnenautoren und ihre Stücke

249 *Der Aufmarsch* im Kunqiang-Stil.
Zhang Jidie als Wu Zhi.

250 *Der Kampf mit dem Tiger* im Kunqiang-Stil.
Gai Jiaotian als Wu Song.

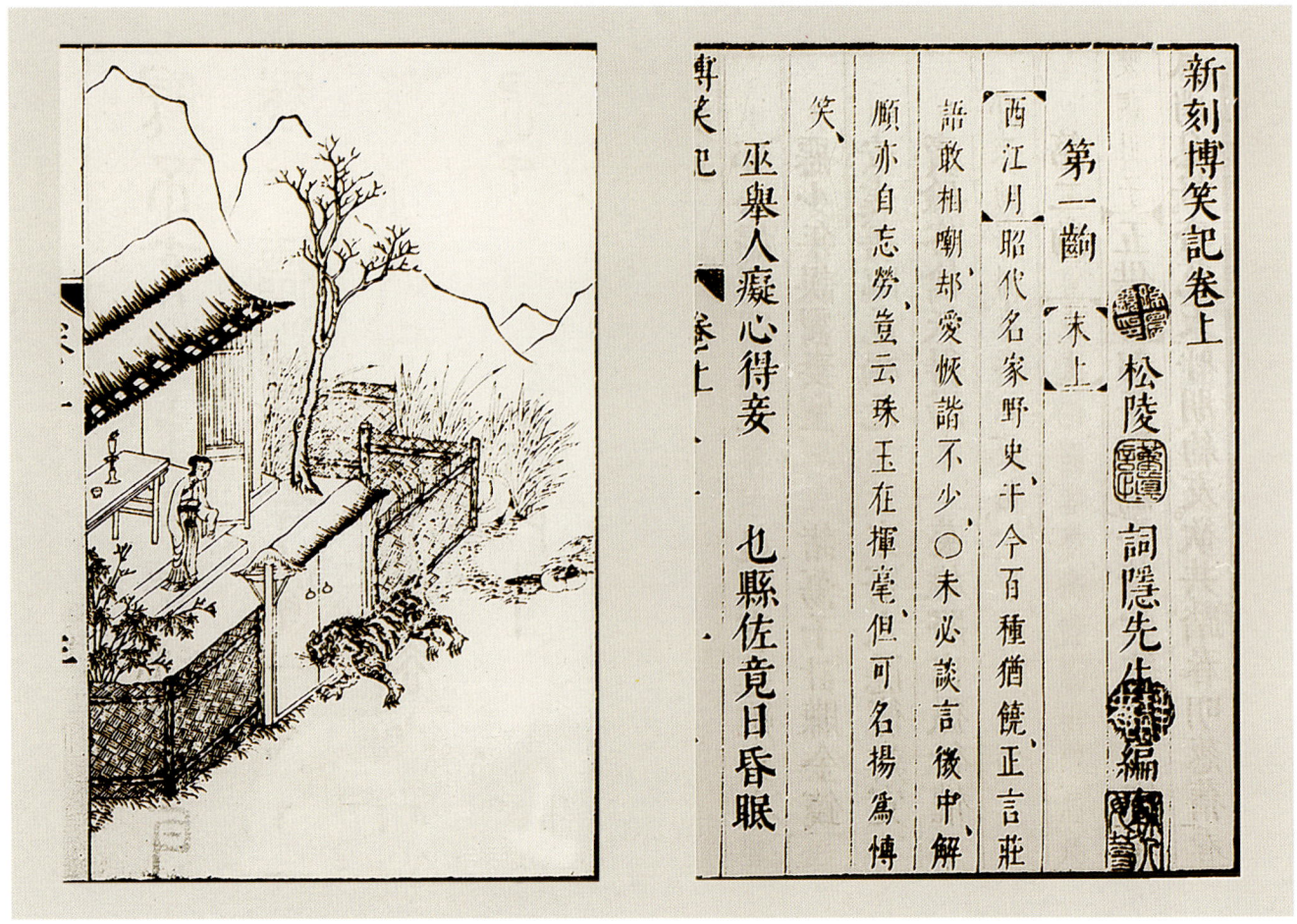

III. Chuanqi und Zaju in der Ming- und Qing-Dynastie (14.–18. Jahrhundert)

251 Alte Ausgabe von *Stücke zur Unterhaltung* und eine Illustration daraus.

Das Buch *Stücke zur Unterhaltung* beinhaltet zehn Geschichten: *Der pflichtbewusste Wu, Der Magistratsbeamte Nie, Ein Tiger klopft an die Tür, Der falsche lebende Buddha, Die Schwägerin verkaufen, Die falsche Frau, Ein gerechter Tiger, Ein Dieb rettet Menschen, Ein Gesichterverkäufer fängt Dämonen* und *Jagen gehen und Diebe bestrafen*.

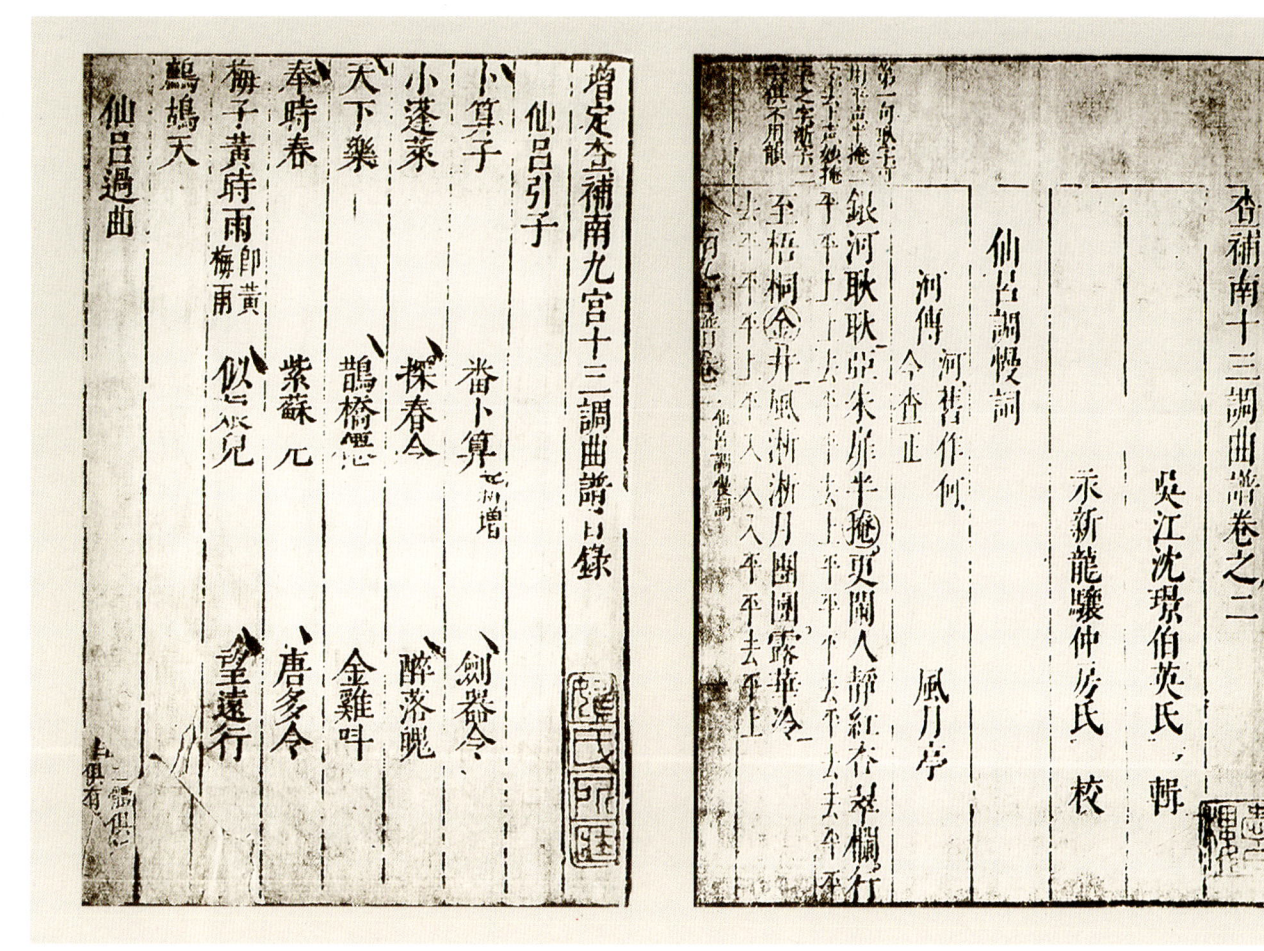

252 Partitur von *Neun südliche Tonarten und dreizehn Formen*.

Shen Jings Partitur von *Neun südliche Tonarten und dreizehn Formen* revidiert und erweitert die Partitur von *Neun südliche Tonarten* von Jiang Xiao (Ming-Dynastie). Das Buch beinhaltet 719 Melodien südlicher Lieder.

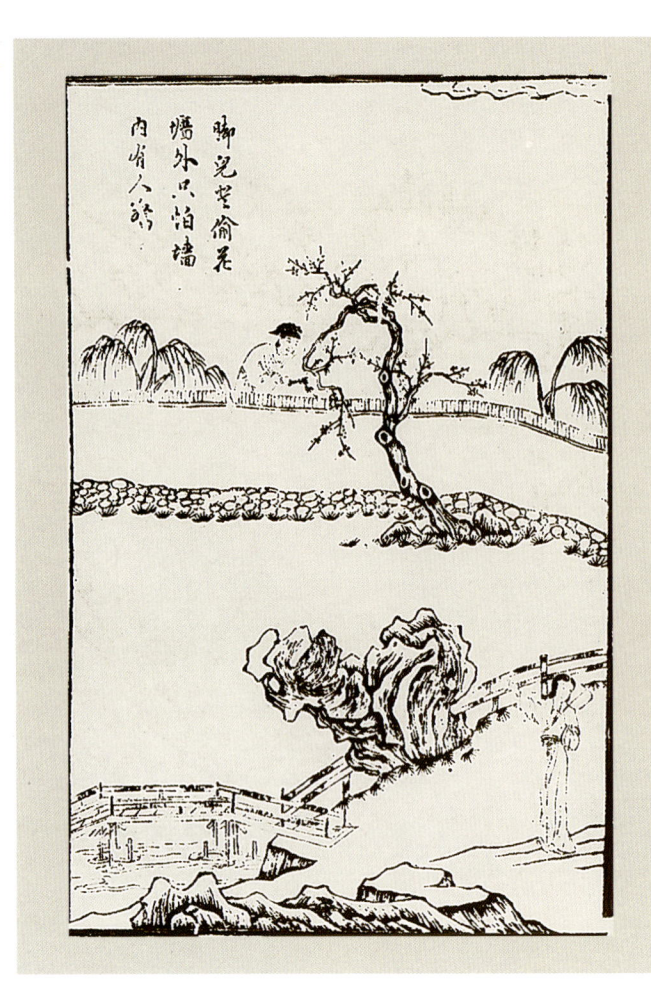

III. Chuanqi und Zaju in der Ming- und Qing-Dynastie (14.–18. Jahrhundert)

253 *Die Geschichte von der roten Pflaume* von Zhou Chaojun (Ming-Dynastie).

Die Geschichte von der roten Pflaume beschreibt den Kampf zwischen Literaten, angeführt von Pei Yu und dem boshaften Premierminister Jia Sidao, während der Südlichen Song-Dynastie. Das Stück enthält zudem verschiedene Nebenhandlungen, so auch die Liebesgeschichte zwischen Pei und Lu Zhaorong oder die Erzählungen, wie Jia sein Dienstmädchen Li Huiniang aus Bewunderung für Pei umbringt und wie Lis Seele ihren Körper verlässt, um Pei zu retten.

III. 2) Bühnenautoren und ihre Stücke

254 Qinqiang-Oper *Spaziergang am Westsee*, basierend auf *Die Geschichte von der roten Pflaume*.

Ma Lanyu als Li Huiniang.

255 Sichuan-Oper Die *Geschichte von der roten Pflaume* im Gaoqiang-Stil.

Liu Shiyu als Li Huiniang, Liu Youquan als Pei Yu.

III. Chuanqi und Zaju in der Ming- und Qing-Dynastie (14.–18. Jahrhundert)

256 *Li Huiniang* im Kunqiang-Stil.
Li Shujun als Li Huiniang.

257 Peking-Oper *Spaziergang am Westsee: Peis Freilassung*.
Cheng Lingxian als Li Huiniang.

III. 2) Bühnenautoren und ihre Stücke

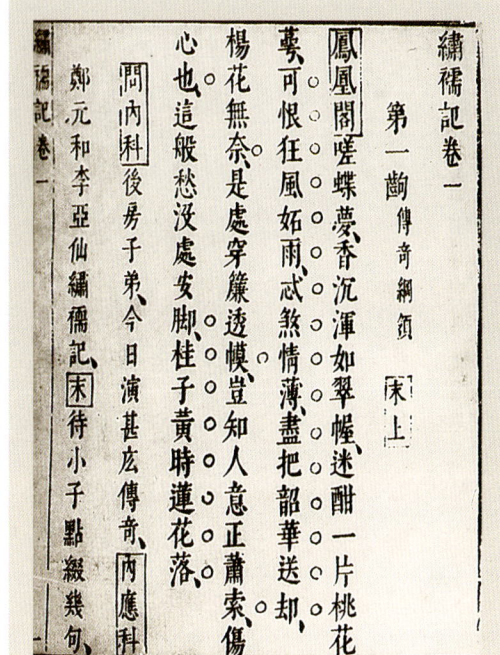

258

258 Alte Ausgabe von *Die bestickte Jacke* von Xu Lin (Ming-Dynastie).

Die bestickte Jacke erzählt die Liebesgeschichte zwischen Zheng Yuanhe und der Kurtisane Li Yaxian.

259 Liyuan-Oper *Die bestickte Jacke*: Liedunterricht.

260 Sichuan-Oper *Die bestickte Jacke*.

Xiao Kaicheng als Zheng Yuanhe, Tang Yinpu als Zhengs Vater.

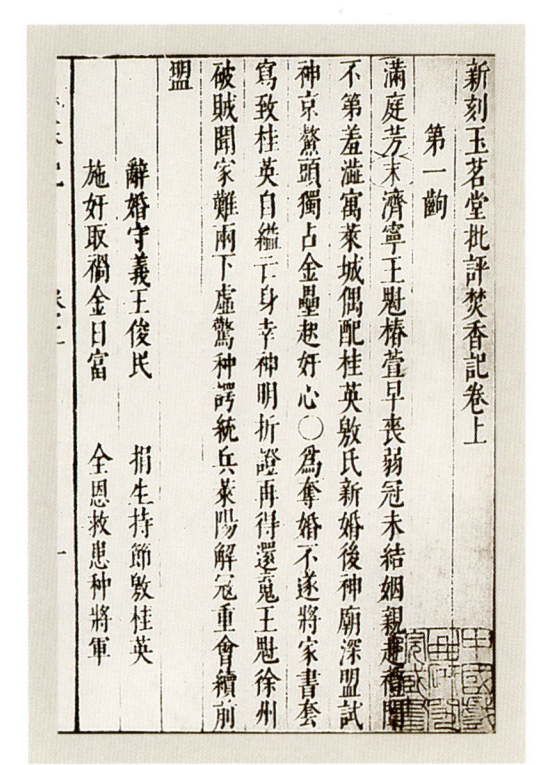

III. Chuanqi und Zaju in der Ming- und Qing-Dynastie (14.–18. Jahrhundert)

261

261 Alte Ausgabe von *Weihrauch verbrennen* von Wang Yufeng (Ming-Dynastie).

In *Weihrauch verbrennen* bezahlt die Prostituierte Jiao Guiying Wang Kuis Studien für die Palastprüfungen, damit er den Rang des Zhuangyuan erzielen kann. Guiying wird vorgegaukelt, dass Wang sie verachte, weshalb sie vor Ärger Selbstmord begeht. Später kommt die Wahrheit ans Licht, Guiying wird wiederbelebt und mit Wang vereint. Im Unterschied zum Nanxi, das auf derselben Geschichte beruht, endet dieses Stück glücklich.

262 Sichuan-Oper *Die Götterstatue schlagen* im Gaoqiang-Stil.

Hu Shufang als Jiao Guiying.

263 Sichuan-Oper *Rufen nach Wang Kui* im Gaoqiang-Stil.

Zhou Mulian als Jiao Guiying.

III. 2) Bühnenautoren und ihre Stücke

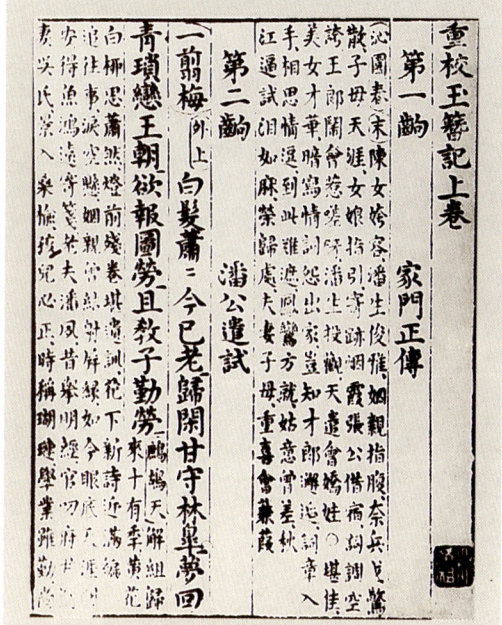

264

264 Alte Ausgabe von *Die Jadehaarnadel*.

Die Jadehaarnadel erzählt, wie Pan Bizheng und Chen Jiaolian als Zeichen ihrer Verlobung eine Jadehaarnadel und einen Fächeranhänger austauschen. Mit Beginn des Krieges wird Chen eine taoistische Nonne und ändert ihren Namen in Miaochang. Pan misslingen die Palastprüfungen und er zieht sich in einen taoistischen Tempel zurück, der von seiner Tante geleitet wird. In diesem Tempel findet die glückliche Wiedervereinigung von Pan und Chen statt und nachdem Pan erfolgreich die Prüfungen bestanden hat, heiraten die beiden.

265 Sichuan-Oper *Herbstfluss* im Gaoqiang-Stil.

Chen Shufang als Chen Miaochang, Zhou Qihe als Bootsführer.

266 *Die Jadehaarnadel* im Kunqiang-Stil.

Hu Jinfang als Chen Miaochang, Wang Hengkai als Pan Bizheng.

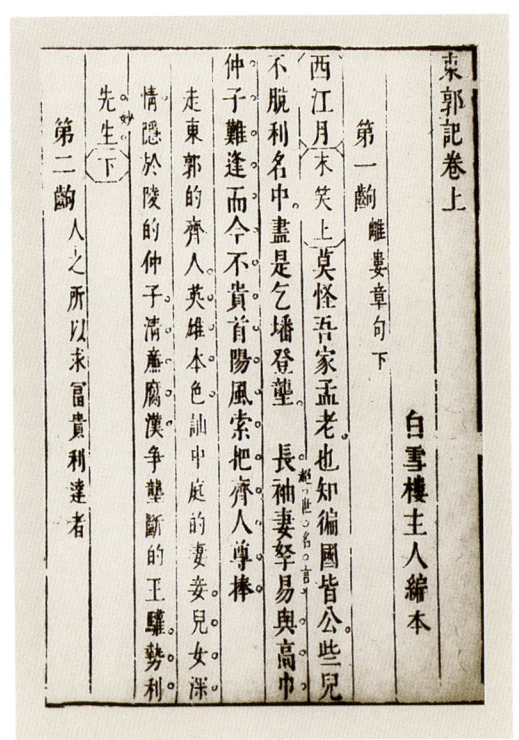

III. Chuanqi und Zaju in der Ming- und Qing-Dynastie (14.–18. Jahrhundert)

267 Alte Ausgabe von *Die östliche Stadtmauer* von Sun Zhongling (Ming-Dynastie).

Die östliche Stadtmauer erzählt, wie ein Bettler ein hoher Beamter wird und Reichtümer und Ehren genießt.

268 Alte Ausgabe von *Der Westgarten* von Wu Bing (Ming-Dynastie).

In *Der Westgarten* hält der Literat Zhang Jihua Wang Yuzhen für Zhao Yuying. Als Zhao einer Krankheit erliegt, gibt ihre Seele vor, Wang zu sein, und verfolgt Zhang. Zhang heiratet schließlich Wang, die er für Zhaos Geist hält. Die Reihe von Missverständnissen klärt sich am Ende auf und Zhang erkennt seinen Fehler.

269 *Der Westgarten* im Kunqiang-Stil. Wang Shiyu als Zhang Jihua, Shen Shihua als Wang Yuzhen.

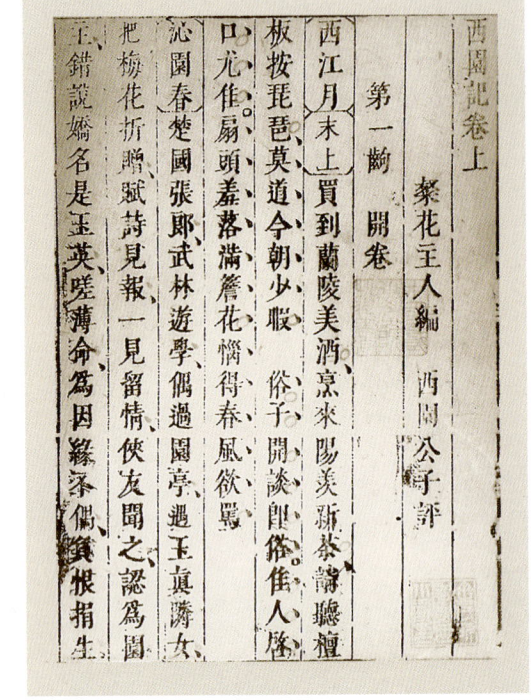

III. 2) Bühnenautoren und ihre Stücke

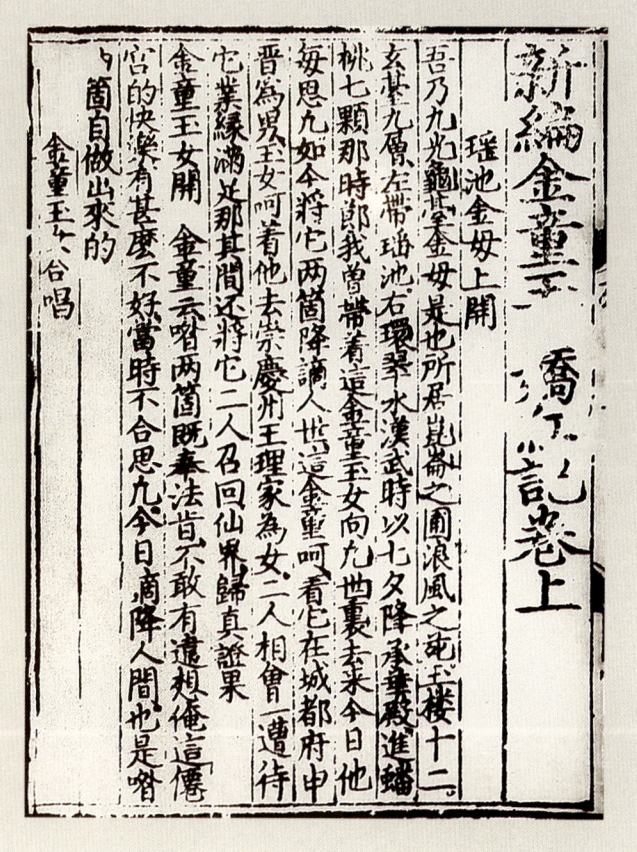

270 Alte Ausgabe von *Jiaoniang und Shen Chun* von Mei Chengshun (Ming-Dynastie) und eine Illustration daraus.

Jiaoniang und Shen Chun erzählt das Märchen von Shen Chun und Wang Jiaoniang, die sich lieben, deren Verbindung jedoch von Wangs Vater durchkreuzt wird. In ihrer Verzweiflung sterben die Liebenden und verwandeln sich in ein Paar Mandarinenten.

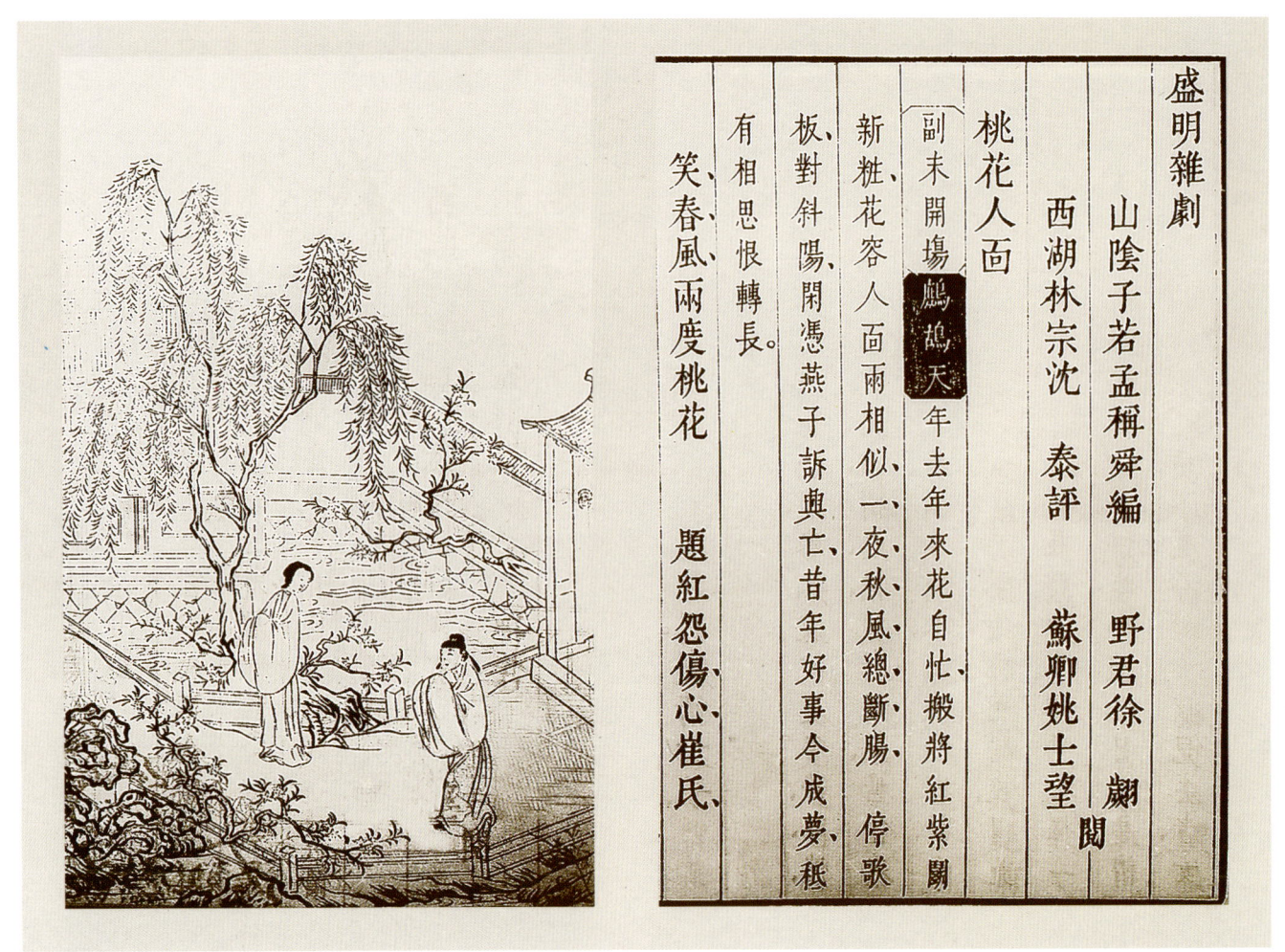

III. Chuanqi und Zaju in der Ming- und Qing-Dynastie (14.–18. Jahrhundert)

271 Alte Ausgabe von *Das Pfirsichblütenantlitz* von Meng Chengshun (Ming-Dynastie).

In *Das Pfirsichblütenantlitz* hält Cui Hu bei Ye Qin'ers Haus an, um Wasser zu trinken, und verliebt sich sofort in sie. Ein Jahr später kehrt Cui zu Yes Haus zurück. Da sie jedoch nicht da ist, hinterlässt er ihr ein Gedicht. Als Ye zurückkehrt und das Gedicht liest, stirbt sie vor Rührung. Cui weint so bitterlich über ihren Tod, dass Ye aufersteht und die beiden heiraten können.
In der Yuan-Dynastie verfasste Shang Zhongxian das Stück *Cui Hu bittet um Wasser*, das auf einer ähnlichen Thematik beruht. Ye Qin'er heißt darin Du Yichun.

III. 2) Bühnenautoren und ihre Stücke

272 Guiju-Oper *Das Pfirsichblütenantlitz*.
Yin Xi als Du Yichun.

273 Peking-Oper *Das Pfirsichblütenantlitz*.
Jiang Xinrong als Du Yichun, Mei Baojiu als Cui Hu.

III. Chuanqi und Zaju in der Ming- und Qing-Dynastie (14.–18. Jahrhundert)

274 Alte Ausgabe von *Der Brief der Schwalbe* von Ruan Dacheng (Ming-Dynastie).

Der Brief der Schwalbe berichtet die Geschichte einer Dreiecksbeziehung während der Tang-Dynastie zwischen dem Literaten Huo Duliang, der Prostituierten Hua Xingyun und der Tochter eines hohen Beamten, Li Feiyun.

275 *Der Brief der Schwalbe: Flucht durch die Hundetür* im Kunqiang-Stil.

Xian Yuji erschleicht sich den Titel des Zhuangyuan, indem er Huo Duliangs Prüfungsbogen mit seinem eigenen vertauscht. Als er jedoch erfährt, dass Li Andao, der höchste Bildungsminister ihn befragen möchte, flieht er durch die Hundetür.
    Li Jifan als Xian Yuji.

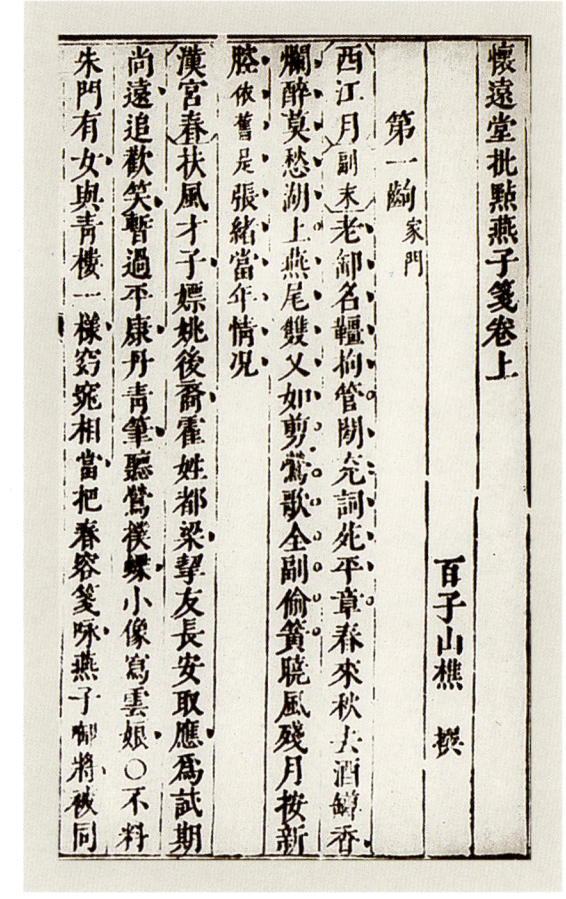

III. 2) Bühnenautoren und ihre Stücke

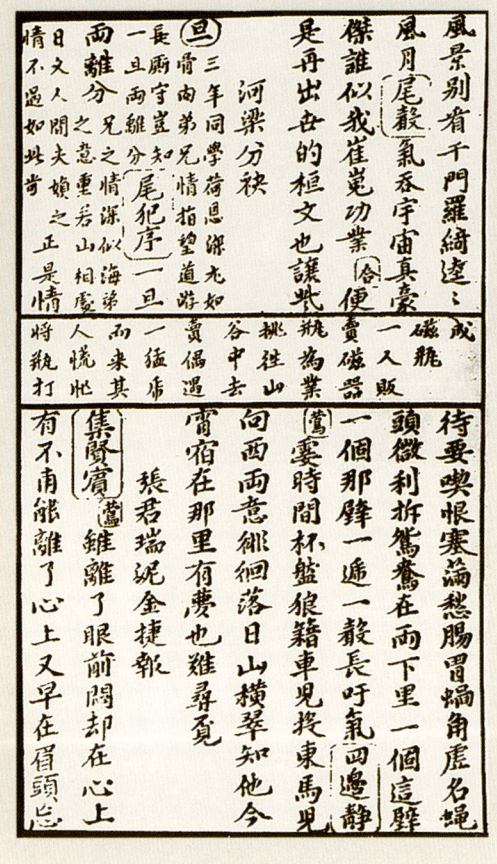

276 Alte Ausgabe von *Die Klassenkameraden* und eine Illustration daraus.

Die Klassenkameraden berichtet, wie Zhu Yingtai, ein Mädchen verkleidet als Junge, sich in ihren Klassenkameraden Liang Shanbo verliebt. Die Verbindung wird jedoch durch Zhus Vater verhindert, der eine Ehe mit Ma Wencai befürwortet. Liang Shanbo stirbt daraufhin vor Trauer. Zhu Yingtai geht zu seiner Grabstätte, schreit ihre Trauer heraus und wirft sich selbst ins Grab. Die beiden verwandeln sich in ein Schmetterlingspaar.

277 Shaoxing-Oper *Liang Shanbo und Zhu Yingtai*.

Fan Ruijuan als Liang Shanbo, Yuan Xuefen als Zhu Yingtai.

III. Chuanqi und Zaju in der Ming- und Qing-Dynastie (14.–18. Jahrhundert)

278 Sichuan-Oper *Der Schatten der Weide*. Yuan Yukun als Liang Shanbo, Chen Shufang als Zhu Yingtai.

279 Peking-Oper *Der Schatten der Weide*. Yie Shenglan als Liang Shanbo, Du Jinfang als Zhu Yingtai.

III. 2) Bühnenautoren und ihre Stücke

280

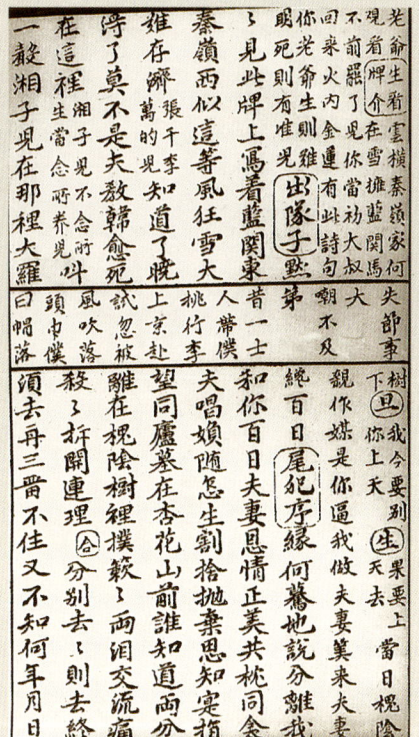

280 Alte Ausgabe von *Der Brokat* von Gu Jueyu (Ming-Dynastie) und eine Illustration daraus.

In *Der Brokat* verkauft sich Dong Yong, um für das Begräbnis seines Vaters aufkommen zu können. Eines Tages trifft er die siebte Fee und sie werden Mann und Frau. Dong Yong pflügt die Felder, seine Frau webt Brokat. Nach einhundert Tagen jedoch kehrt die Fee in den Himmel zurück. Dong Yong überreicht den Brokat, den seine Frau gewebt hat, dem Kaiser und wird für seine Gabe mit einem Preis belohnt.

281 Huangmei-Oper *Die Heirat mit der Fee*.

Yan Fengying als die siebte Fee, Wang Shaofang als Dong Yong.

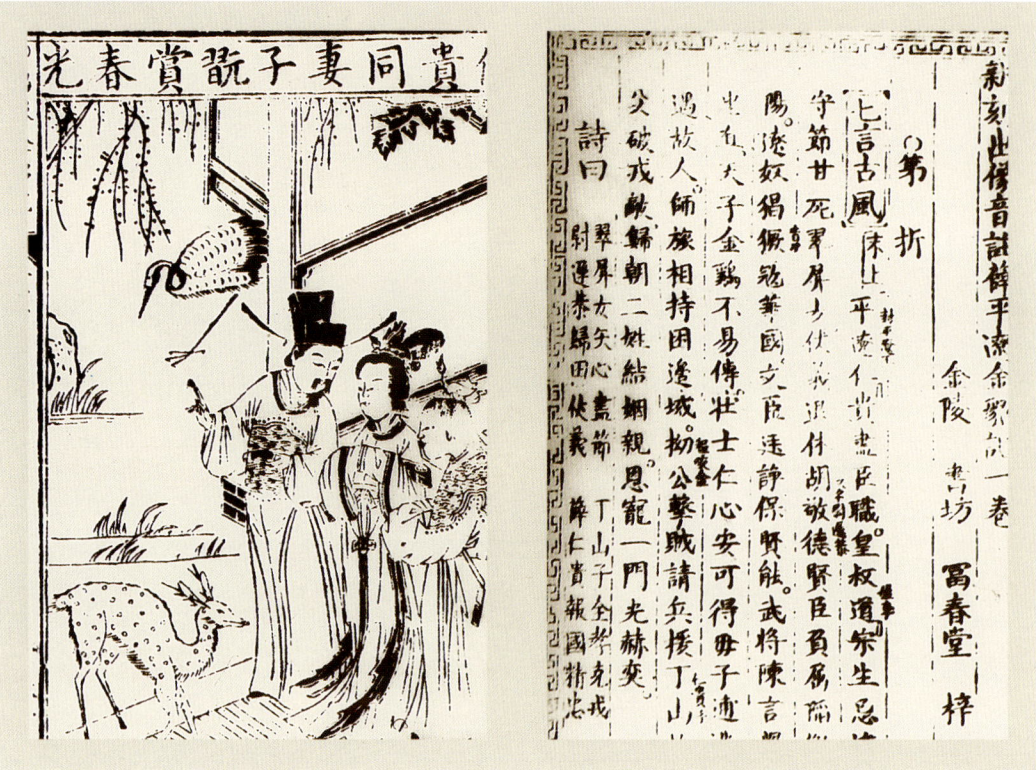

III. Chuanqi und Zaju in der Ming- und Qing-Dynastie (14.–18. Jahrhundert)

282 Alte Ausgabe von *Der Jindiao-Hut* und eine Illustration daraus.

Der Jindiao-Hut erzählt, wie Xue Rengui wiederholt von Li Daozong, einem Verwandten des Kaisers, verfolgt wird, aber schließlich mit einem militärischen Sieg triumphiert.

283 Peking-Oper *Jingde simuliert Wahnsinn*. Lou Zhenkui als Jingde.

III. 2) Bühnenautoren und ihre Stücke

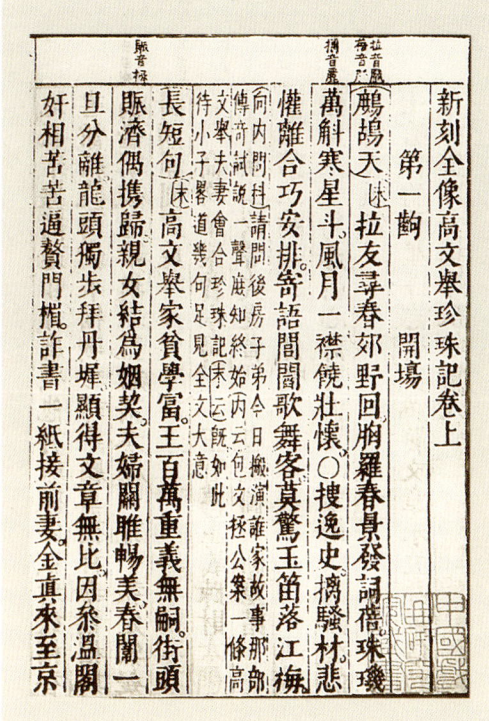

284 Alte Ausgabe von *Die Perle*.

Die Perle erzählt, wie Gao Wenju, ein armer Literat, mit Jinzhen verheiratet wird und dann abreist, um die Palastprüfungen abzulegen. Aus diesen geht er als Zhuangyuan hervor, woraufhin ihn der Premierminister Wen Ge als Schwiegersohn in die Familie aufnimmt. Jinzhen zieht in die Hauptstadt, um ihren Mann zu suchen, wird aber von Wen Shi, Gaos neuer Frau, zurückgewiesen. Jinzhen trägt ihre Klage Bao Zheng vor, der den Fall vor Gericht bringt und den Kaiser um Gerechtigkeit ersucht. Am Ende erlaubt der Kaiser Jinzhen, Wen Shi zu bestrafen.

285 Jiangxi-Oper *Die Perle: Der Aufbruch* im Gaoqiang-Stil in einer Aufführung des Ensembles der Jiangxi-Oper, Provinz Jiangxi.

286 Sichuan-Oper *Die Reinigung der Fenster* in einer Aufführung der Chaoju-Operntruppe, Provinz Guangdong.

III. Chuanqi und Zaju in der Ming- und Qing-Dynastie (14.–18. Jahrhundert)

287 *Mulian rettet seine Mutter* von Zheng Zhizhen (Ming-Dynastie).

Mulian rettet seine Mutter erzählt die Geschichte von Fu Xiang, der sein ganzes Leben lang gute Taten vollbringt, dessen Frau Liu Qingti jedoch die Götter lästert und in die Hölle verbannt wird. Ihr Sohn Fu Luobu begibt sich in das Westliche Paradies, um den buddhistischen Patriarchen anzuflehen, die Seele seiner Mutter von ihrem Leiden zu befreien. Fu Luobu konvertiert zum Buddhismus und ändert seinen Namen in Mulian. Mulian sucht überall in der Hölle nach seiner Mutter und rührt die Götter schließlich durch seine Hingabe. Mutter und Sohn werden wieder vereint und steigen zusammen in den Himmel auf. *Mulian rettet seine Mutter* besteht aus einhundert Akten und ist aus vielen Volksmotiven und Akrobatik gewebt.

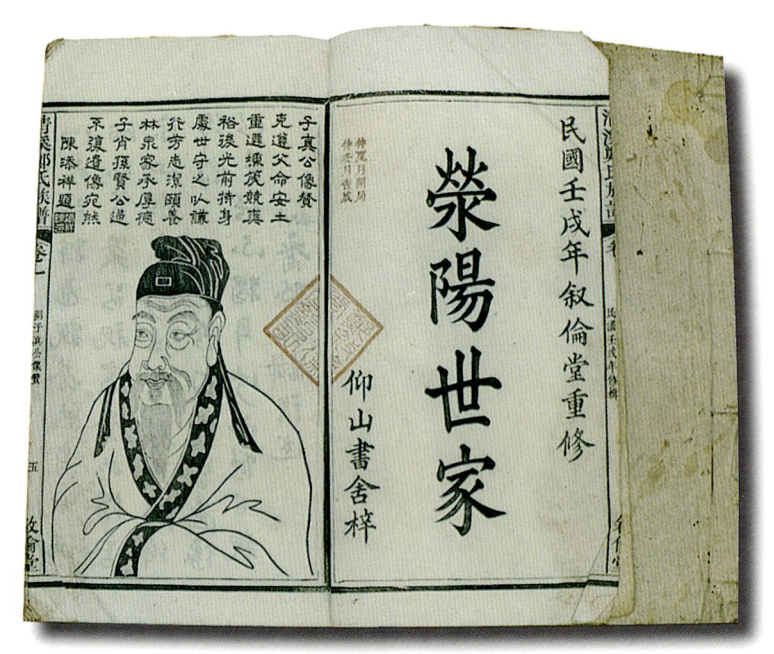

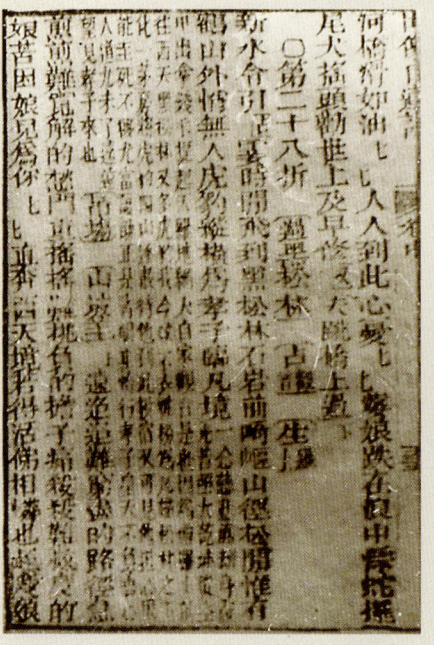

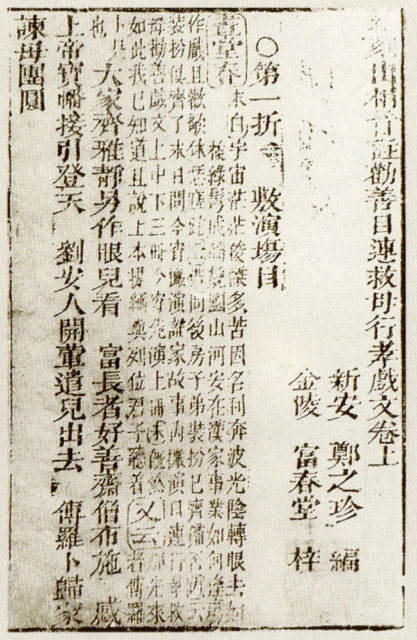

III. 2) Bühnenautoren und ihre Stücke

288

288 Qiju-Oper *Die Geschichte von Mulian:* Der Dämon reist.

289 Qiju-Oper *Die Geschichte von Mulian:* Hai Shi erhängt sich.

289

III. Chuanqi und Zaju in der Ming- und Qing-Dynastie (14.–18. Jahrhundert)

Li Yu und die Gruppe der Bühnenautoren in Suzhou

Li Yu, ein Bühnenautor der späten Ming- (1368–1644) und frühen Qing-Dynastie (1644–1911), verfasste über 40 Stücke, von denen 18 überliefert sind. Zu seinen Meisterwerken gehören *Der Jadekelch*, *Der Gebirgspass*, *Die ewige Vereinigung* und *Die Hand der Blumenkönigin*.

290 Herkunft des Materials und Zusammenfassung des Inhalts von *Die loyalen Untertanen*.

III. 2) Bühnenautoren und ihre Stücke

291 Alte Ausgabe von *Die loyalen Untertanen*.

292 Grabstein von fünf rechtschaffenen Männern in Suzhou.

293 Peking-Oper *Die fünf rechtschaffenen Männer*.

Liu Lianrong als Yan Peiwei, Li Hongchun als Zhou Wenyuan.

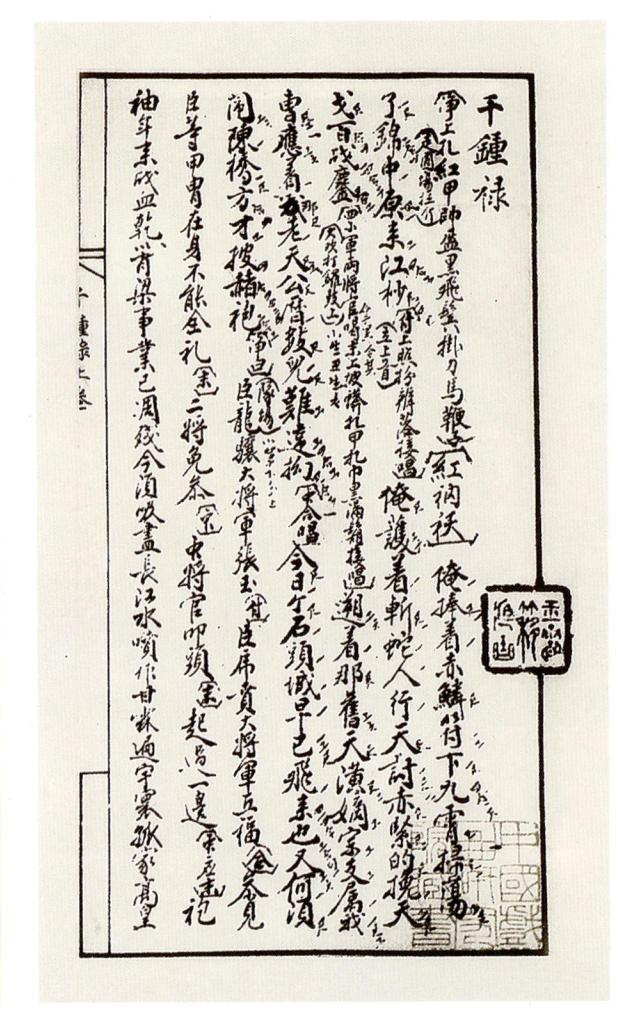

III. Chuanqi und Zaju in der Ming- und Qing-Dynastie (14.–18. Jahrhundert)

294 Alte Ausgabe von *Die Qianzhong-Salbe*.

Die Qianzhong-Salbe erzählt von Zhu Di, einem Prinzen der Ming-Dynastie, der rebellierte und Truppen entsandte, um Nanjing einzunehmen. Kaiser Jianweng und Minister Cheng Ji verkleideten sich als Mönch und toaistischer Priester und flohen.

295 Kunju-Oper *Die Qianzhong-Salbe: Der Zeuge erbärmlicher Zustände*.

Yu Zhenfei als Kaiser Jianwen, Zheng Chuanjian als Cheng Ji.

III. 2) Bühnenautoren und ihre Stücke

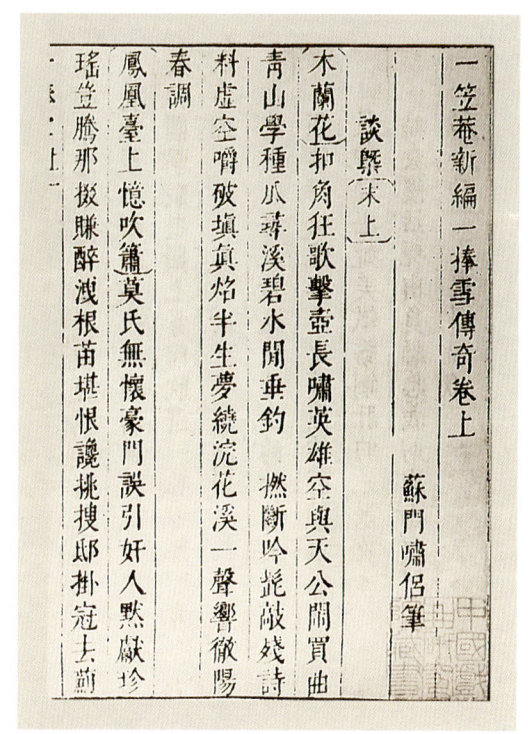

```
一笠菴新編一捧雪傳奇卷上
     蘇門嘯侶筆
談槩 [末上]
木蘭花犯 肉狂歌擊壺長嘯英雄空與天公閙買曲
青山學種瓜蓴溪碧水開垂釣　燃斷吟髭敲殘詩
料虛空嚼破塡眞焰半生夢繞浣花溪一聲響徹陽
春調
鳳凰臺上憶吹簫 莫氏無懷豪門誤引奸人黙獻珍
瑤笠騰那撥賺醉痕根苗堪恨讒桃搜邸掛冠去……
```

296

296 Alte Ausgabe von *Der Jadekelch*.

In *Der Jadekelch* verfolgt Yan Shifan, ein mächtiger und verräterischer Hofbeamter der Ming-Dynastie, Mo Huaigu und seine Familie, um den Jadekelch Yipengxue zu bekommen. Während Mo flieht, tötet seine Konkubine Xue Yan einen der Kollaborateure und begeht Selbstmord.

297 Peking-Oper *Untersuchung des abgetrennten Kopfes und Ermordung Tangs*.
Mei Lanfang als Xue Yan.

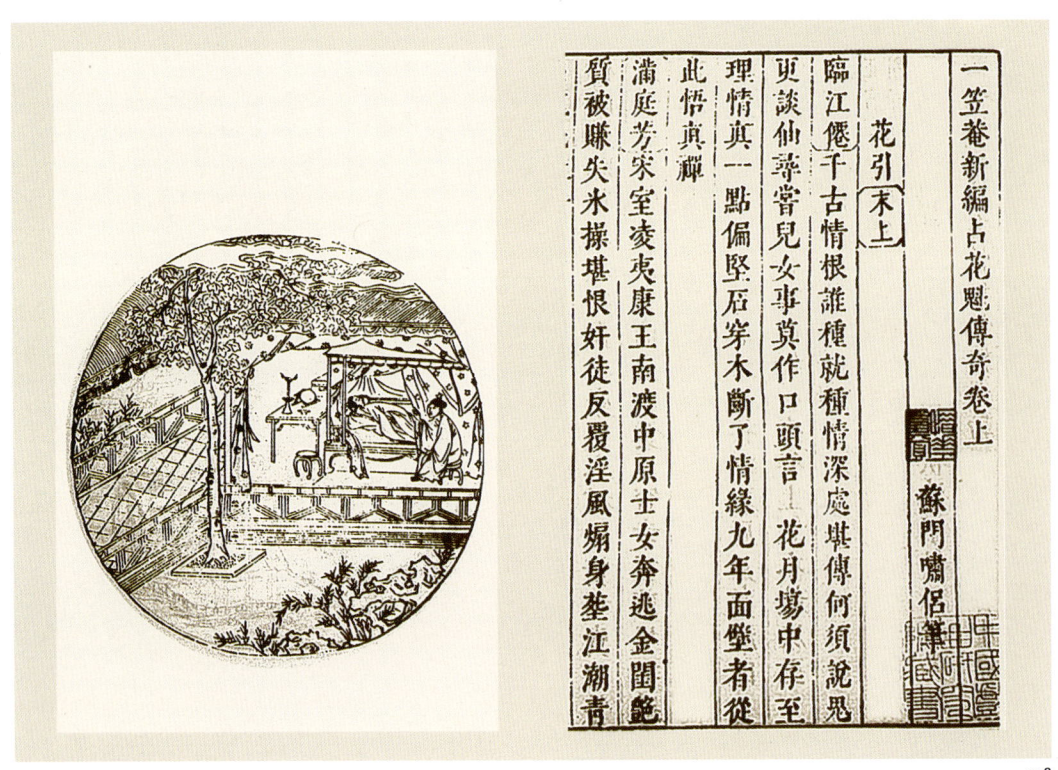

III. Chuanqi und Zaju in der Ming- und Qing-Dynastie (14.–18. Jahrhundert)

298

298 Alte Ausgabe von *Die Hand der Blumenkönigin* und eine Illustration daraus.

Die Hand der Blumenkönigin erzählt, wie der Ölverkäufer Qin Zhong und die Prostituierte mit Spitznamen „Blumenkönigin" sich verlieben und später heiraten.

299 Suju-Oper *Rückkehr im angeheiterten Zustand*.

Jiang Yufang als Qin Zhong, Zhuang Zaichun als Blumenkönigin.

299

III. 2) Bühnenautoren und ihre Stücke

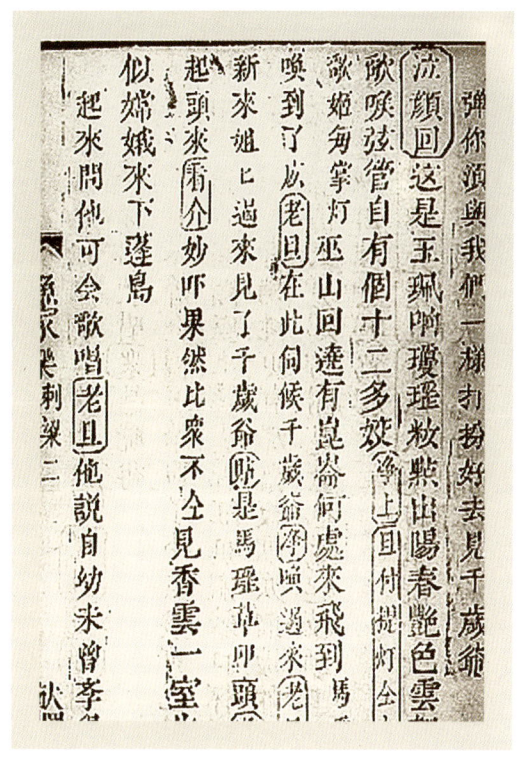

300 Alte Ausgabe von *Das Fischerglück* von Zhu Zuochao (Qing-Dynastie).

Das Fischerglück berichtet, wie Liang Ji, ein General der Östlichen Han-Dynastie, Truppen entsendet, um den Prinzen Liu Suan zu töten, dabei jedoch einen alten Fischer namens Wu umbringt. Liu wird von Wus Tochter Feixia gerettet, die sich später zu Liangs Wohnsitz schleicht und den General tötet. Liu Suan besteigt den Thron und Feixia wird Kaiserin.

301 Xiangju-Oper *Das Fischerglück: Die Ermordung Liangs* im Kunqiang-Stil.

Sun Jinyun als Wu Feixia, Li Zhongliang als Wan Jiachun.

302 Longju-Oper *Der Fegluo-Weiher* nach *Das Fischerglück*.

Yang Lianzhu als Wu Feixia.

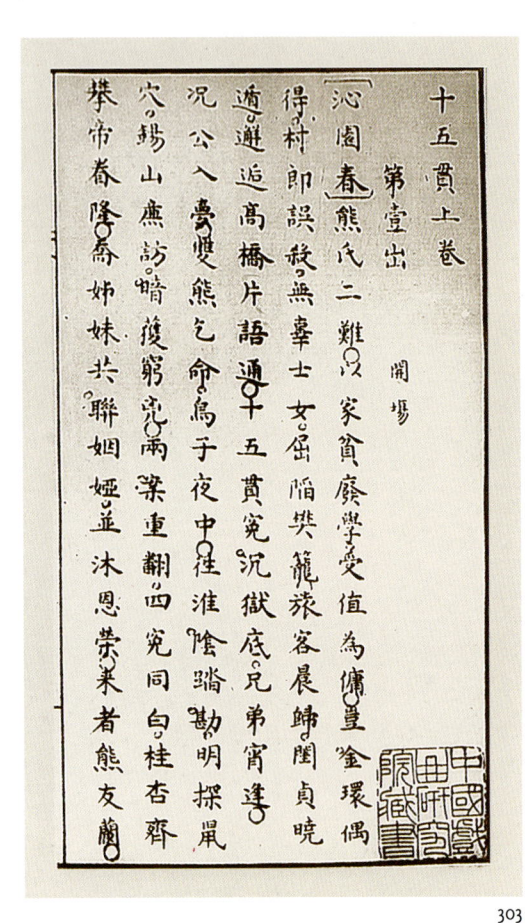

III. Chuanqi und Zaju in der Ming- und Qing-Dynastie (14.–18. Jahrhundert)

303

303 Alte Ausgabe von *Fünfzehn Geldschnüre* von Zhu Suchen (Qing-Dynastie).

Fünfzehn Geldschnüre erzählt, wie die Brüder Xiong Youlan und Xiong Youhui fälschlicherweise wegen Mordes angeklagt und zum Tode verurteilt werden. Die zwei Brüder erscheinen daraufhin Kuang Zhong, dem Präfekten von Suzhou, im Traum. Nach einer gründlichen Untersuchung stellt dieser den wahren Mörder und spricht die zu Unrecht Verurteilten frei.

304 Kunju-Oper *Fünfzehn Geldschnüre: Das Verhör der „Ratte"*.

Zhou Chuanying als Kuang Zhong, Wang Chuansong als Lou Ashu.

304

III. 2) Bühnenautoren und ihre Stücke

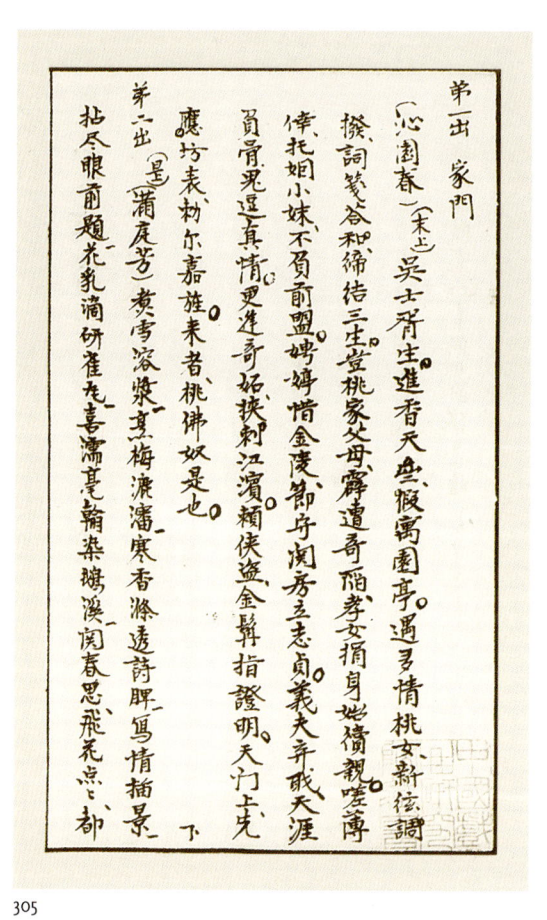

305 Alte Ausgabe von *Hupochi* von Ye Shizhang (Qing-Dynastie).

In *Hupochi* verkauft Tao Funu, eine talentiert Spielerin der Hupochi sich selbst, um ihren Vater zu retten. Nach vielem Leid kommt ihr ein Dieb namens Goldbart zu Hilfe. Sie wird nicht nur mit ihrem Vater wieder vereint, sondern heiratet zudem den Literaten Xu Yun.

306 Sichuan-Oper *Die Geschichte von Funu* nach *Hupochi*.

Xu Qianyun als Tao Funu.

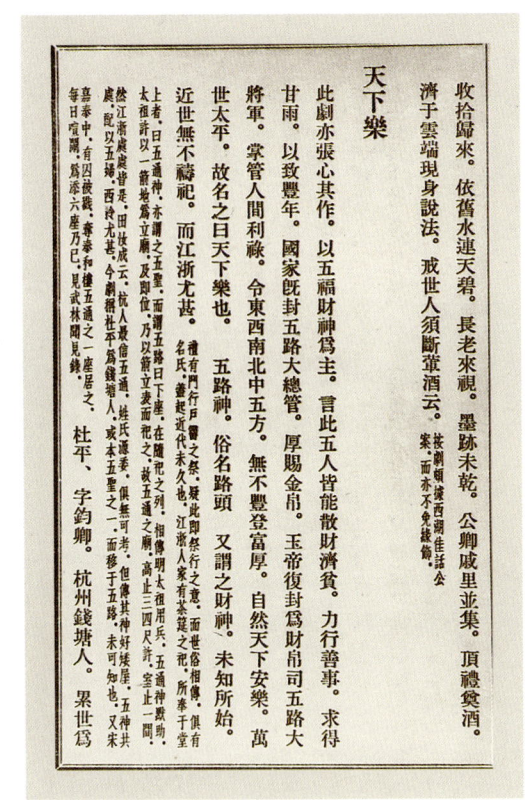

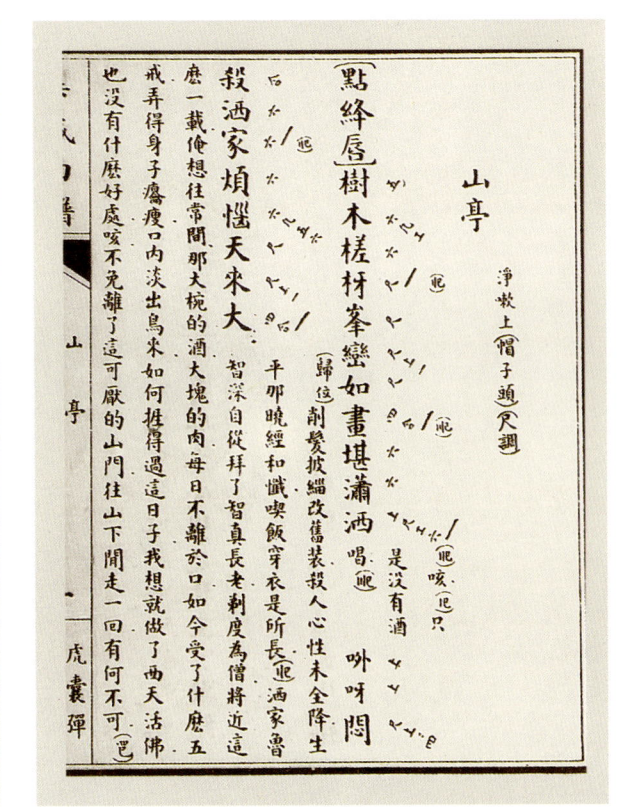

III. Chuanqi und Zaju in der Ming- und Qing-Dynastie (14.–18. Jahrhundert)

307

308

307 Herkunft des Materials und Zusammenfassung des Inhalts von *Die freudvolle Welt* von Zhang Dafu (Qing-Dynastie).

308 Partitur von *Hunangdan: Der Bergpavillon* von Qiu Yuan (Qing-Dynastie).

Hunangdan basiert auf einer Geschichte des Romans *Die Räuber vom Liangshan-Moor*. Abgesehen von dem Akt *Der Bergpavillon* (oder *Trunken am Tempeltor*) ging das Stück verloren.

309 *Zhong Kui verheiratet seine Schwester* im Kunqiang-Stil.

In *Zhong Kui verheiratet seine Schwester* sowie einem Akt von *Die freudvolle Welt* geleitet Zhong Kui, ein Dämonen bezwingender Geist, seine Schwester zur Hochzeit mit dem Literaten Du Ping in dessen Haus.
    Hou Yushan als Zhong Kui.

309

III. 2) Bühnenautoren und ihre Stücke

310 Kunqu-Oper *Trunken am Tempeltor*.
He Guishan als Lu Zhishen.

311 Hunan-Oper *Trunken am Tempeltor* im Kunqiang-Stil.
Tan Baocheng als Lu Zhishen.

III. Chuanqi und Zaju in der Ming- und Qing-Dynastie (14.–18. Jahrhundert)

312 Alte Ausgabe von *Himmlische Hofmusik* von You Tong (Qing-Dynastie) und eine Illustration daraus.

Himmlische Hofmusik beschreibt die Geschichte von Shen Bai, der wegen korrupter Gutachter bei seinen Palastprüfungen immer wieder scheitert. Um seine Situation zu verbessern, hält Kaiser Wenchang eine Prüfung im Himmel ab, woraufhin Shen besteht. Kaiser Wenchang gibt ein Bankett für alle talentierten Literaten und das Orchester spielt eine himmlische Hofmusik, um zur Unterhaltung beizutragen.

313 Abbildung von der Musikdarbietung und Bildunterschriften aus *Himmlische Hofmusik*.

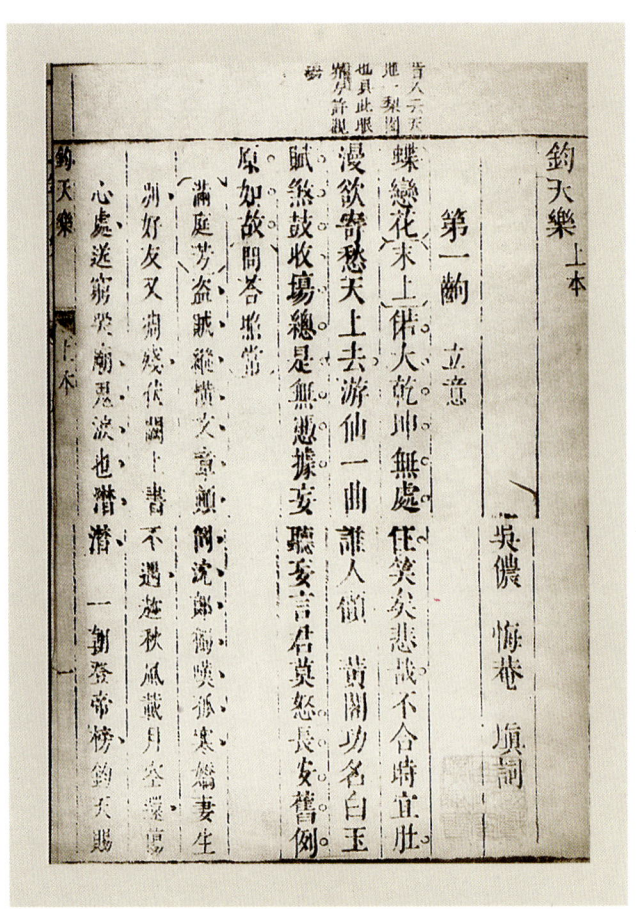

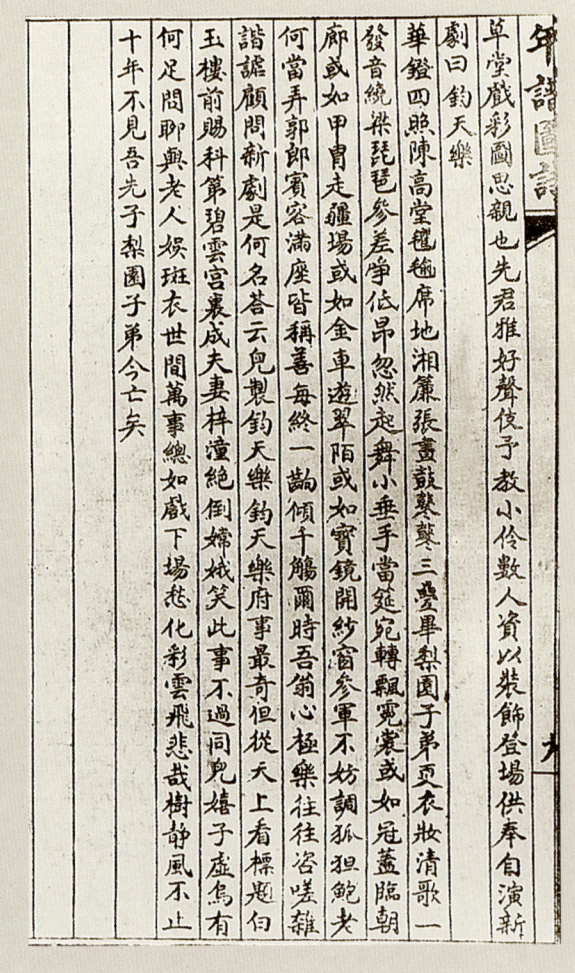

III. 2) Bühnenautoren und ihre Stücke

Hong im Süden und Kong im Norden

Hong Sheng (1645–1704) und Kong Shangren (1648–1718) waren Bühnenautoren der frühen Qing-Dynastie. Ihre Stücke *Der Pfirsichblütenfächer* und *Die Palasthalle des ewigen Lebens* gelten als Meisterwerke des Chuanqi aus der Ming- (1368–1644) und Qing-Dynastie (1644–1911).

Hong Sheng stammte aus der Provinz Zhejiang. Neben *Die Palasthalle des ewigen Lebens* ist nur ein weiteres Stück Hong Shengs überliefert, und zwar das Zaju *Die vier redlichen Mädchen*.

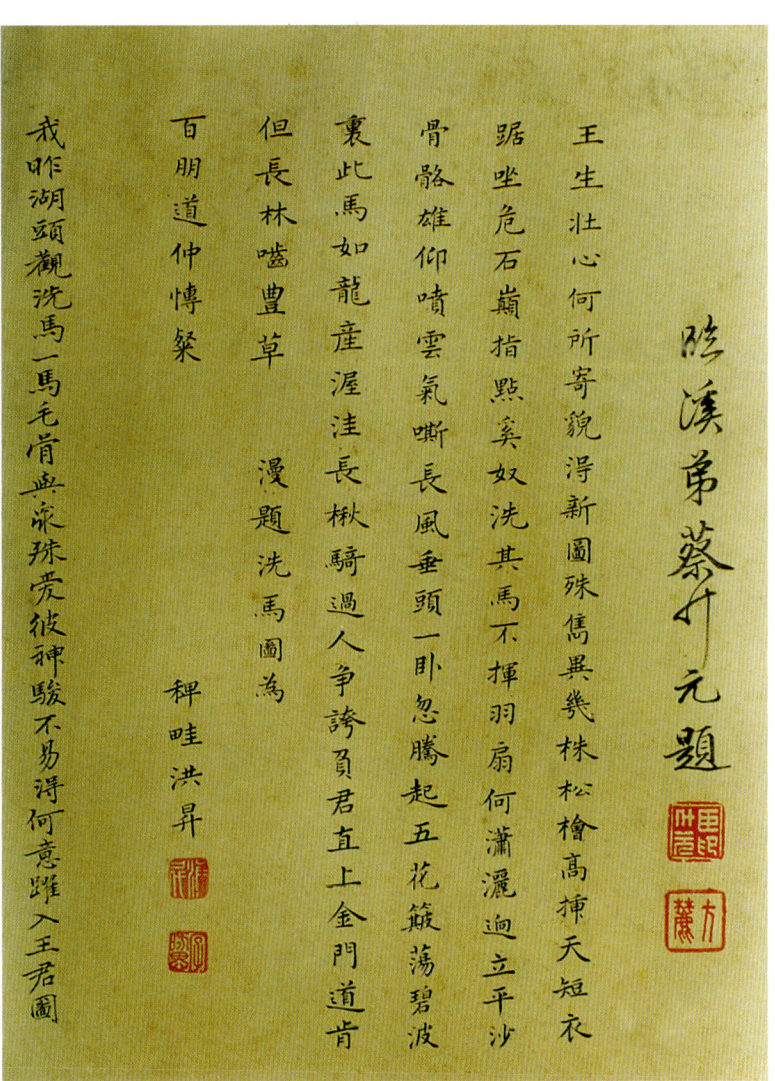

314 Manuskript Hong Shengs.

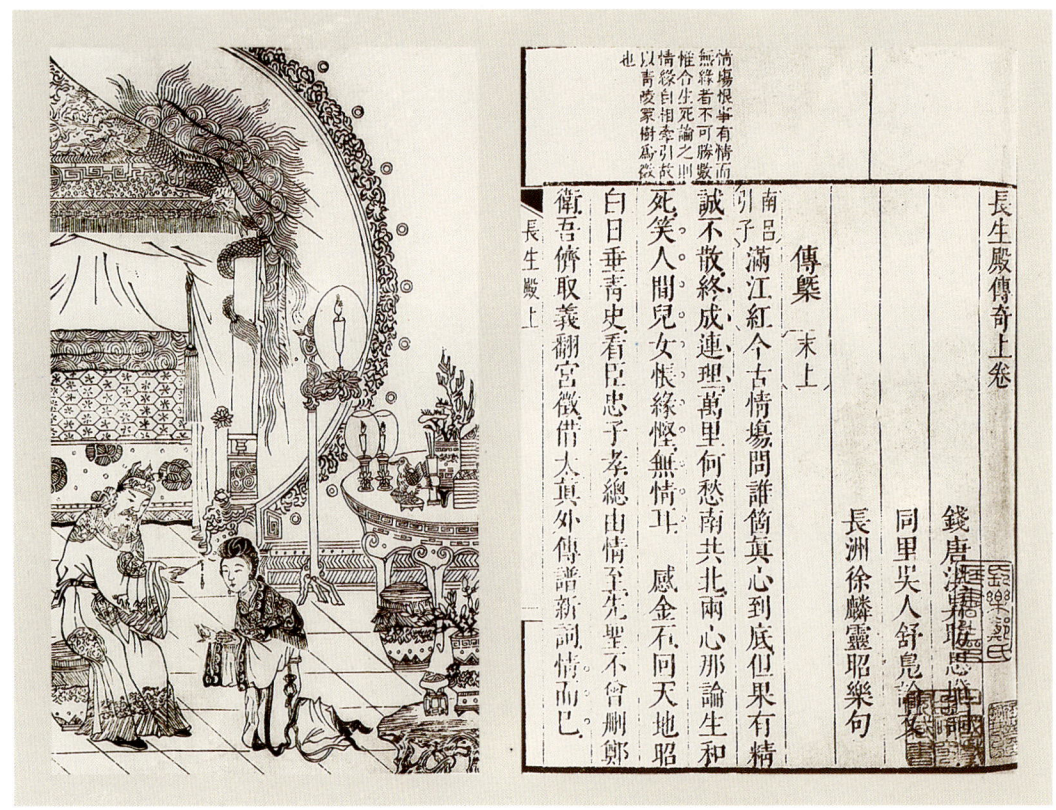

III. Chuanqi und Zaju in der Ming- und Qing-Dynastie (14.–18. Jahrhundert)

315 Alte Ausgabe von *Die Palasthalle des ewigen Lebens* und eine Illustration daraus.

Die Palasthalle des ewigen Lebens erzählt die Liebesgeschichte des Kaisers Minghuang und seiner Konkubine Yang Guifei aus der Tang-Dynastie. Während der An Lushan-Rebellion erhängt sich Yang Guifei am Mawei-Hang, wird aber im Himmel wieder mit dem Kaiser vereint.

316 *Die Palasthalle des ewigen Lebens* im Kunqiang-Stil.

Yan Huizhu als Yang Guifei.

317 *Die Palasthalle des ewigen Lebens: Das kleine Fest* im Kunqiang-Stil.

Zhang Jiqing als Yang Guifei, Dong Jihao als Kaiser.

III. 2) Bühnenautoren und ihre Stücke

318

Kong Shangren wurde in Qufu in der Provinz Shandong geboren. *Der Pfirsichblütenfächer* ist sein repräsentatives Werk.

318 Bildnis von Kong Shangren.

319 Grabmal Kong Shangrens.

320 Arbeitszimmer Kong Shangrens.

319

320

195

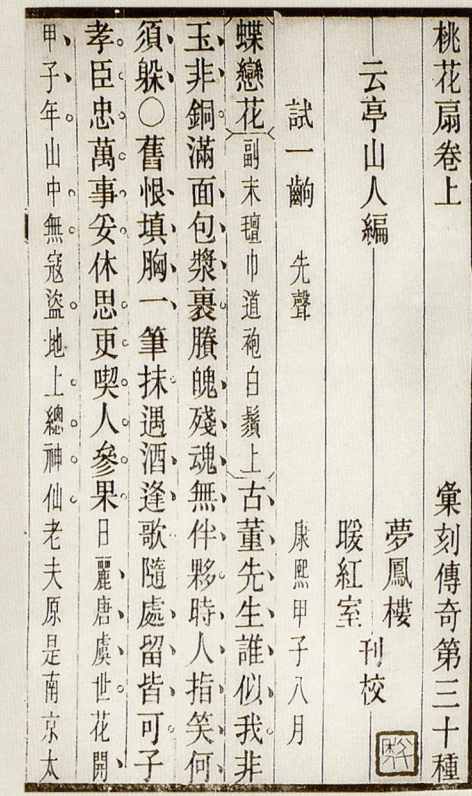

III. Chuanqi und Zaju in der Ming- und Qing-Dynastie (14.–18. Jahrhundert)

321

321 Alte Ausgabe von *Der Pfirsichblütenfächer* und eine Illustration daraus.

Der Pfirsichblütenfächer erzählt die Liebesgeschichte zwischen dem Literaten Hou Fangyu und der berühmten Kurtisane Li Xiangjun. Viele historische Ereignisse aus den letzten Tagen der Ming-Dynastie sind in das Stück eingeflochten, so auch die Herrschaft von hochrangigen Militäroffizieren, die Korruption von Kaiser und Beamten, Li Zichengs Eroberung von Beijing und das Vordringen der Manchu-Armee in den Süden.

322

322 Guiju-Oper *Der Pfirsichblütenfächer*.
Yin Xi als Li Xiangjun

323 Peking-Oper *Der Pfirsichblütenfächer*.
Du Jinfang als Li Xiangjun.

323

III. 2) Bühnenautoren und ihre Stücke

Li Yu, seine Stücke und Theatertheorien

Li Yu (1610–1680), auch Li Liweng genannt, war ein Bühnenautor und Dramentheoretiker der frühen Qing-Dynastie (1644–1911). Er schrieb 16 Chuanqi und legte darüber hinaus seine Ansichten über das Verfassen von Stücken sowie über Bühnenaufführungen in seinem Buch *Zufälliger Ausdruck müßiger Gefühle* dar, das später unter dem Titel *Li Liweng über das Qu* herausgegeben wurde. Li Yu war der Meinung, dass das Verfassen von Stücken eng mit der Praxis der Bühnenaufführung verbunden sein müsse. Seine Arbeit ist daher sowohl von theoretischem als auch von theaterpraktischem Wert.

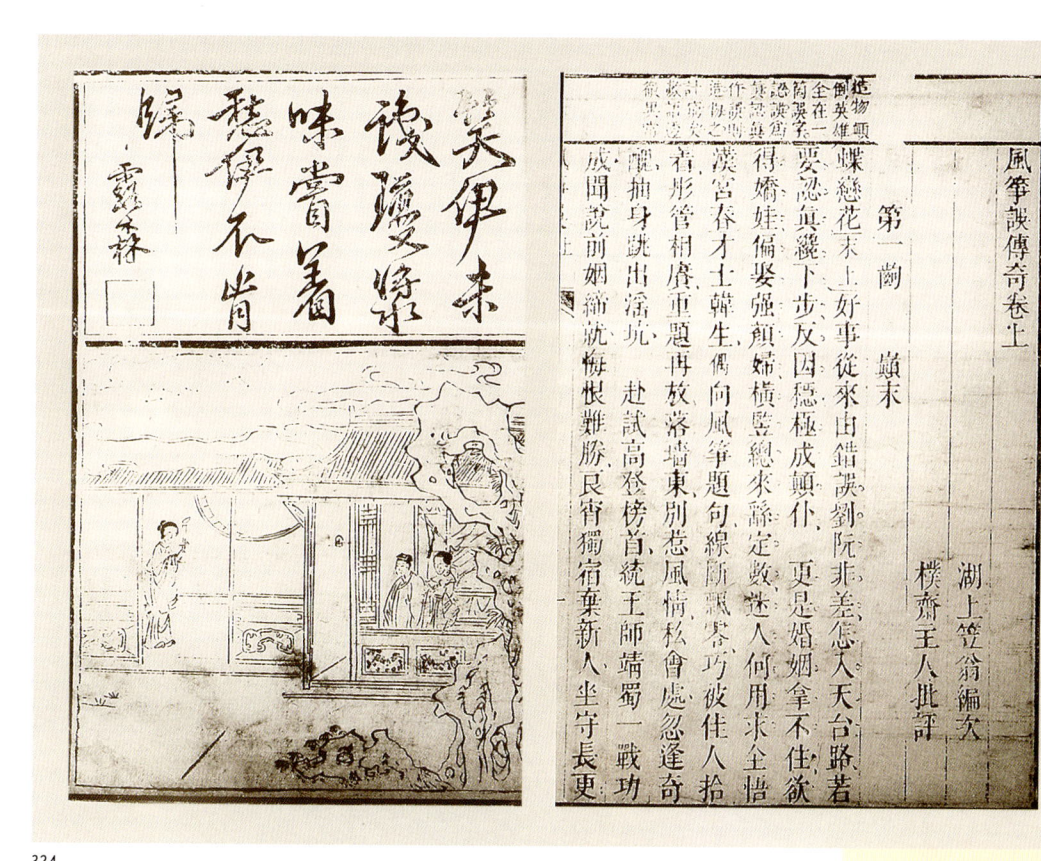

324 Alte Ausgabe von *Missverständnis über einen Drachen* und eine Illustration daraus.

In *Missverständnis über einen Drachen* wird des jungen Gelehrten Han Shixun Drache, auf dem ein Gedicht geschrieben steht, in den Garten Zhan Shujuans geweht. Die schöne Zhan findet den Drachen und fügt ein passendes Gedicht zum vorhandenen hinzu. Nachdem Han seinen Drachen wieder in den Händen hält, schreibt er ein weiteres Gedicht darauf und lässt den Drachen nun absichtlich in Zhans Garten fallen. Dieses Mal wird er jedoch von Zhan Aijuan, einer anderen Tochter der Familie Zhan, entdeckt. Eine Serie von Missverständnissen beginnt, an deren Ende Han Zhan Shujuan heiratet.

325 *Missverständnis über einen Drachen* im Kunqiang-Stil.

Yu Zhenfei als Han Shixun, Zhu Chuanming als Zhan Shujuan.

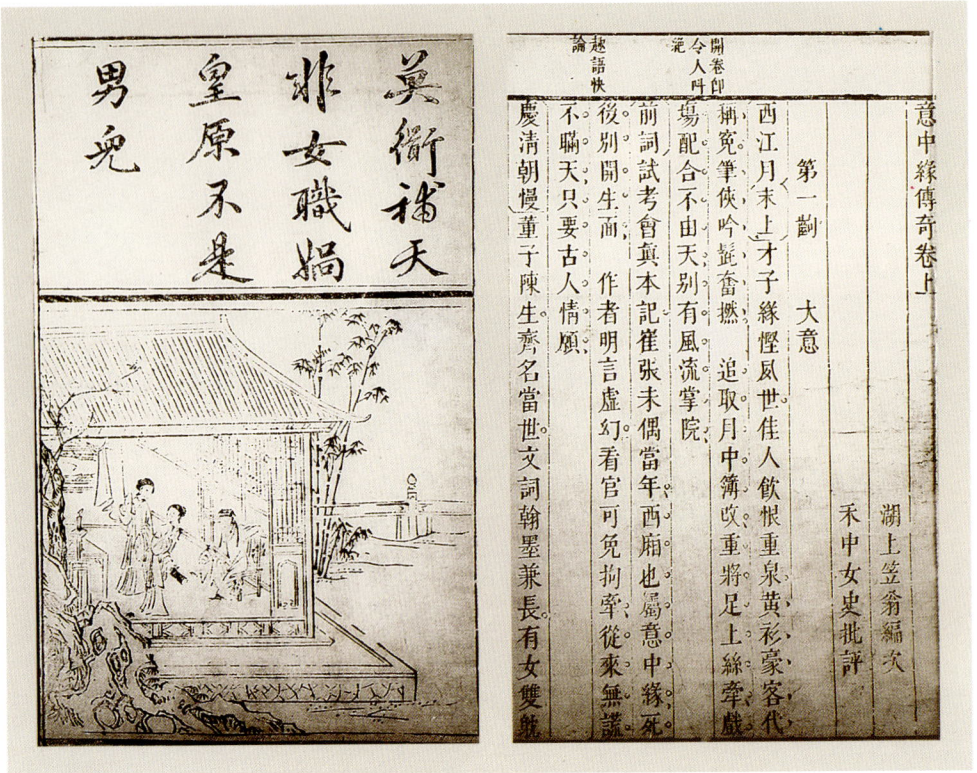

III. Chuanqi und Zaju in der Ming- und Qing-Dynastie (14.–18. Jahrhundert)

326

326 Alte Ausgabe von *Eine glückliche Hochzeit*.

Eine glückliche Hochzeit erzählt die Geschichte von Dong Qichang und Chen Jiru, zwei Malern der Ming-Dynastie, die sich beide in eine talentierte Frau verlieben.

327 Puju-Oper *Eine glückliche Hochzeit*.
Zhang Yulan als Yang Yunyou.

327

III. 2) Bühnenautoren und ihre Stücke

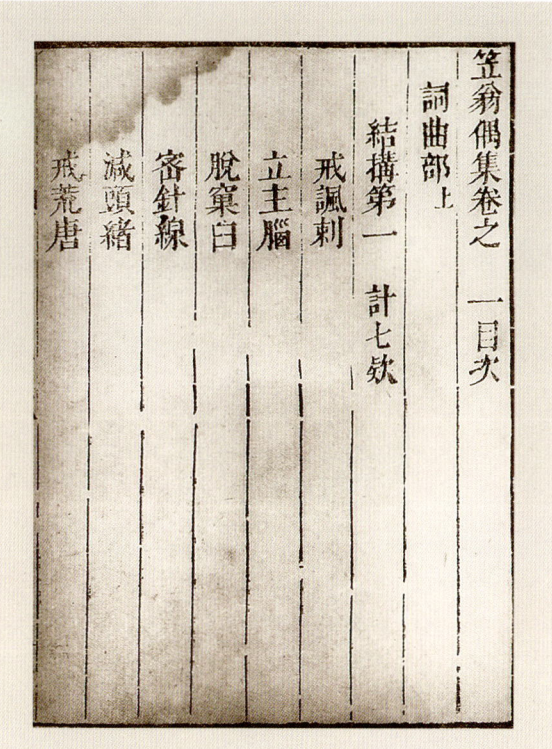

328 Alte Ausgabe von *Zufälliger Ausdruck müßiger Gefühle: Über das Verfassen von Bühnenwerken*.

329 Alte Ausgabe von *Zufälliger Ausdruck müßiger Gefühle: Über die Bühnenaufführung*.

III. Chuanqi und Zaju in der Ming- und Qing-Dynastie (14.–18. Jahrhundert)

Höfisches Theater während der Qing-Dynastie

Zu Regierungszeiten des Kaisers Kangxi (1661–1722) entstand eine administrative Institution mit Namen Nanfu, die höfische Theaterproben und -aufführungen verwaltete, um die verschiedensten kaiserlichen Feierlichkeiten und Festspiele zu bedienen. 1827 wurde das Nanfu ins Shengping-Amt umgewandelt. Im Palast und in den kaiserlichen Gärten kam es zur Konstruktion von Bühnen, bei denen auf elegante und ausgesuchte architektonische Stile Wert gelegt wurde.

330 Bühne (Qing-Dynastie) im Yuanmingyuan (Alter Sommerpalast).

Die dreistöckige Bühne befand sich im Tongle-Garten im Yuanmingyuan, wurde jedoch durch ein Feuer zerstört.

III. 2) Bühnenautoren und ihre Stücke

331 Nanfu-Bühne (Qing-Dynastie).

Die Bühne wurde im 18. Jahrhundert erbaut und für Proben verwendet. Auf der Rückseite gab es einen Eingang sowie einen Ausgang, wobei der Eingang dem Tor einer Stadtmauer glich und der Ausgang dem Tor eines Tempels. Symbolisch standen sie für einen General, der die Stadt verlässt, um in einen Kampf zu ziehen, und einen Minister, der durch das Tempeltor tritt, um zurück an den Hof zu gelangen.

332 Bühne der kaiserlichen Sommerresidenz in Chengde.

Die dreistöckige Bühne stand im Fushou-Garten der kaiserlichen Sommerresidenz, wurde jedoch bei einem Brand zerstört.

III. Chuanqi und Zaju in der Ming- und Qing-Dynastie (14.–18. Jahrhundert)

333 Bühne im Sommerpalast in Beijing.

Die dreistöckige Bühne findet sich im Dehe-Garten im Sommerpalast.

III. 2) Bühnenautoren und ihre Stücke

335

334 Bühne (Qing-Dynastie) im Changyin-Pavillon, Verbotene Stadt.

Diese Bühne gehört zum Ningshou-Palast. Sie erstreckt sich über drei Stockwerke, die als die Plattformen des Glücks, des Wohlstands und der Langlebigkeit bezeichnet werden. Im Boden des zweiten und dritten Stockwerks befinden sich Luken, sodass sich die Darsteller, die übernatürliche Charaktere verkörperten, auf verschiedenen Ebenen bewegen konnten. Das erste Stockwerk dagegen weist mehrere Tunnel zur Darstellung von Geistern und Monstern auf. Bei feierlichen Anlässen erstreckten sich die Aufführungen über alle Etagen dieser Bühne. Der Kaiser und die Kaiserin verfolgten die Darbietung vom gegenüberliegenden Yueshi-Gebäude aus.

335 Bühne (Qing-Dynastie) in der Villa von Prinz Gong.

Diese Innenbühne lag im hinteren Teil des Gartens von Prinz Gongs Villa.

334

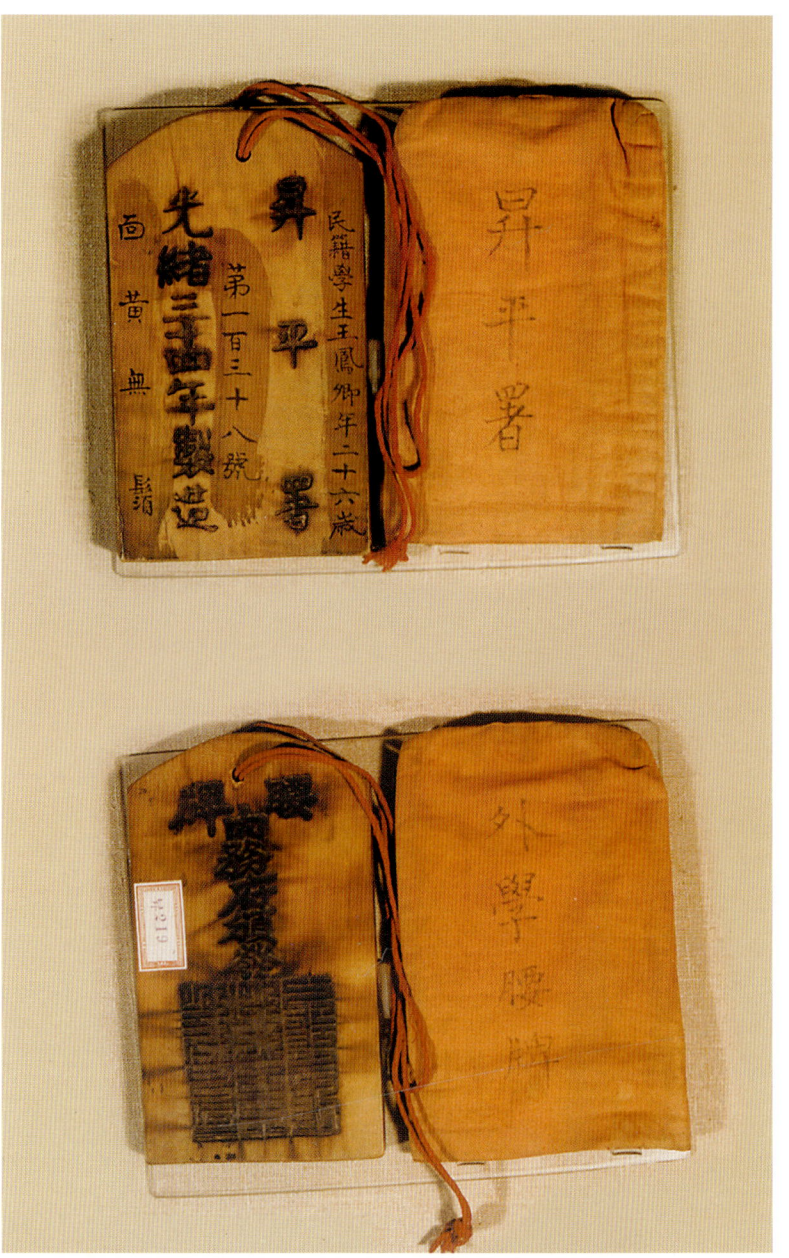

III. Chuanqi und Zaju in der Ming- und Qing-Dynastie (14.–18. Jahrhundert)

336 Yaopai-Ausweistafel (Qing-Dynastie) eines Studenten im Shengping-Amt.

Mit der hölzernen Yaopai-Ausweistafel war es den externen Schauspielern erlaubt, den Palast zu betreten. Auf der Vorderseite des Yaopai lässt sich den eingebrannten Schriftzeichen entnehmen: „Ausgestellt vom Ministerium für Innere Angelegenheiten." Auf der Rückseite steht: „Gefertigt vom Shengping-Amt." Zudem sind ein paar Worte mit einem Pinsel geschrieben, wie „Student Wang Fengqing ist 26 Jahre alt", „Nr. 138" oder „Sein Gesicht ist blass und rasiert".

337 Handschrift, verfasst für Kaiser Qianlong zur Feier seines Geburtstags.

Das Textbuch war in Normalschrift übertragen und in ein Album von 24 cm Höhe und 16 cm Breite eingezogen worden. Vor der Vorstellung bekam der Kaiser das Album überreicht, damit er das Stück leichter verfolgen konnte.

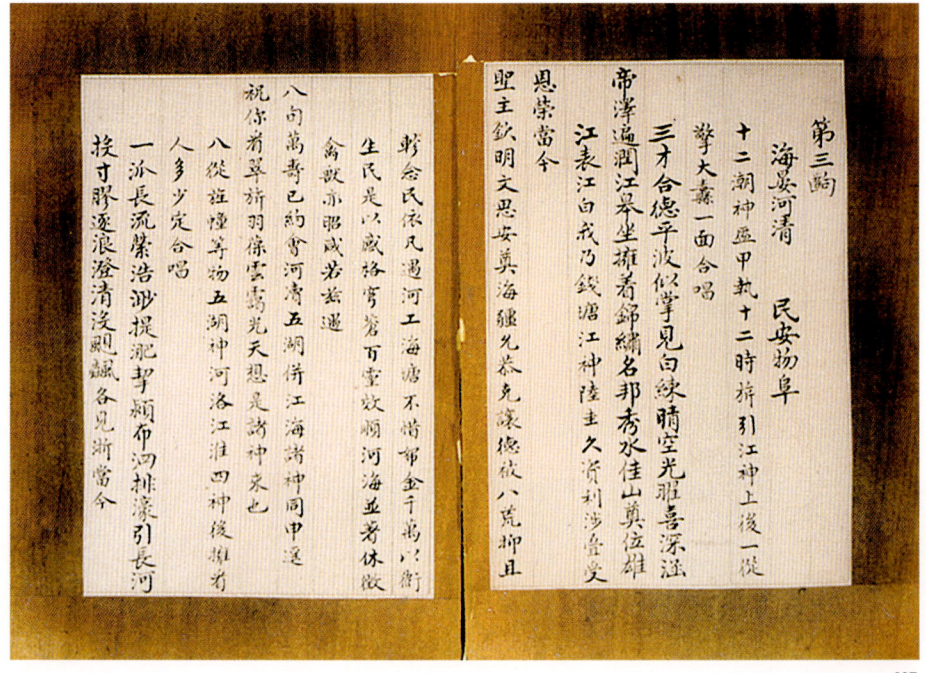

III. 2) Bühnenautoren und ihre Stücke

338

338 Farbiges Holzschnitttextbuch des großen Dramas *Goldene Statuen zur Förderung der Tugend*.

Das Stück *Goldene Statuen zur Förderung der Tugend* war eine Bearbeitung von *Mulian rettet seine Mutter* von Zhang Zhao, verfasst im frühen 18. Jahrhundert und gedruckt im späten 18. Jahrhundert. Es war ein großes Werk, das in den Stilen Kunshan und Yiyang aufgeführt wurde.

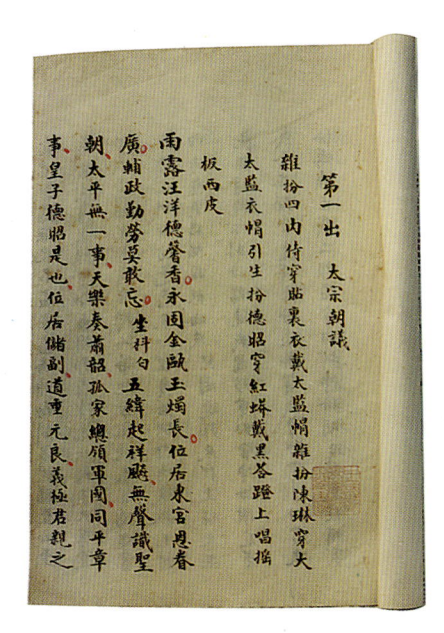

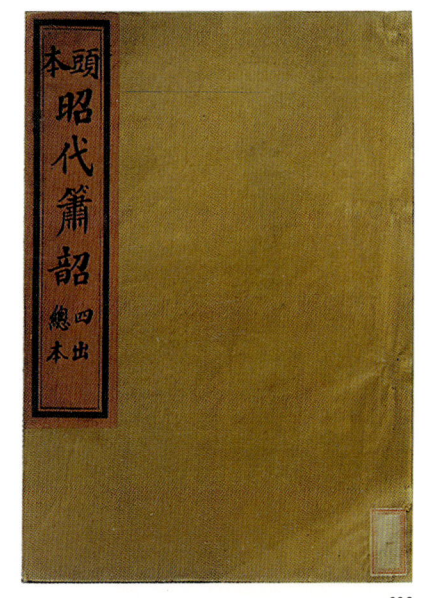

III. Chuanqi und Zaju in der Ming- und Qing-Dynastie (14.–18. Jahrhundert)

339 Handgeschriebene Kopie von *Zhaodai Xiaoshao* über die Leiden der kriegerischen Familie Yang.

Das Stück *Zhaodai Xiaoshao* von Wang Tingzhang basiert auf den *Annalen der Nördlichen Song-Dynastie*. Es erzählt die Geschichte von den Generälen der Familie Yang und kam in den Stilen Kunshan und Yiyang zur Aufführung. Im späten 19. Jahrhundert wurde es, gemäß einer Order der Kaiserinwitwe, für gesungene Pihuang-Melodien bearbeitet.

340 Handgeschriebene Kopie des Stücks *Segen, Wohlstand und Langlebigkeit*.

341 Handgeschriebene Kopie des Stücks *Gepriesen sei Ihre Majestät*.

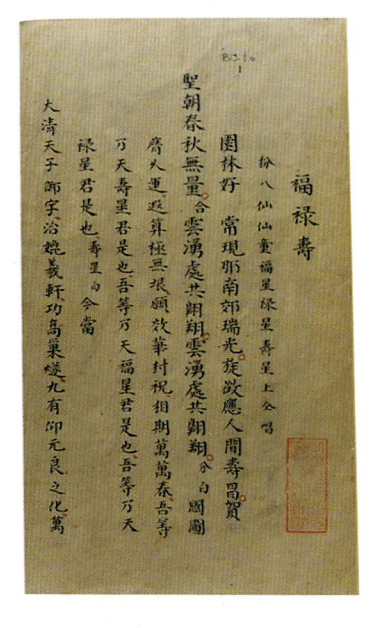

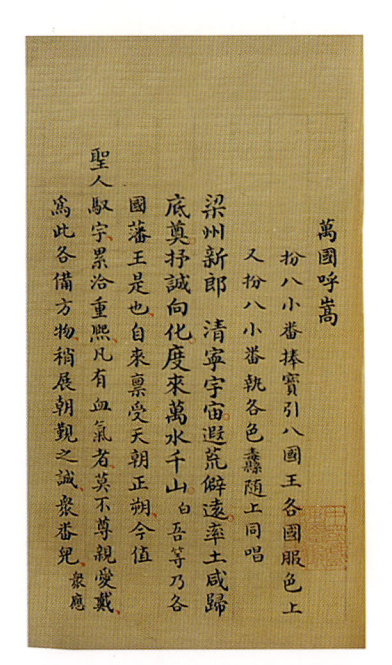

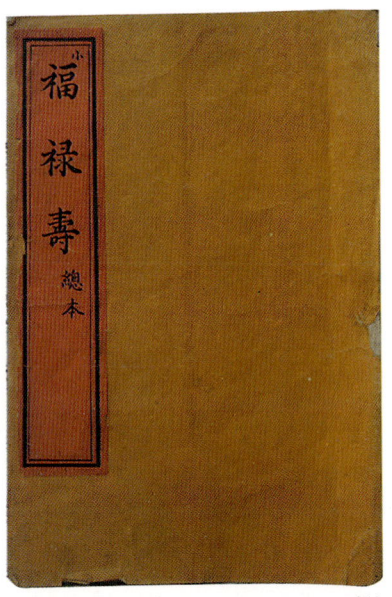

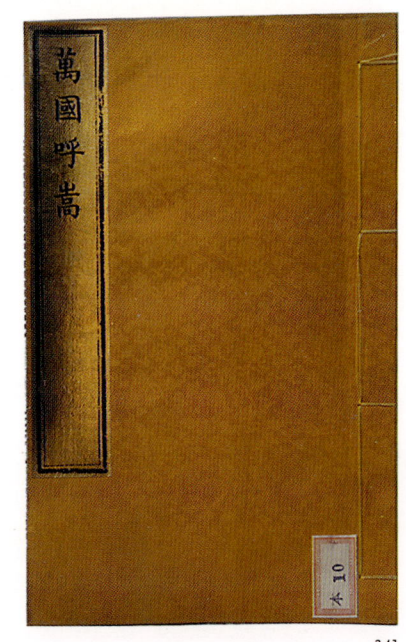

III. 2) Bühnenautoren und ihre Stücke

342

343

342 Kostüm einer Rüstung aus dem Shengping-Amt.

343 Kostüm der kaiserlichen Konkubine sowie der Prinzessin aus dem Shengping-Amt.

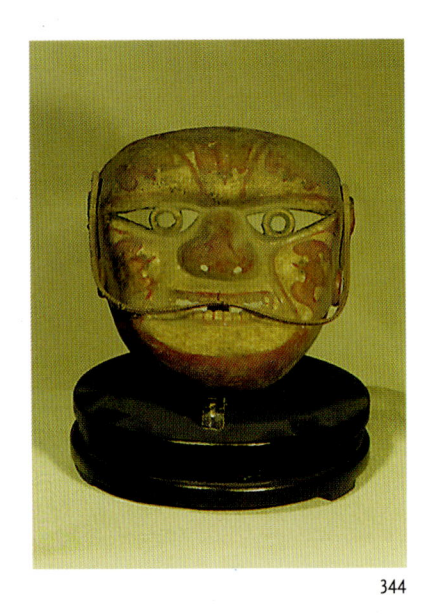

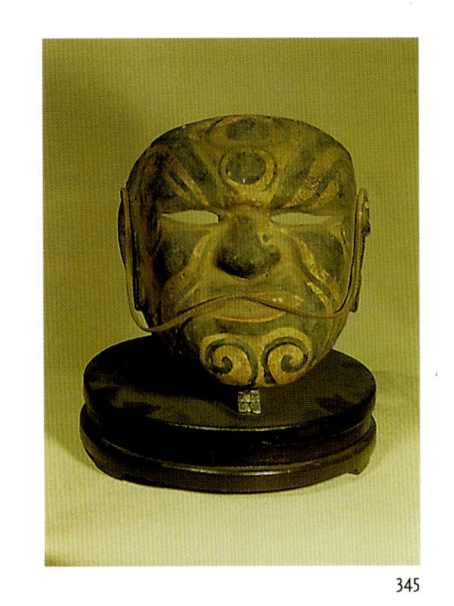

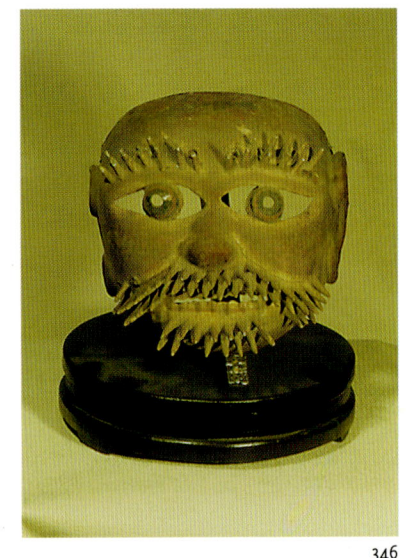

III. Chuanqi und Zaju in der Ming- und Qing-Dynastie (14.–18. Jahrhundert)

344

345

346

347

348

349

344 Maske aus dem Shengping-Amt: Donnergott.

345 Maske aus dem Shengping-Amt: Gott der Literatur.

346 Maske aus dem Shengping-Amt: König der Hölle.

347 Maske aus dem Shengping-Amt: Luohan.

348 Maske aus dem Shengping-Amt: der Teufel.

349 Maske aus dem Shengping-Amt: ein Richter der Unterwelt.

III. 2) Bühnenautoren und ihre Stücke

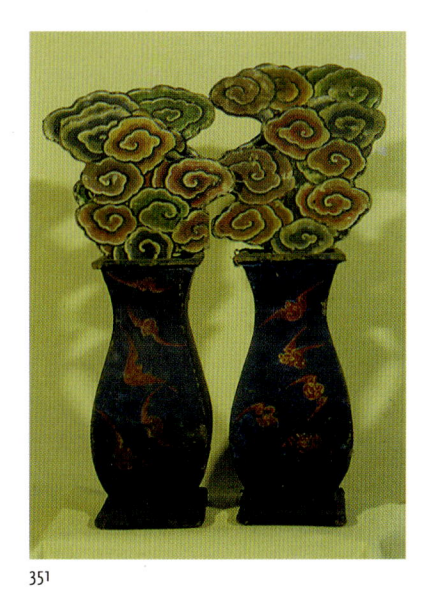

350

351

353

352

354

350 Requisit aus dem Shengping-Amt: Shuipai.

351 Requisiten aus dem Shengping-Amt: magische Flaschen.

352 Requisit aus dem Shengping-Amt: Flaschenkürbislaterne.

353 Requisit aus dem Shengping-Amt: Schild.

354 Requisit aus dem Shengping-Amt: Laterne.

III. Chuanqi und Zaju in der Ming- und Qing-Dynastie (14.–18. Jahrhundert)

355-1
Zhao Yun

355-2
Gao Deng

355-3
Liu Bei

355-4
Xu Shiying

355-5
Ma Shengmo

III. 2) Bühnenautoren und ihre Stücke

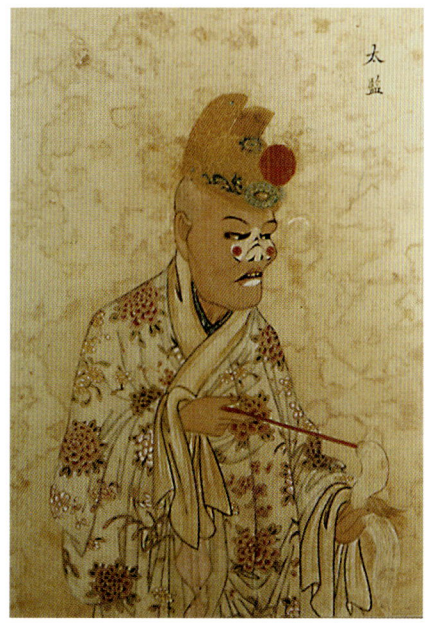

355-6
Eunuch

355-7
Li Shimin

355-8
Han Shi

355-9
Jiang Wei

355 Theatermalerei (Qing-Dynastie).

Die Bilder befinden sich auf Seidenrollen, 27 cm hoch und 21,5 cm breit, und wurden von einem Maler im Ministerium für Innere Angelegenheiten angefertigt.

IV. Huabu Luantan und andere Opernstile (18.–19. Jahrhundert)

von Yu Cong und Qi Houchang

In der späten Ming- (1368–1644) und frühen Qing-Dynastie (1644–1911) kamen viele neue regionale Opernstile auf, während Kunshan und Yiyang weiter praktiziert wurden. Im 18. und 19. Jahrhundert begannen die regionalen Opernstile nach und nach, die Theaterszene zu dominieren. Deren neue Melodiesysteme standen in einem Wettbewerb um die Vorrangstellung, aus dem die Stile Xiansuo, Bangzi, Luantan und Pihuang als die einflussreichsten hervorgingen.

Im 18. Jahrhundert war das chinesische Musiktheater zweigeteilt in Yabu, das edle Theater, und Formen des Huabu, das populäre Theater, wörtlich das „Blumentheater". Yabu verwies auf den Kunshan-Stil, der von der oberen Gesellschaftsschicht bevorzugt wurde und aufgrund seines exakten Versmaßes sowie seiner eleganten Diktion von den weniger Gebildeten nicht leicht verstanden werden konnte.

Huabu basierte auf anderen Theatermelodiesystemen. Seine Diktion war schmucklos und gut verständlich, seine Musik lebhaft und ansprechend. Aus diesen Gründen gefiel es den Angehörigen niedrigerer Gesellschaftsschichten. Huabu wurde auch Luantan, wörtlich „willkürliches Musizieren", genannt und folgte dem Chuanqi als dominantem Typ der chinesischen Oper. Um 1840 tauchte in Beijing ein neuer Stil auf, der das „Edle" und „Populäre" kombinierte und noch heute beliebt ist: die Peking-Oper.

IV. Huabu Luantan und andere Opernstile (18.–19. Jahrhundert)

356 Aufzeichnung von Huabu im *Register der Schauspieler in Beijing* von Wu Changyuan (Qing-Dynastie).

357 Aufzeichnung von Huabu im *Bericht des „Vergnügungsministeriums" über ein Vergnügungsschiff in Yangzhou* von Li Dou (Qing-Dynastie).

IV. Huabu Luantan und andere Opernstile (18.–19. Jahrhundert)

358 Einschätzung des Huabu in *Über Huabu* von Jiao Xun (Qing-Dynastie).

359 Erlass zum Verbot von Huabu, Inschrift auf einer Tafel im Laolang-Tempel, Suzhou.

IV. Huabu Luantan und andere Opernstile (18.–19. Jahrhundert)

IV. 1) Das Xiansuo-Melodiesystem

Im 18. Jahrhundert kursierte in der Hauptstadt eine Redensart, die die verschiedenen Regionalstile der chinesischen Oper zusammenfasste: „Kunshan im Süden, Yiyang im Norden, Liuzi im Osten, Bangzi im Westen." Man sagt, dass der Liuzi-Stil in der Provinz Shandong aus Volksliedern enstanden sei. Er basierte auf Saiteninstrumenten und wurde daher auch Xiansuo Qiang genannt, wörtlich „von Saiteninstrumenten begleitete Melodien". Die Volkslieder drückten die Alltagssorgen der einfachen Menschen aus und wurden zu Melodien, die lokale Theater bei der Aufführung ihrer Stücke einsetzten. Mehrere Theatergattungen der Provinzen Shandong, Henan und des südlichen Hebei verwendeten Volkslieder und gehörten zum Xiansuo-Melodiesystem.

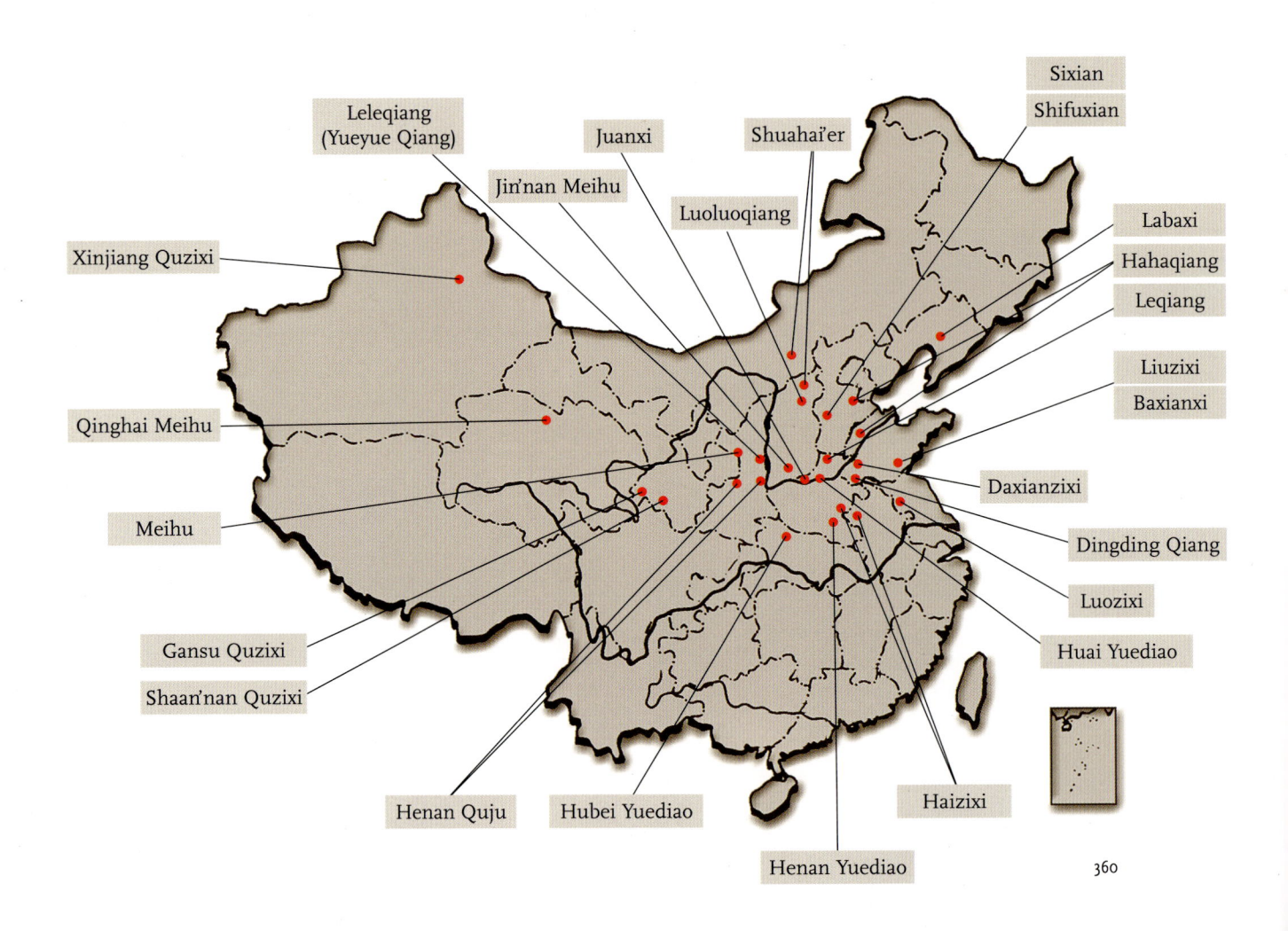

360 Verbreitung des Xiansuo-Melodiesystems.

216

IV. 1) Das Xiansuo-Melodiesystem

度曲引矢

曲也。而彈者僅習彈音反。不如絃索之碧雲天。與優場之不念法華經聲情好牌名也。而絃索之碧雲天。與優場之不念法華經聲情迴判雖淨旦之唇吻不等。而格律固已遲庭矣。夫然則北劇遺音有未盡消亡者。疑尚習於優者之口。蓋南詞每帶北調一折。如林沖投汴蕭相追賢。虬髯下海子胥自刎之類。其詞皆北當時新聲初改古格猶存。南曲則演南腔北曲固仍北調口口相傳。燈燈遞續勝國元聲依然滴派。雖或精華已鑠。顧雄勁悲壯之氣猶令人毛骨蕭然特恨

度曲引矢

母聲巧相鳴和。而江左所習山坡羊。聲情指法罕有及焉。雖非正音傖調然其愴怨之致。所堪潛破而泣婦者。猶是當年逸響調云還憶十七宮調之劇本。如漢卿所謂我家生活。當行本事其音理超越寧僅梨園口吻已哉惜乎舞長袖者靡於唐至宋而幾絕工短劇者靡於元入我 明而幾絕律幾聲冷亙古無徵當亦騷人長恨也夫。

度曲引矢

詞家欲便優伶演唱。止新水令端正好幾曲彼此約畧扶同。而未慣牌名。如原譜所列則騷人伶人亦絕口焉。予猶疑南土未諳北調失之江以南當皆之河以北乃歷稽彼俗所傳大名之江兒水斛沙河。陝右之陽關散種如羅江怨山坡羊等曲被之篆筝渾不似。彰德之木蘭花慢若調若腔已莫可得而問矣。惟是三臺東平之木魚見調即今之諸器者。彼俗尚存一二。其悲悽慷慕調近於商。惆悵雄激近正宮。抑且絲揚則肉乃低應。調揭則彈音愈渺。全是子琥珀詞

361 Aufzeichnung von Volksliedern in *Anleitung zum Singen* von Shen Chongsui (Ming-Dynastie).

IV. Huabu Luantan und andere Opernstile (18.–19. Jahrhundert)

362 Niederschrift populärer Melodien im *Wanli-Sammelband* von Shen Defu (Ming-Dynastie).

363 Niederschrift von *Diese Weise unterscheidet sich von den Stilen Kun und Yi* in *Gemischte Aufzeichnungen aus dem Garten*.

IV. 1) Das Xiansuo-Melodiesystem

Pu Songling (1640–1715) war ein Schriftsteller der frühen Qing-Dynastie. Er verfasste nicht nur den Geschichtenband *Sonderbare Erzählungen aus dem Liaozhai-Studierzimmer*, sondern zusätzlich auch einige *Liqu*, ländliche Liedgesänge, darunter *Die Austreibung böser Geister* und *Kampf zweier Söhne um den Vater*.

364 Bildnis von Pu Songling.

IV. Huabu Luantan und andere Opernstile (18.–19. Jahrhundert)

365 Alte Ausgabe von *Die Austreibung böser Geister* von Pu Songling.

Die Austreibung böser Geister ist eine Bearbeitung der Geschichte *Jiangcheng* aus *Sonderbare Erzählungen aus dem Liaozhai-Studierzimmer*. Es ist in Kapitel untergliedert, wobei jedes Kapitel zwei Melodien verwendet: Shanpoyang und Zaoluopao. Durch die Angabe von Rollen ähneln die Lieder Opernlibretti.

366 Strohdachpavillon Liuquan.

Der Legende nach offerierte Pu Songling hier jedem Besucher, der ihm eine phantastische Geschichte erzählte, einen Tee.

IV. 1) Das Xiansuo-Melodiesystem

Die Liuzi-Oper wird auch Xianzi-Oper genannt, „Oper begleitet von einer dreisaitigen Geige". Sie stützt sich überwiegend auf Volkslieder und ist im westlichen Shandong, östlichen Henan und südlichen Hebei verbreitet. In den frühen Tagen der Qing-Dynastie (1644–1911) herrschte sie jedoch auch in Beijing vor. Die ländlichen Lieder der Liuzi-Oper basierten auf Melodietypen wie Huangli'er, Shanpoyang und Liuzi und sind repräsentativ für das Xiansuo-Melodiesystem.

367 Liuzi-Oper *Geselliges Beisammensein im Boot* aus der Provinz Shandong.

Li Changxiang als Xiao Wenqin, Guo Sujuan als Bai Yuejuan, Guo Lianzhi als Yun Xia.

368 Liuzi-Oper *Zhang Fei greift das Tor an* aus der Provinz Shandong.

Kong Qixiang als Zhang Fei, Zhao Hongshan als Liu Bei.

IV. Huabu Luantan und andere Opernstile (18.–19. Jahrhundert)

369 Sixian-Oper *Die leere Siegeldose* aus der Provinz Hebei.

Die Sixian-Oper folgt dem Xiansuo-Melodiesystem und war in der Gegend von Shijiazhuang in der Provinz Hebei verbreitet.
 Wang Yongchun als Zhou Neng.

370 Luoluo-Oper *Die junge Frau hat einen Traum* aus Yanbei, Shanxi.

Wang Yanyun als junge Frau.

371 Hahaqiang-Oper *Der kleine Wang fängt einen Vogel* in einer Aufführung der Hahaqiang-Operntruppe aus Qingyuan, Provinz Hebei.

IV. 2) Das Bangzi-Melodiesystem

Bangzi Qiang, auch bekannt als Qinqiang, Qin- oder Klapper-Oper, ging aus dem Zentrum von Shaanxi, dem östlichen Gansu sowie dem südlichen Shanxi hervor. Das „Spiel mit der Klapper" erhielt seinen Namen aufgrund der rhythmischen Schläge der Holzklapper, die den Gesang begleiten. Mit den kommerziellen Aktivitäten der Händler aus Shaanxi und Shanxi breitete sich das Melodiesystem von Norden nach Süden aus und bildete viele Ableger in den Provinzen Shanxi, Shaanxi, Henan, Shandong, Hebei, Sichuan und Yunnan. Bangzi-Libretti verwendeten das Schema des Shangxiaju, wörtlich „Einleitungs- und Schlussvers", bei dem je zwei Verse durch Versmaß und inhaltliche Bedeutung paarweise miteinander verbunden wurden.

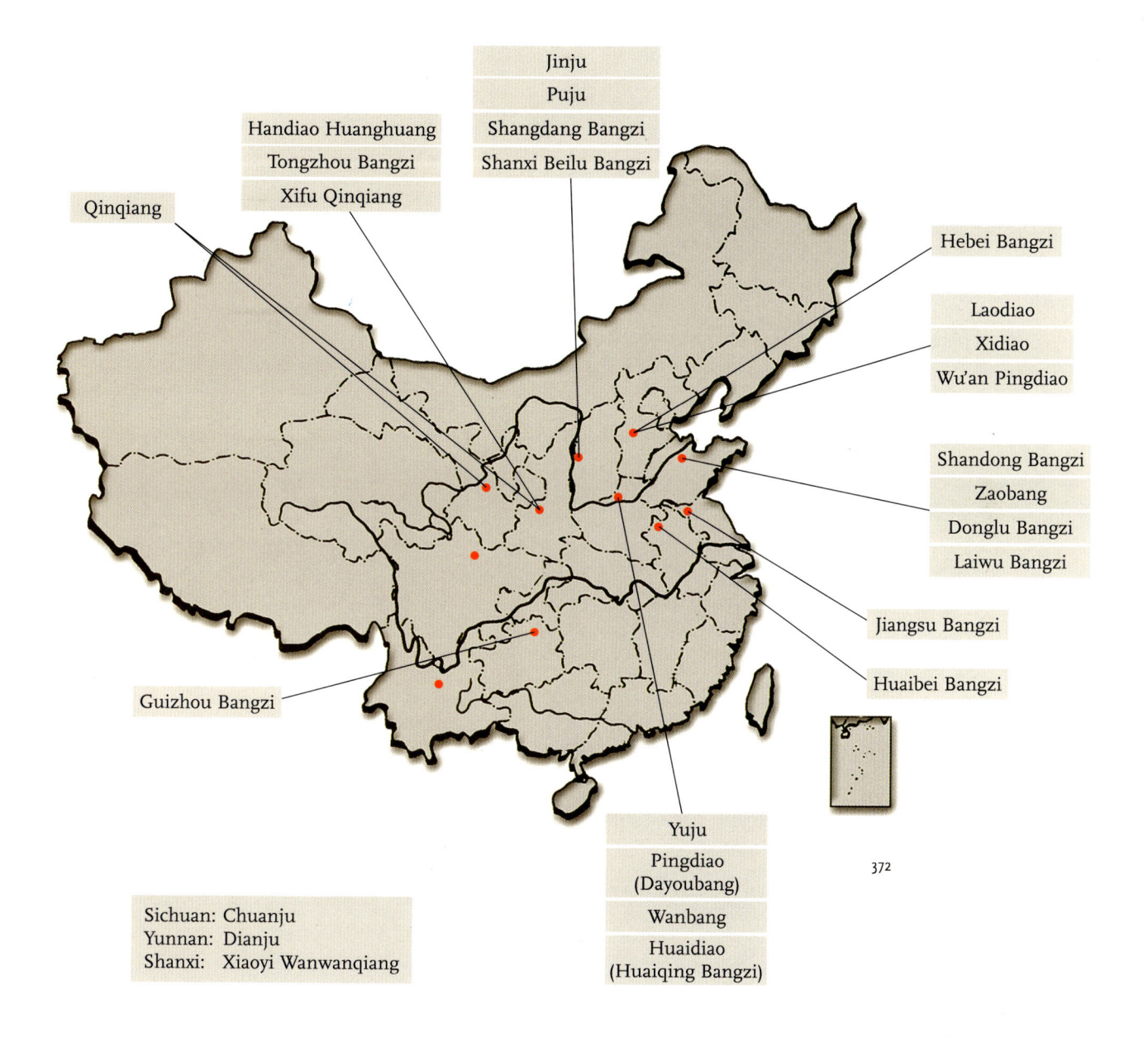

372 Verbreitung des Klapper-Melodiesystems.

IV. Huabu Luantan und andere Opernstile (18.–19. Jahrhundert)

373 Beschreibung von *Eine neue Melodie, gesungen von Darstellern aus der Provinz Shaanxi* in der *Guangyang-Sammlung* von Liu Xianting (Qing-Dynastie).

374 Beschreibung von Qinqiang in der *Theatersammlung* von Li Diaoyuan (Qing-Dynastie).

375 Bericht über die Klapper-Oper in den Provinzen Shanxi and Shaanxi aus dem *Tagebuch eines Ausflugs nach Hefen* von Zhu Weiyu (Qing-Dynastie).

IV. 2) Das Bangzi-Melodiesystem

Wei Changsheng (1744–1802) war ein Darsteller, der die weiblichen Rollen in Opern des Qinqiang-Stils spielte. Gebürtig in der Provinz Sichuan, kam er 1779 nach Beijing und war extrem erfolgreich. Als der Qinqiang-Stil in Beijing verboten wurde, trat Wei Changsheng in Yangzhou und Suzhou auf, kehrte aber 1801 nach Beijing zurück. Seine Neuerungen in Schauspiel und Kostümierung beeinflussten die Schauspieler seiner Zeit stark.

376 Bericht über Wei Changsheng im *Bericht des „Vergnügungsministeriums" über ein Vergnügungsschiff in Yangzhou*.

377 Bericht über Wei Changsheng im *Register der Schauspieler in Beijing*.

IV. Huabu Luantan und andere Opernstile (18.–19. Jahrhundert)

Als sich die Bangzi-Oper nach Tongzhou (Dali) in der Provinz Shaanxi am Gelben Fluss auf der gegenüberliegenden Seite von Puzhou (Yongji) ausbreitete, wurde sie auch Tongzhou Bangzi oder „östliches Qinqiang" genannt. In der Qing-Dynastie (1644–1911) arbeiteten Operntruppen des Tongzhou und Puzhou Bangzi zusammen, um gemeinsam Vorstellungen in der Hauptstadt zu geben.

378 Tongzhou Bangzi *Schlammfluss*.

Wang Lailai als Xue Rengui, Zhao Donglang als Gai Xuwen.

Die Qinqiang-Oper wurde auch Xi'an Luantan genannt.

Drei Tropfen Blut ist ein bekanntes Stück, das von Fan Zidong verfasst und in Xi'an uraufgeführt wurde. Das Stück berichtet, wie der Kreisverwalter Jin Xinshu Verhör und Folter nutzt, um über die Wahrheit eines Falls zu entscheiden. Die Yisu-Theatertruppe, die das Stück in Xi'an aufführte, setzte sich zum Ziel, die Qinqiang-Oper zu reformieren, indem sie die Stücke an sich, aber auch Gesang und Schauspiel verbesserte.

379 Qinqiang-Oper *Drei Tropfen Blut*.

IV. Huabu Luantan und andere Opernstile (18.–19. Jahrhundert)

380 Puzhou Bangzi *Xue Gang lehnt sich gegen die kaiserliche Regierung auf.*

Yan Fengchun als Xu Ce, Yang Hushan als Xue Gang, Wang Xiulan als Ju Luanying.

381 Puzhou Bangzi *Ein Bild aufhängen.*

Wang Cuncai als Yelu Hanyan.

IV. 2) Das Bangzi-Melodiesystem

Beilu Bangzi war populär in den Präfekturen Xinzhou und Yanbei in der Provinz Shanxi sowie in der Inneren Mongolei.

Das Zhonglu Bangzi aus Shanxi heißt heute Jinju-Oper. Es bildete sich im Zentrum der Provinz Shanxi heraus und fand seinen Weg in die Innere Mongolei, den nördlichen Teil der Provinz Shaanxi sowie nach Zhangjiakou in Hebei.

Ding Guoxian war eine berühmte Darstellerin männlicher Rollen und trug stark zur Entwicklung von Schauspieltechnik und Gesang in der Jinju-Oper bei.

382 Beilu Bangzi *Der blutige Handabdruck.*
Wang Yushan als Wang Guiying.

383 Zhonglu Bangzi *Bild von Sonne und Mond.*
Ding Guoxian als Bai Maolin.

IV. Huabu Luantan und andere Opernstile (18.–19. Jahrhundert)

Das Hebei Bangzi wurde früher Zhili (Hebei) Bangzi und „Hauptstadt-Bangzi" genannt. Es entstand aus den Klapper-Melodien der Provinzen Shaanxi und Shanxi.

Der Berg Yunlou erzählt die Geschichte von Bai Shiyong, der mit seiner Frau und seiner Schwester zu einem Tempelmarkt geht, woraufhin der Despot dieser Gegend die drei verfolgt. Bai bringt ihn vor Gericht und ist somit gerächt.

Das Shangdong Bangzi gehört zur Familie der Shangdong-Oper. Diese setzt den Kunshan-Stil sowie Bangzi- und Pihuang-Melodien ein. Es entstand während der Qing-Dynastie (1644–1911) im Südosten der Provinz Shanxi.

384 Hebei Bangzi *Der Berg Yunluo*.
Li Guiling als Bai Shiyong.

385 Shandong Bangzi *Der Markt von Sanguan*.
Hao Pinzhi als She Taijun, Guo Jinshun als Yang Yanhui.

IV. 2) Das Bangzi-Melodiesystem

Das Henan Bangzi, auch Yu-Oper genannt, ist die am weitesten verbreitete Form der Klapper-Oper. Sein Melodiesystem differiert in Ost- und West-Henan. Gemeinhin heißt es, dass die Melodien des Ersteren beruhigen, während die des Letzteren rauher sind. Viele traditionelle Stücke widmen sich Themen aus dem Leben des Volkes, sodass es als Plattform für aktuelle gesellschaftliche Probleme genutzt wird.

Chang Xiangyu sang zuerst die Melodien aus West-Henan, nahm später jedoch auch Melodien aus Ost-Henan auf und bereicherte so die Vokalmusik der Henan-Oper.

Das Shandong Bangzi entstand aus dem Henan Bangzi.

Das Stück *Kampf zweier Söhne um den Vater* war die Bearbeitung eines Volksliedtextes mit gleichem Titel von Pu Songling. Es erzählt, wie zwei Söhne ihren Vater, den Tischler Zhang, ausnutzen, bis sie von seinen geheimen Reichtümern erfahren. Daraufhin wetteifern sie miteinander um seine Gunst.

386 Henan Bangzi *Das Dienstmädchen Hongniang.*

Chang Xiangyu als Hongniang.

387 Shandong Bangzi *Kampf zweier Söhne um den Vater.*

IV. Huabu Luantan und andere Opernstile (18.–19. Jahrhundert)

Die Sichuan-Oper kombiniert die Stile Gaoqiang und Kunshan mit Tanxi, Klapper-Melodien aus der Provinz Sichuan, und Dengxi, Melodien des Laternenfests. Dazu setzt sie die Huqin ein, die meist zweisaitige Geige, die für die Pihuang-Melodien charakteristisch ist.

Die Sichuan-Oper entstand in der späten Qing-Dynastie (1644–1911), als verschiedene Theatertruppen mit unterschiedlichen Melodien in Erscheinung traten. Diese Melodien wurden in Sichuan langsam mit dem gleichen Sprachstil und den gleichen begleitenden Perkussionsinstrumenten versehen. Schließlich hatte die Sichuan-Oper klar umrissene regionale Charakteristika und breitete sich auch in die Provinzen Yunnan und Guizhou aus.

388 Klapper-Melodien aus der Sichuan-Oper
Die Präsentation eines Mantels.
Liu Chengji als Xu Jia, Xu Youru als Fan Sui.

IV. 2) Das Bangzi-Melodiesystem

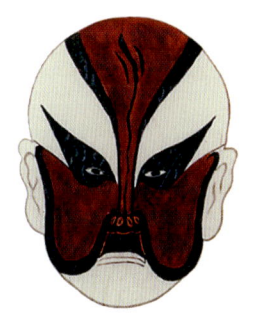

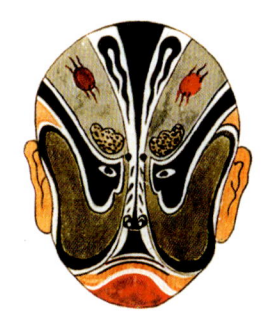

389-1

389 Gesichtsmasken der Bangzi-Oper.

389-1 Gesichtsmasken des Qinqiang Bangzi (von links): Chen Wu, Bian Zhuang, Zhang Fei und ein taoistischer Priester.

389-2 Gesichtsmaske des Puzhou Bangzi: Tu Angu.

389-3 Gesichtsmaske des Beilu Bangzi: Cheng Yaojin.

389-2   389-3

IV. Huabu Luantan und andere Opernstile (18.–19. Jahrhundert)

390 Kostüme der Bangzi-Oper.
390-1 Lingzi, Fasanenfedern eines Militärhutes
390-2 Gaze-Hut
390-3 Bart

IV. 2) Das Bangzi-Melodiesystem

391

391 Bühne im Tempel Guan Yu in Jiayuguan, Provinz Gansu, erbaut 1819.

392 Bühne im Haus der Shanxi-Gilde in Suzhou, erbaut 1765, wieder aufgebaut 1879.

392

IV. Huabu Luantan und andere Opernstile (18.–19. Jahrhundert)

IV. 3) Das Luantan-Melodiesystem

Abgesehen vom generellen Bezug zum Huabu lässt sich der Luantan auch auf die Melodiesysteme von Erfan und Sanwuqi beziehen, während seine Libretti auch im Stil von Shangxiaju verfasst wurden. Er kam in der Provinz Zhejiang auf und breitete sich in einige Gebiete der Provinzen Jiangxi und Fujian aus.

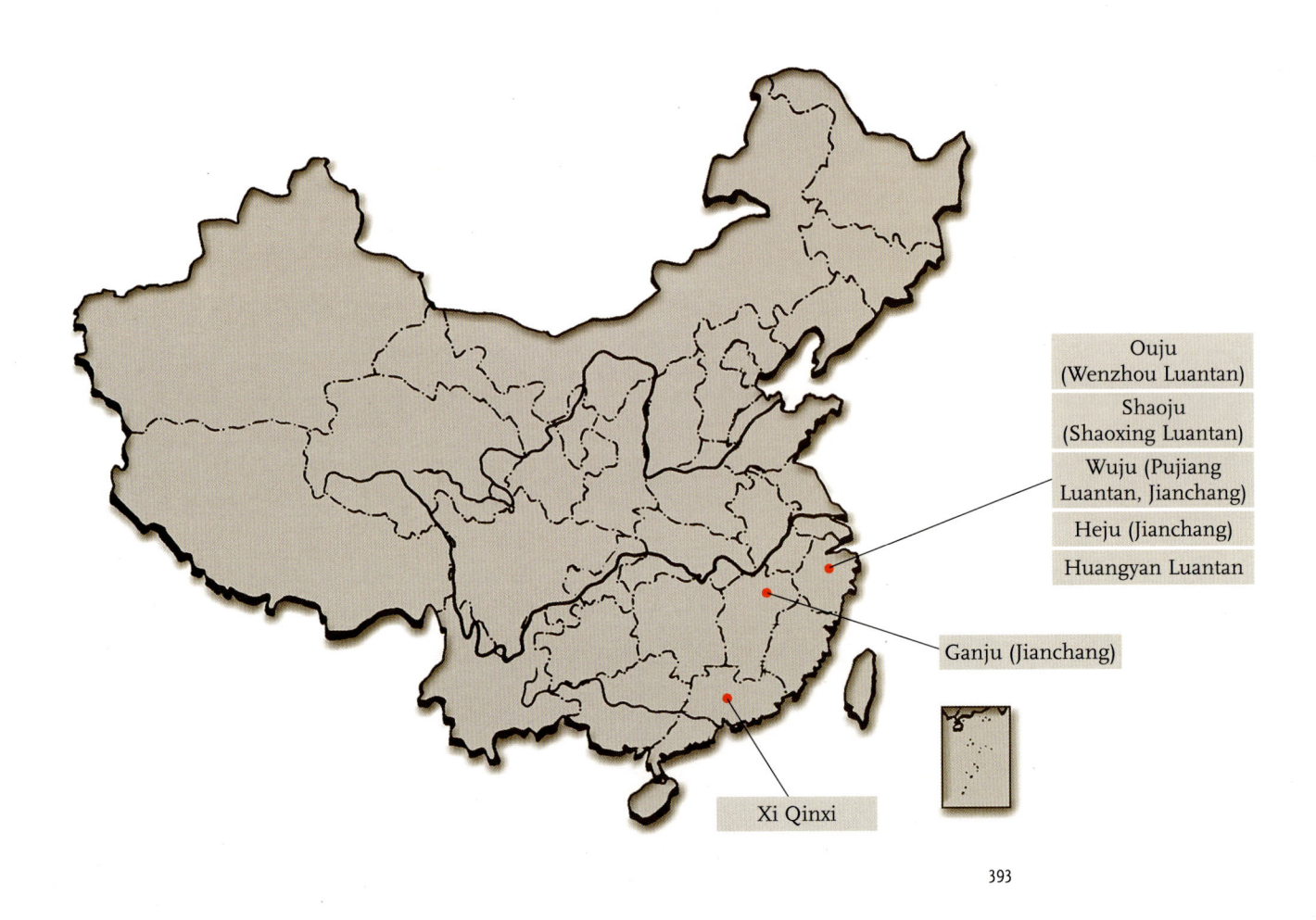

Ouju (Wenzhou Luantan)
Shaoju (Shaoxing Luantan)
Wuju (Pujiang Luantan, Jianchang)
Heju (Jianchang)
Huangyan Luantan
Ganju (Jianchang)
Xi Qinxi

Anmerkung: Luantan beinhaltet hier Erfan, Sanwuqi und Chuiqiang (oder Zhengfan Luantan)

393 Verbreitung des Luantan-Melodiesystems.

IV. 3) Das Luantan-Melodiesystem

Die Shaoju-Oper wurde auch Shaoxing Luantan genannt und war in Shaoxing, Ningbo und Hangzhou populär. Der Hauptmelodietyp der Shaoju-Oper ist Erfan.

Der Kampf zwischen Drache und Tiger berichtet, wie Zhao Kuangyin, der erste Kaiser der Song-Dynastie, den Krieger Huyan Zan unterwirft.

394 Shaoju-Oper *Der Kampf zwischen Drache und Tiger* in einer Aufführung der Shaoju-Theatertruppe in der Provinz Zhejiang.

Chen Hegao als Zhao Kuangyin.

IV. Huabu Luantan und andere Opernstile (18.–19. Jahrhundert)

Die Wuju-Oper ist allgemein als Jinhua-Oper bekannt. Sie vereint die Stile Luantan, Gaoqiang und Kunshan sowie Huixi, bestehend aus Pihuang-Melodien, und Shidiao, bestehend aus populären Melodien der Qing-Dynastie (1644–1911).

395 Wuju-Oper *Reis liefern* in einer Aufführung der Wuju-Theatertruppe in der Provinz Zhejiang.

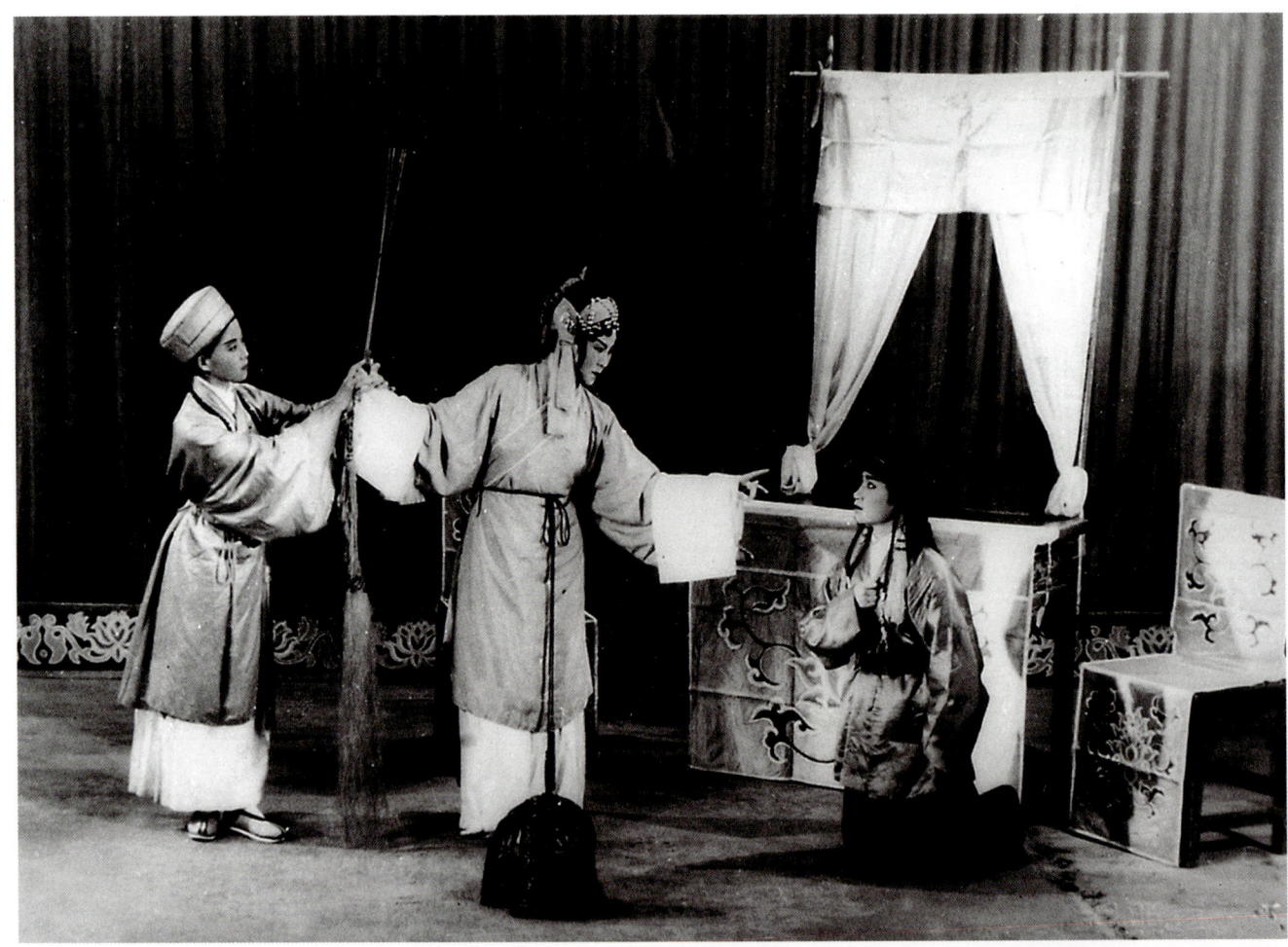

IV. 3) Das Luantan-Melodiesystem

397

396 Bühne im Dashun-Tempel in Shaoxing, Provinz Zhejiang.

Die Bühne wurde Mitte des 19. Jahrhunderts erbaut und 1873 renoviert.

397 Bühne im Gushan-Tempel in Huangyan, Provinz Zhejiang.

Die Bühne wurde 1664 erbaut und im späten 19. Jahrhundert renoviert.

398 Bühne im Tempel des Dorfheiligen von Dongan in Shaoxing, Provinz Zhejiang.

Die Bühne wurde in den ersten Jahren der Qing-Dynastie errichtet.

239

IV. 4) Das Chuibo-Melodiesystem

Das Chuibo-Melodiesystem umfasst Chuiqiang, Melodien mit Flötenbegleitung, und Bozi. Dies waren die Hauptmelodien des Huidiao in der Qing-Dynastie (1644–1911). Chuiqiang und Bozi verbreiteten sich über das ganze Land und kommen noch immer in vielen Opernsystemen zum Tragen.

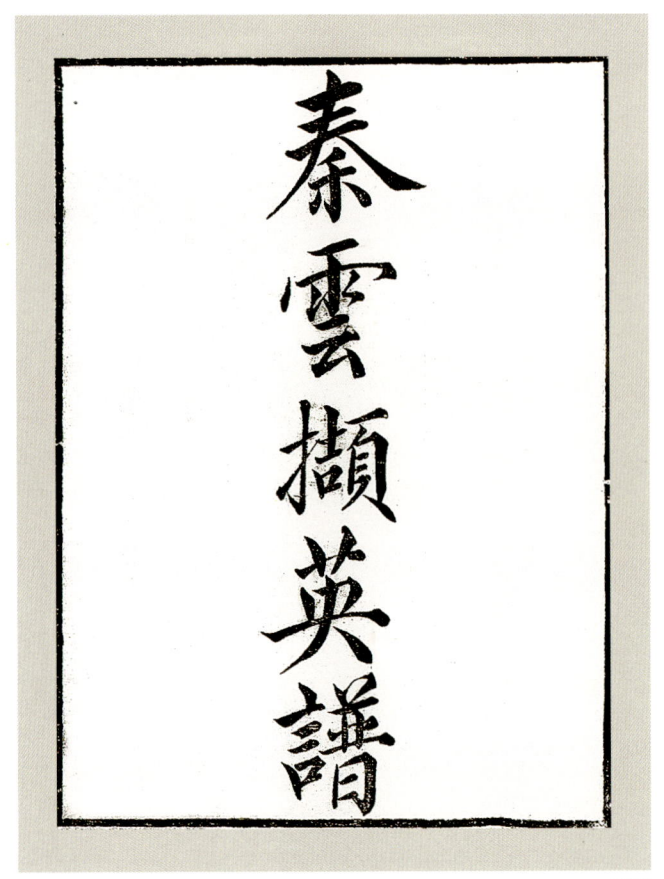

399 Aufstellung von Chuiqiang im *Register der Schauspieler in Shaanxi* von Yan Changming (Qing-Dynastie).

IV. 4) Das Chuibo-Melodiesystem

400 Anhui-Oper *Den Feind mit einer Flut angreifen*.

Zhang Qixiang als Guan Yu.

401 Anhui-Oper *Den Feind mit einer Flut angreifen*.

Zhang Qixiang als Guan Yu, Gu Huamin als Zhou Cang.

IV. Huabu Luantan und andere Opernstile (18.–19. Jahrhundert)

402 *Xu Ce hetzt durch die Stadt* im Bozi-Stil.
Zhou Xinfang als Xu Ce.

403 *Zwei sonderbare Begegnungen* im Chuiqiang-Stil.
Jiang Miaoxiang als Zhao Chong, Mei Lanfang als Li Guizhi.

IV. 5) Das Pihuang-Melodiesystem

Das Pihuang Qiang ist ein Melodiesystem bestehend aus Xipi, das sich auf Melodien aus der Provinz Shaanxi bezieht, und Erhuang, das das zweisaitige Instrument Erhu einschließt. Das Xipi entwickelte sich in Hubei aus dem Qinqiang, doch gibt es bisher keine überzeugende Erklärung für die Ursprünge des Erhuang.

Xipi und Erhuang entstanden in den Provinzen Hubei, Anhui und Jiangxi und wurden durch Theatertruppen dieser Gegenden und andere Luantan-Truppen im Land verbreitet. So verschmolzen sie langsam zum lokalen Pihuang. Auch wenn die Namen Xipi und Erhuang in den verschiedenen Gegenden variieren, sind ihre Melodien die gleichen, sodass sie alle Pihuang Qiang genannt werden können.

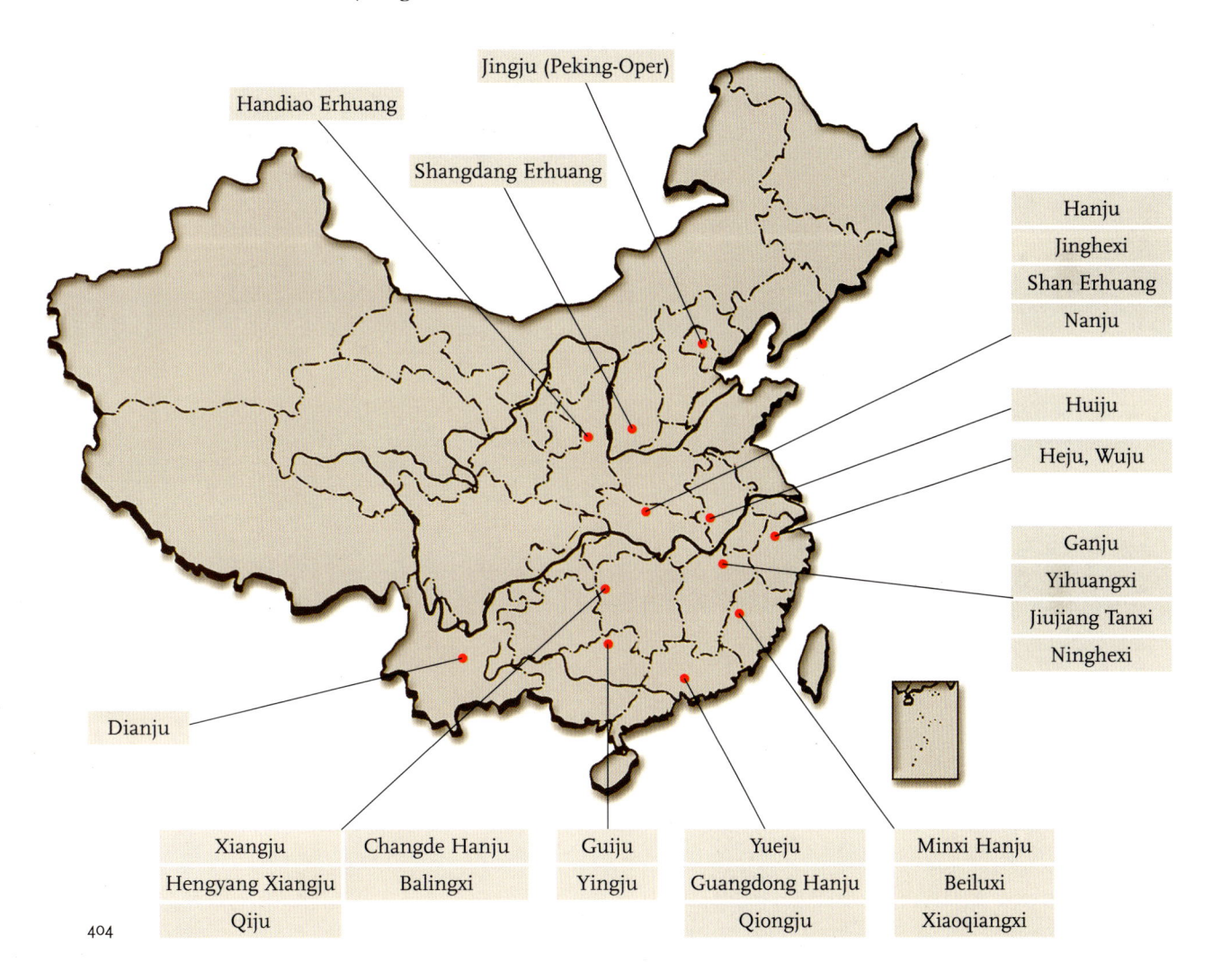

404 Verbreitung des Pihuang-Melodiesystems.

Hunan:	Chenhexi	Zhejiang:	Ouju	Shanxi:	Shangdang Bangzi
Hubei:	Tangxi		Huangyan Luantan	Guangdong:	Xiqinxi
Jiangxi:	Dong Hexi (Östliches Hexi)	Guangxi:	Sixianxi		Pailouxi
	Fuhexi	Shandong:	Liuzixi	Fujian:	Nanjianxi
	Yuanhexi		Donglu Bangzi		Meilinxi
	Ji'anxi		Laiwu Bangzi	Guizhou:	Qianju
Sichuan:	Chuanju		Zao Bang		Guizhou Bangzi

IV. Huabu Luantan und andere Opernstile (18.–19. Jahrhundert)

Li Diaoyuan stammte aus der Provinz Sichuan. Im 18. Jahrhundert verfasste er die *Theatersammlung*, worin er festhielt, dass Huqin-Melodien in Jiangxi enstanden und auch Erhuang genannt wurden.

Die *Jintai-Sammlung* von Zhang Jiliang, veröffentlicht 1828, erwähnt, dass Schauspieler den Qinqiang-Stil sowohl in der Provinz Anhui als auch in Sichuan aufführten. Qinqiang wurde auch als „westlicher Qinqiang" bezeichnet und schloss Melodien aus Gansu mit ein.

405 *Theatersammlung* von Li Diaoyuan (Qing-Dynastie).

406 *Jintai-Sammlung* von Zhang Jiliang (Qing-Dynastie).

IV. 5) Das Pihuang-Melodiesystem

Diese beiden Gedichte beschreiben, wie Xipi und Erhuang im frühen 19. Jahrhundert gemeinsam aufgeführt wurden.

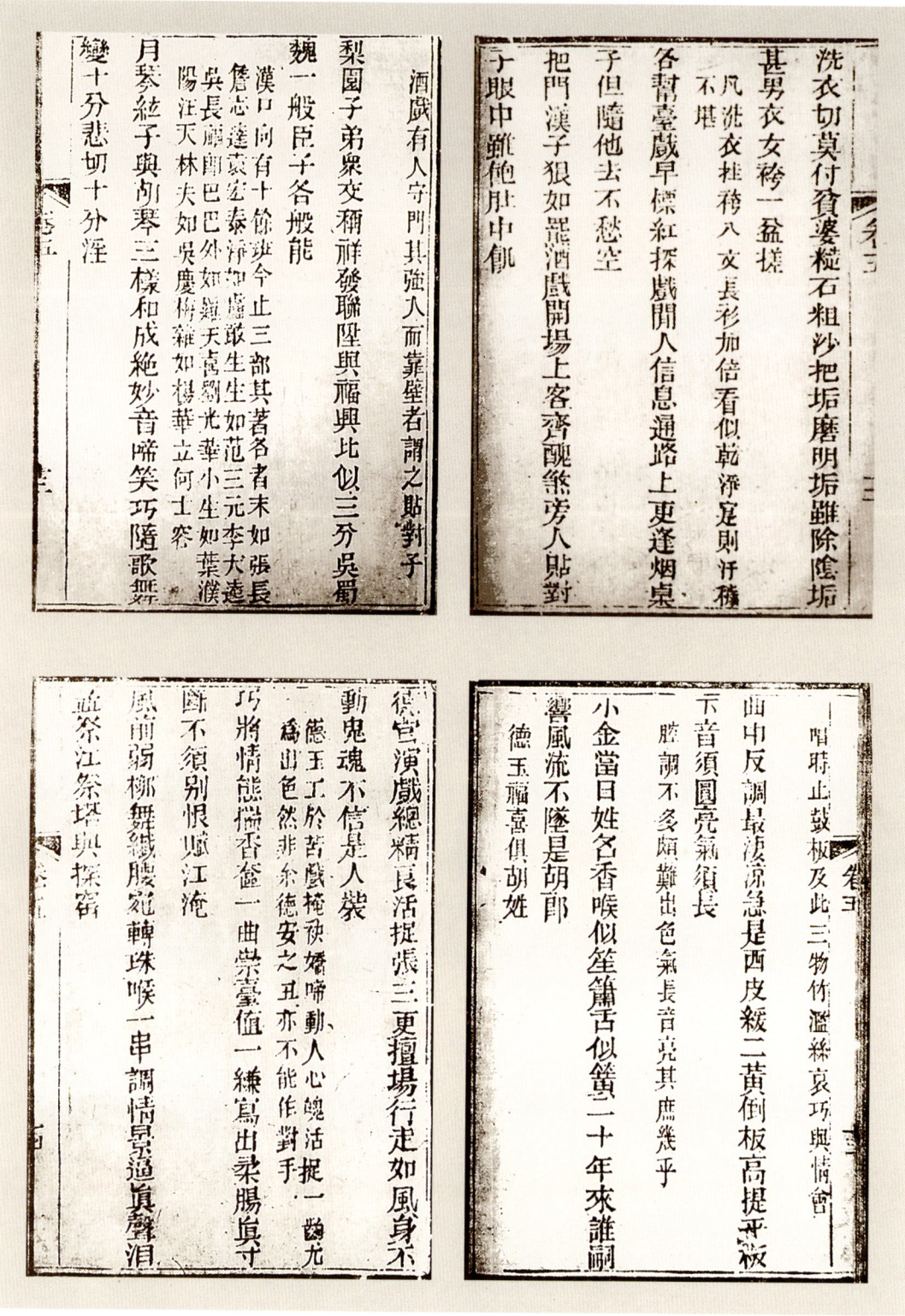

407 Zwei *Hankou Zhuzhi-Gedichte*, Bambuszweiggedichte, von Ye Diaoyuan (Qing-Dynastie).

IV. Huabu Luantan und andere Opernstile (18.–19. Jahrhundert)

Die Hubei-Oper, auch Handiao und Hanxi genannt, besteht aus Xipi- und Erhuang-Melodien und ist in der Gegend von Wuhan populär.

408 Hubei-Oper *Tao Da verhören*.
Li Chunsen als Tao Da.

409 Hubei-Oper *Den Staat Han wiedererrichten*.
Yu Hongyuan als Liu Bei.

IV. 5) Das Pihuang-Melodiesystem

Die Qiju-Oper ist um Qiyang in der Provinz Hunan populär. Sie basiert auf den Stilen Gaoqiang, Kunqiang und Tanqiang, welcher sich auf die Spielweisen Xipi und Erhuang aus Hunan bezieht.

410 Qiju-Oper *Wang Zhaojun*.
Xie Meixian als Wang Zhaojun.

411 Qiju-Oper *Zidus Gefangennahme*.
Guo Pinwen als Zidu.

IV. Huabu Luantan und andere Opernstile (18.–19. Jahrhundert)

Aufgrund ihrer Popularität im Norden der Autonomen Region Guangxi werden in der Guiju-Oper Xipi- und Erhuang-Melodien gesungen.

Einen Regenschirm stehlen erzählt, wie der Student Jiang Shilong Wang Ruilang trifft und wie sich die beiden während des Krieges gegenseitig unterstützen.

412 Guiju-Oper *Einen Regenschirm stehlen*.
Xie Yujun als Wang Ruilang, Qing Zhijing als Jiang Shilong.

IV. 5) Das Pihuang-Melodiesystem

Die Yunnan-Oper ist in denjenigen Regionen der Provinz Yunnan beliebt, in denen vorwiegend Han-Chinesen leben. Allgemein basiert sie auf den Melodiesystemen Xiangyang (Xipi-Melodien), Huqin (Erhuang-Melodien) und Sixian (Yunnan Bangzi). Als lokales Theater entstand die Yunnan-Oper jedoch vorrangig aus den Bangzi-, Xiangyang- und Huqin-Melodien der Provinz Yunnan.

Niu Gao vernichtet den kaiserlichen Erlass erzählt, wie der Held Yue Fei nach der Song-Dynastie von verräterischen Hofbeamten umgebracht wird und sein Nachfolger Niu Gao Rache plant. Ermutigt durch die Witwe Yues führt Niu die Truppen gegen die treulosen Beamten.

413 Yunnan-Oper *Niu Gao vernichtet den kaiserlichen Erlass.*

Qi Shaobin als Niu Gao.

IV. Huabu Luantan und andere Opernstile (18.–19. Jahrhundert)

In der frühen Qing-Dynastie (1644–1911) kamen Theatertruppen, die Luantan-Melodien im Gaoqiang- und Kunqiang-Stil sangen, in die Provinz Guangdong sowie in die Autonome Region Guangxi. Um die Mitte der Qing-Dynastie tauchten in Fuoshan und Guangzhou (Kanton) einheimische Theatertruppen auf, die Banghuang (Bangzi- und Erhuang-Melodien) sangen, jedoch in Mandarin. Am Ende der Qing-Dynastie begannen die Schauspieler, auf Kantonesisch zu singen, was sich sehr großer Beliebtheit erfreute. Die Guangdong-Oper, Kanton-Oper, wird noch immer in Guangzhou, Fuoshan, Hong Kong sowie von Auslandschinesen aufgeführt.

Suche in der Akademie beschreibt, wie das Dienstmädchen Cuilian und ihr Lehrer Xie Bao in der Qiongtai-Akademie nach dem Studenten Zang Yimin suchen, um ihm bei der Flucht vor seinen Verfolgern zu helfen.

414 Guangdong-Oper *Suche in der Akademie*. Ma Shizeng als Xie Bao, Hong Xiannu als Cui Lian.

Gesichtsmasken der Pihuang-Oper

Yuchi Jingde, Hubei-Oper

Zhao Gongchi, Hubei-Oper

Huyan Zan, Hubei-Oper

IV. Huabu Luantan und andere Opernstile (18.–19. Jahrhundert)

Li Kui, Jinghe-Oper

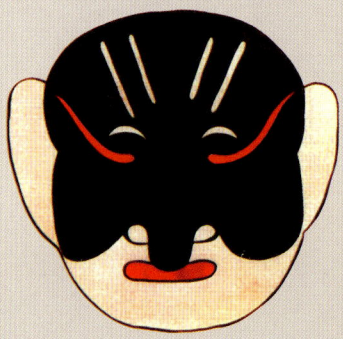

Yuchi Jingde, Qi-Oper

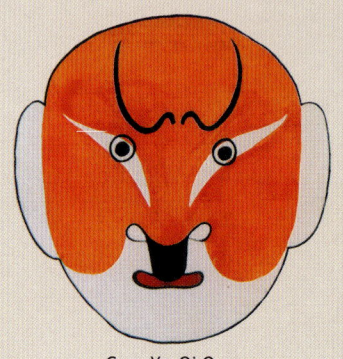

Guan Yu, Qi-Oper

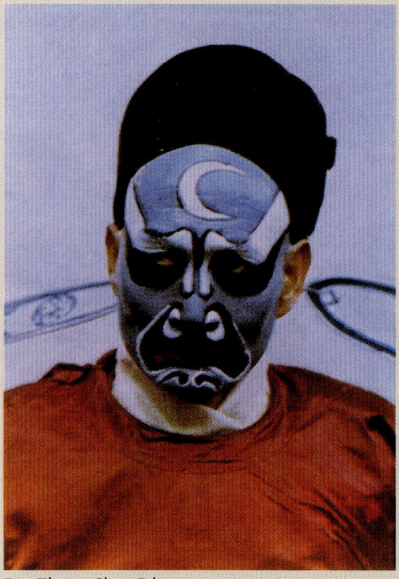

Bao Zheng, Shan Erhuang

Cao Cao, Jinghe-Oper

Mu Lanying, Shan Erhuang

IV. 5) Das Pihuang-Melodiesystem

Xiang Yu, Gui-Oper

Zhang Fei, Changde-Oper

Zhong Wuyan, Hubei-Oper

Dian Wei, Yongju-Oper

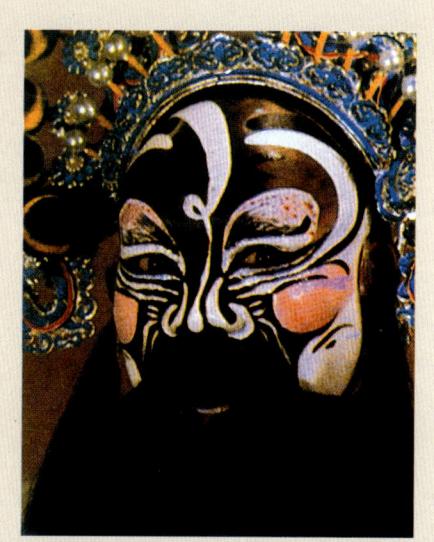

Niu Gao, Hunan-Oper

IV. Huabu Luantan und andere Opernstile (18.–19. Jahrhundert)

IV. 6) Opern ethnischer Minderheiten

Die chinesische Bühnenkunst spiegelt die kulturellen Verschiedenheiten des Landes wider, indem Aufführungen sowohl auf Chinesisch, als auch in den Sprachen der Minderheiten stattfinden. Bereits im 15. Jahrhundert entstanden die alte tibetische und die Bai-Oper, in der Mitte des 18. Jahrhunderts entwickelten sich die Zhuang-, Dai- und Dong-Opern. Sie alle besitzen eigene charakteristische Erkennungsmerkmale, die in ihrer historischen und kulturellen Tradition verwurzelt sind. Zudem lassen sich aber auch Zeichen einer wechselseitigen Interaktion mit dem System der Han-chinesischen Oper nachweisen.

415 Wandgemälde der tibetischen Oper.

IV. 6) Opern ethnischer Minderheiten

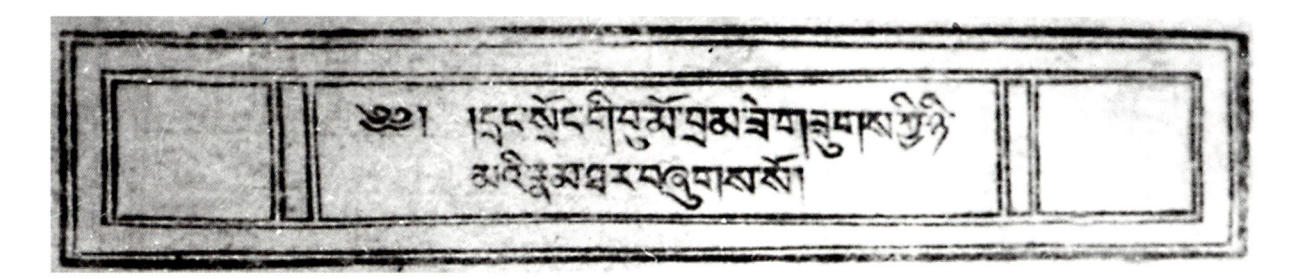

416 Libretto-Cover der tibetischen Oper *Prinz Nor-Bzang*.

417 Libretto-Cover der tibetischen Oper *Die Jungfrau Gzugs-Kyi-Nyi-Ma*.

418 Tibetische Oper *Die Jungfrau Gzugs-Kyi-Nyi-Ma*.

IV. Huabu Luantan und andere Opernstile (18.–19. Jahrhundert)

419 Tibetische Oper *Die Jungfrau Vgro-Ba-Bzang-Mo* in einer Aufführung der Theatertruppe Tibet, Autonome Region Tibet.

420 Tibetische Oper *Prinzessin Wencheng*.

IV. 6) Opern ethnischer Minderheiten

421 Dai-Oper *Die Lotusblume*.

422 Bai-Oper *Duzhaoxuan*.

IV. Huabu Luantan und andere Opernstile (18.–19. Jahrhundert)

423 Zhuang-Oper *Die magische Kalebasse*.

424 Dong-Oper *Zhulang und Meiniang*.

IV. 7) Die Peking-Oper

Im Jahr 1790 wurde eine Theatertruppe aus der Provinz Anhui durch ihre Aufführung und Präsentation der Luantan-Melodien zu einer Sensation in Beijing. Spätestens 1840 war das Pihuang-System integriert und die Peking-Oper geformt.

Die Peking-Oper breitete sich langsam von Beijing über die Hafenstadt Tianjin nach Süden aus und schon bald etablierte sich in Shanghai ein weiteres Aufführungszentrum. Die Fülle berühmter Künstler der Peking-Oper – darunter Cheng Changgeng, Yu Sansheng, Tan Xinpei, Wang Yaoqing, Yang Xiaolou, Mei Lanfang, Chang Yanqiu, Yu Shuyan, Ma Lianliang, Ouyang Yuqian und Zhou Xinfang, um nur ein paar Namen zu nennen – zeugt von ihrem Erblühen während dieser Zeit.

Die Peking-Oper kann als Höhepunkt der traditionellen chinesischen Oper gelten und gefällt sowohl den höher gebildeten wie den einfachen Zuschauern. Als Chinas repräsentativste Bühnenkunst kommt der Peking-Oper auch auf internationalen Bühnen eine bedeutsame Rolle zu.

425 Aufzeichnung über die Sanqing-Theatertruppe sowie über Gao Langting in *Bericht des „Vergnügungsministeriums" über ein Vergnügungsschiff in Yangzhou* von Li Dou (Qing-Dynastie).

426 Aufzeichnung über Gao Langting in *Historisches Material der Theater in der Hauptstadt* von Zhang Cixi (Qing Dynastie).

IV. Huabu Luantan und andere Opernstile (18.–19. Jahrhundert)

Mi Yingxian (1780–1832) stammte aus Hubei und war der Hauptdarsteller einer berühmten Theatertruppe aus Beijing. Er zeichnete sich insbesondere durch seine Darbietung der Rolle des Guan Yu aus und erntete Ruhm für *Die Schlacht von Changsha*. Mi kehrte 1819 in seinen Heimatort zurück, wo sein früherer Wohnsitz und seine Grabstätte erhalten sind.

427 Statue des Glücksgottes aus dem Besitz von Mi Yingxian.

428 Statue von Mi Yingxian.

IV. 7) Die Peking-Oper

Cheng Changgeng (1811–1880) wurde in der Provinz Anhui geboren und zog 1822 nach Beijing. Später wurde er dort Intendant dreier bekannter Theatertruppen sowie Direktor der Theatergilde. Er trug maßgeblich zur Entstehung der Peking-Oper bei, weshalb man ihn als „Gründer der Peking-Oper" bezeichnet. Neben Yu Sansheng und Zhang Erkui feierte man ihn als einen der „drei herausragenden Darsteller männlicher Rollen".

429 Bildnis von Cheng Changgeng.

IV. Huabu Luantan und andere Opernstile (18.–19. Jahrhundert)

Yu Sansheng (1802–1866) aus Hubei war der Erste Darsteller männlicher Rollen in der Chuntai-Theatertruppe. Sein Gesang war laut und klar und vom Publikum wegen seiner reichen Verzierungen geschätzt. Insbesondere zeichnete er sich durch seinen Gesang von Xipi-Melodien aus, zudem erfand er den Erhuang Fandiao. Die Stücke, in denen er auftrat, wie *Der Dingjun-Berg*, *Die Gefangennahme und Freilassung von Cao Cao* und *Yang Yanhui besucht seine Mutter*, gehören auch heute noch zum Repertoire.

430 Statue von Yu Sansheng als Liu Bei.

IV. 7) Die Peking-Oper

Tan Xinpei (1847–1917), geboren in Hubei, stammte aus einer Schauspielerfamilie und ging zunächst bei Cheng Changgeng in die Lehre. Er standardisierte den Gebrauch des Hubei-Akzents und der Zhongzou-Sprachmelodien, um seinen eigenen Gesangsstil zu entwickeln.

Wang Yaoqing (1881–1954) war ein Erneuerer der Darstellung weiblicher Rollen. Er brach mit der Konvention, dass die Schauspieler sich lediglich auf den Gesang konzentrieren sollten. Auch nahm er Einfluss auf die Ausbildung von später berühmten Darstellern weiblicher Rollen.

Zusammen hatten die Neuerungen von Tan und Wang große Auswirkungen auf die Entwicklung der chinesischen Bühnenkunst.

431 Porträt von Tan Xinpei als Zhuge Liang aus *Die List der leeren Stadt*.

432 *Das südliche Himmelstor.*
Wang Yaoqing als Cao Yulian, Tan Xinpei als Cao Fu.

IV. Huabu Luantan und andere Opernstile (18.–19. Jahrhundert)

433 Gemälde mit Porträts von 13 berühmten Schauspielern der Peking-Oper zuzeiten der späten Qing-Dynastie, gemalt von Shen Rongpu.

Das Gemälde zeigt die Porträts von kostümierten Schauspielern der ersten und zweiten Darstellergeneration der Peking-Oper.

In der vorderen Reihe sind zu sehen (von links): Zhang Shengkui als Mo Cheng aus *Der Jadekelch*, Liu Gansan als Tante vom Land aus *Der Besuch bei angeheirateter Verwandtschaft*, Cheng Changgeng als Lu Su aus *Das Treffen der Elite*, Shi Xiaofu als Luo Fu aus *Die Maulbeerernte*, Lu Shengkui als Zhuge Liang aus *Die List der leeren Stadt*, Tan Xinpei als Huang Tianba aus *Das Dorf Ehu*.

In der hinteren Reihe sind abgebildet: Hao Lantian als Kang Shi aus *Eine Reise*, Mei Qiaoling als Kaiserinwitwe Xiao aus *Der Yanmen-Pass*, Yu Ziyun als Prinzessin Yinping aus *Die Jinshui-Brücke*, Xu Xiaoxiang als Zhou Yu aus *Das Treffen der Elite*, Yang Mingyu als Min Tianliang aus *Sehnsucht nach Zhicheng*, Zhu Lianfen als Chen Miaochang aus *Qin spielen*, Yang Yuelou als Yang Yanhui aus *Der Besuch bei der Mutter*.

Yang Xiaolou (1878–1938) stammte aus einer Schauspielerfamilie und führte die herausragende Leistung seines Vaters als Wusheng, der Rolle des Kriegers, fort. Angeleitet von eben seinem Adoptivvater Tan Xinpei, wurde er schließlich als „Meister des Wusheng" bezeichnet.

Qian Jinfu (1862–1927), geboren in Beijing mit mandschurischen Wurzeln, tat sich in Schminkrollen hervor. Er arbeitete oft mit Tan Xinpei, Yang Xiaolou und Yu Shuyan zusammen.

434 *Der lange Abhang.*
Yang Xiaolou als Zhao Yun, Qian Jinfu als Zhang Fei.

IV. Huabu Luantan und andere Opernstile (18.–19. Jahrhundert)

Mei Lanfang (1894–1961), dessen Ahnenhaus sich in der Provinz Jiangsu befand, wurde in Beijing in eine Schauspielerfamilie hineingeboren. Sein Vater, Mei Qiaoling, war ein berühmter Darsteller weiblicher Rollen. Mei Lanfang trat erstmals mit elf Jahren auf und begann mit Mitte zwanzig, die Begeisterung des Publikums zu entfachen. Später widmete er sich der Reform der Peking-Oper, indem er sich mit Kulturschaffenden verschiedener Bereiche austauschte. Er brachte nicht nur neue und alte Opern in modernen Kostümen auf die Bühne, sondern bearbeitete und revidierte viele traditionelle Stücke. Er strebte kontinuierlich nach Möglichkeiten, seine Darbietungen zu verbessern, und erbrachte in diesem Prozess viele künstlerisch herausragende Leistungen.

Die betrunkene Schönheit porträtiert die Konkubine Yang Guifei, die sich alleine in ihrem Zimmer berauscht. Das Stück ist ein Meisterwerk der Mei-Schule.

435 *Die betrunkene Schönheit.*
Mai Lanfang als Yang Guifei, Jiang Miaoxiang als Pei Lishi.

IV. 7) Die Peking-Oper

Der Enkel von Yu Sansheng, Yu Shuyan (1890–1943) meisterte in herausragender Weise die Laosheng-Rollen und gründete die Yu-Schule. Er trat oft in Stücken wie *Die Schlacht bei Taiping* und *Die List der leeren Stadt* auf. Bei seinem Gesang betonte er Reim und Rhythmus. Zu seinen Nachfolgern gehörten Li Shaochun und Meng Xiaodong.

436 *Der Dingjun-Berg.*
Yu Shuyan als Huang Zhong.

IV. Huabu Luantan und andere Opernstile (18.–19. Jahrhundert)

Ouyang Yuqian (1889–1961) wurde in Hunan geboren und studierte unter anderem in Japan. Er war einer der Gründer des modernen chinesischen Theaters, trat aber auch in der Peking-Oper auf. Er verfasste die Stücke *Bao Chan liefert Wein* und *Das Mantou-Kloster* sowie weitere nach dem Roman *Der Traum der roten Kammer*. Diese Stücke führte er auch auf. In den 1920er bis 40er Jahren zählten er und Tian Han (1898–1968) zu den führenden Reformern der traditionellen chinesischen Oper.

437 *Bao Chan liefert Wein.*
Ouyang Yuqian als Bao Chan.

IV. 7) Die Peking-Oper

Zhou Xinfang (1895–1975) wurde in der Provinz Jiangsu geboren und war eine repräsentative Persönlichkeit der Shanghai-Schule. Unter dem Bühnennamen „Qilingtong", wörtlich „siebenjähriges Kind" trat er erstmalig auf, als er elf Jahre alt war. Sein Spiel betonte stark den emotionalen Ausdruck und obwohl seine Stimme nicht fehlerfrei war, galt sein Gesang als Ausdruck eines einzigartigen Stils.

438 *Ewiges Bedauern am Ende der Ming-Dynastie.*

Zhou Xinfang (links) als Kaiser Chongzhen.

IV. Huabu Luantan und andere Opernstile (18.–19. Jahrhundert)

Ma Lianliang (1901–1966) stammte aus Beijing und begann mit neun Jahren in der Xiliancheng-Truppe zu spielen. Er spezialisierte sich auf die Rollen Wusheng und Laosheng, studierte den Stil Tan Xinpeis und nahm die subtileren Mittel von Yu Shuyan auf, um seinen eigenen, einzigartigen Stil herauszubilden, der die Ma-Schule begründete. Mit seiner milden Stimme und seiner natürlichen Haltung hatte er großen Erfolg in Stücken wie *Der Ganlu-Tempel* und *Mit Hilfe des Ostwinds*.

439 *Der lange, karminrote Mantel.* Ma Lianliang als Bai Huai.

IV. 7) Die Peking-Oper

Cheng Yanqiu (1904–1958) wurde in Beijing geboren. Mit sechs Jahren lernte er die Rollen Wusheng und Qingyi, mit elf Jahren begann er aufzutreten. Nach seinem Stimmbruch ging er bei Mei Lanfang in die Lehre, später sang und schrieb er neue Stücke. Sein Gesang betont harmonische Klänge und wurde als Cheng-Schule bezeichnet, zu deren repräsentativen Stücken *Der Wujia-Hang* und *Das Qingshuang-Schwert* gehören.

440 *Tragödie am kahlen Berg.* Cheng Yanqiu als Zhang Huizhu.

IV. Huabu Luantan und andere Opernstile (18.–19. Jahrhundert)

Gesichtsmasken der Peking-Oper

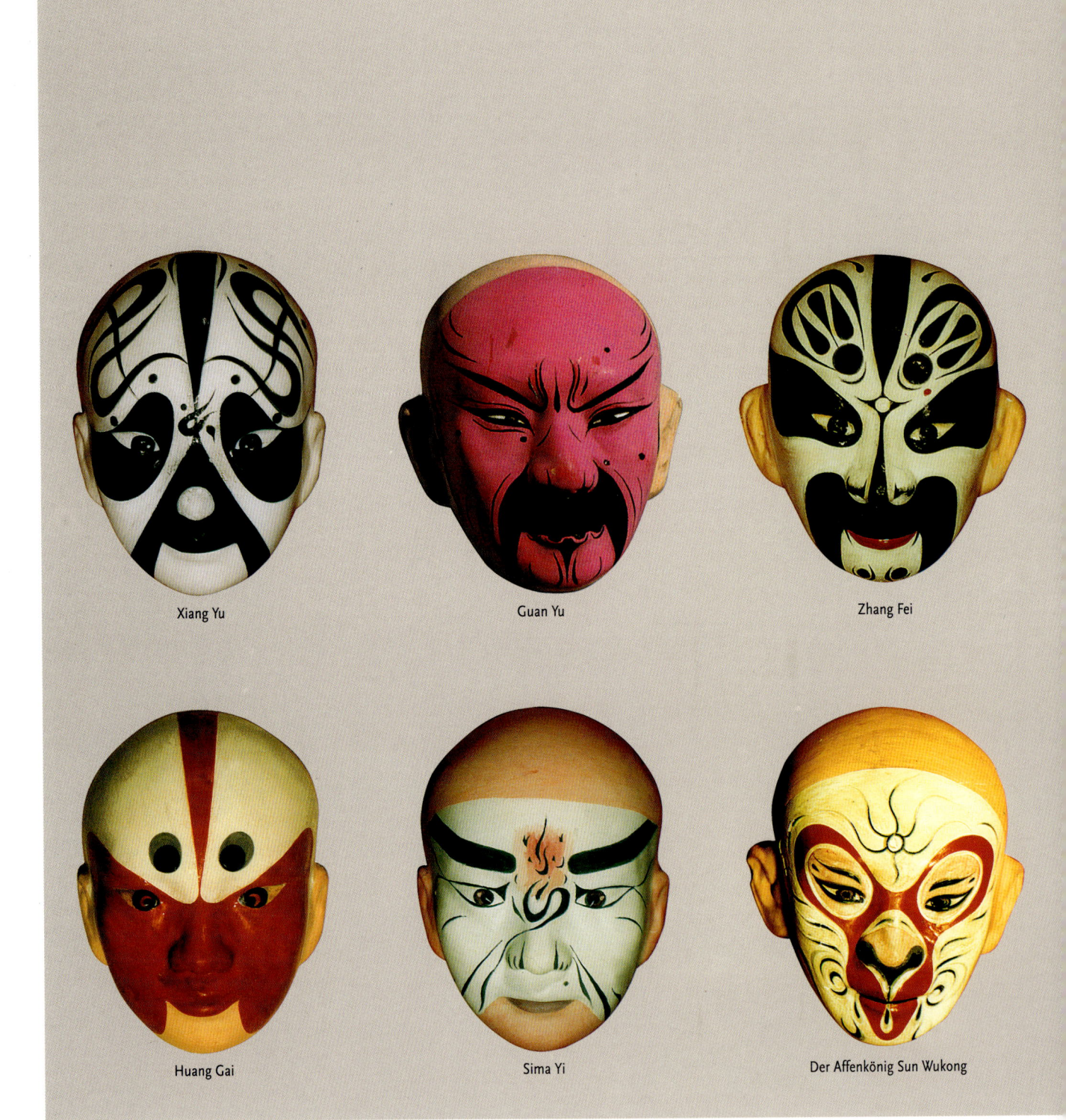

Xiang Yu

Guan Yu

Zhang Fei

Huang Gai

Sima Yi

Der Affenkönig Sun Wukong

IV. 7) Die Peking-Oper

Weißer Tiger　　　　　　　Bao Gong　　　　　　　Li Yuanba

Yao Qi　　　　　　　Xiahou Shang　　　　　　　Meng Liang

Jiao Zan　　　　　　　Zhong Kui

IV. Huabu Luantan und andere Opernstile (18.–19. Jahrhundert)

441-1

441 Innenansicht des Guanghelou-Theaters.

441-2

IV. 7) Die Peking-Oper

442 Bühne der Guangdong-Gildehalle, Provinz Tianjin.

IV. Huabu Luantan und andere Opernstile (18.–19. Jahrhundert)

443 Tianchan-Bühne in Shanghai.

444 Bühne der Huguang-Gildehalle.

IV. 7) Die Peking-Oper

445 Zuschauerraum des neu erbauten Chang'an-Theaters.

IV. 8) Das Singspiel

Neben den großen Opern in den Stilen Kunshan, Gaoqiang und Luantan umfasst die traditionelle chinesische Bühnenkunst auch das Singspiel, das aus Volksliedern, Tanz und Geschichtenerzählen entstand. Diese kleinen Opern zeigen Interesse am täglichen Leben der einfachen Bevölkerung. Typische Themen sind Liebe, Familie und Arbeit. Die Singspiele werden zumeist von zwei oder drei Personen – Clown und weibliche Hauptrolle oder Clown sowie weibliche und männliche Hauptrolle – und mit einer großen Portion Humor aufgeführt. Zu Beginn des 20. Jahrhunderts entwickelten sich einige Singspiele zu Pingju-, Chuju-, Shaoxing-, Shanghai- und Huangmei-Opern.

IV. 8) Das Singspiel

446

446 Huagu-Oper *Liu Hai hackt Feuerholz* in einer Aufführung der Huagu-Theatertruppe, Provinz Hunan.

He Dongbao als Liu Hai, Xiao Chonggui als Fuchsfee.

447 Yangge-Oper *Der versiegelte Brennofen*.

Das Stück *Der versiegelte Brennofen* beschreibt, wie der Kunsthandwerker Yin Shengdao und seine Schwester einem Verwandten des Kaisers, Liu Xiu, Zuflucht gewähren, indem sie ihn in einem Brennofen verstecken und die Tür versiegeln.

IV. Huabu Luantan und andere Opernstile (18.–19. Jahrhundert)

448

448 Daoqing-Oper *Das Treffen in Jingtang* in einer Aufführung der Daoqing-Theatertruppe, Kreis Youyu, Provinz Shanxi.

Das Stück berichtet über ein Treffen von Han Xingzi und seiner Mutter in Jingtang. Auf der Abbildung hält der Darsteller die beiden Hauptinstrumente der Daoqing-Oper: die Schlaginstrumente Yugu und Jianban.

449 Huaihai-Oper *Pacht eintreiben* in einer Aufführung der Huaihai-Theatertruppe, Provinz Jiangsu.

Die Huaihai-Oper ist im Norden der Provinz Jiangsu beliebt.

449

IV. 8) Das Singspiel

450 Caidiao-Oper *Wang San auf Vogeljagd* in einer Aufführung der Caidiao-Theatertruppe, Autonome Region Guangxi.

Das Stück *Wang San auf Vogeljagd* erzählt, dass sich Mao Gumei in Wang San verliebt, Maos Mutter sich einer Verbindung jedoch entgegenstellt. Nachdem die Mutter die Liebenden im Haus singen und tanzen gesehen hat, ist sie von deren Liebe überzeugt und stimmt der Hochzeit zu.

Yang Buyun als Wang San, Zhou Jin als Mao Gumei.

451 Errenzhuan-Oper *Die zweite Tante besucht ein krankes Mädchen*.

Das Stück erzählt, wie die Tante und Xiaoqin planen, dass Letztere eine Krankheit vortäuscht, um ihre Mutter davon zu überzeugen, ihrer Hochzeit zuzustimmen.

Diagramm über die Verbreitung der Peking-Oper und lokaler Opern

1 Beijing
Peking-Oper, Pingju, Beijing Quju, Nördliche Kunqu, Hebei-Klapper-Oper

2 Shanghai
Peking-Oper, Kunju, Huju, Yueju, Huaiju, Shanghai-Farce

3 Tianjin
Peking-Oper, Pingju, Hebei-Klapper-Oper, Tanjin Quyi, Yueju

4 Chongqing
Peking-Oper, Chuanju, Sichuan Quju, Yueju

5 Innere Mongolei
Peking-Oper, Beilu-Klapper-Oper, Jinju, Innere-Mongolei-Oper, Errentai, Manhanju, Östliches Errentai, Pingju, Errenzhuan, Jiju

6 Shanxi
Peking-Oper, Puju, Nördliche Klapper-Oper, Jinju, Shangdang-Klapper-Oper, Shangdang Laozi, Yangge-Oper, Errentai, Daoqingxi, Shuahaier-Oper, Mcihu-Oper, Lingqiu Luoluoqiang, Wanwanqiang, Yuju, Quju

7 Hebei
Peking-Oper, Hebei-Klapper-Oper, Pingju, Laodiao, Sixian, Luantan, Pingdiao, Heheqiang, Luozixi, Yangge-Oper, Tangju, Östliches Errentai, Jinju, Yuju, Xidiao, Zhuizixi, Henan Quju

8 Liaoning
Peking-Oper, Pingju, Errenzhuan, Haicheng Suona, Liaonan-Oper, Lingyuan Yingdiao-Oper, Fuxin-Mongolei-Oper

9 Jilin
Peking-Oper, Pingju, Errenzhuan, Jiju, Huanglong-Oper, Xincheng-Oper, Changju

10 Heilongjiang
Peking-Oper, Pingju, Errenzhuan, Longjiang-Oper, Longbin-Oper

11 Jiangsu
Peking-Oper, Kunju, Xiju, Yangju, Huaiju, Huaihai-Oper, Liuqin-Oper, Suju, Haimen-Volksoper, Danju, Farce, Yueju

12 Anhui
Peking-Oper, Huiju, Huangmei-Oper, Luju, Sizhou-Oper, Wannan Huagu-Oper, Huaibei Huagu-Oper, Huiju, Lihuang-Oper, Zuizi, Huaibei-Klapper-Oper, Quju

13 Zhejiang
Peking-Oper, Diaoqiang, Pingdiao, Kunju, Yueju, Wuju, Shaoju, Ouju, Heju, Taizhou Luantan, Yonegu, Yaoju, Huju, Muju, Wannan Huagu, Huangmei-Oper, Xiju

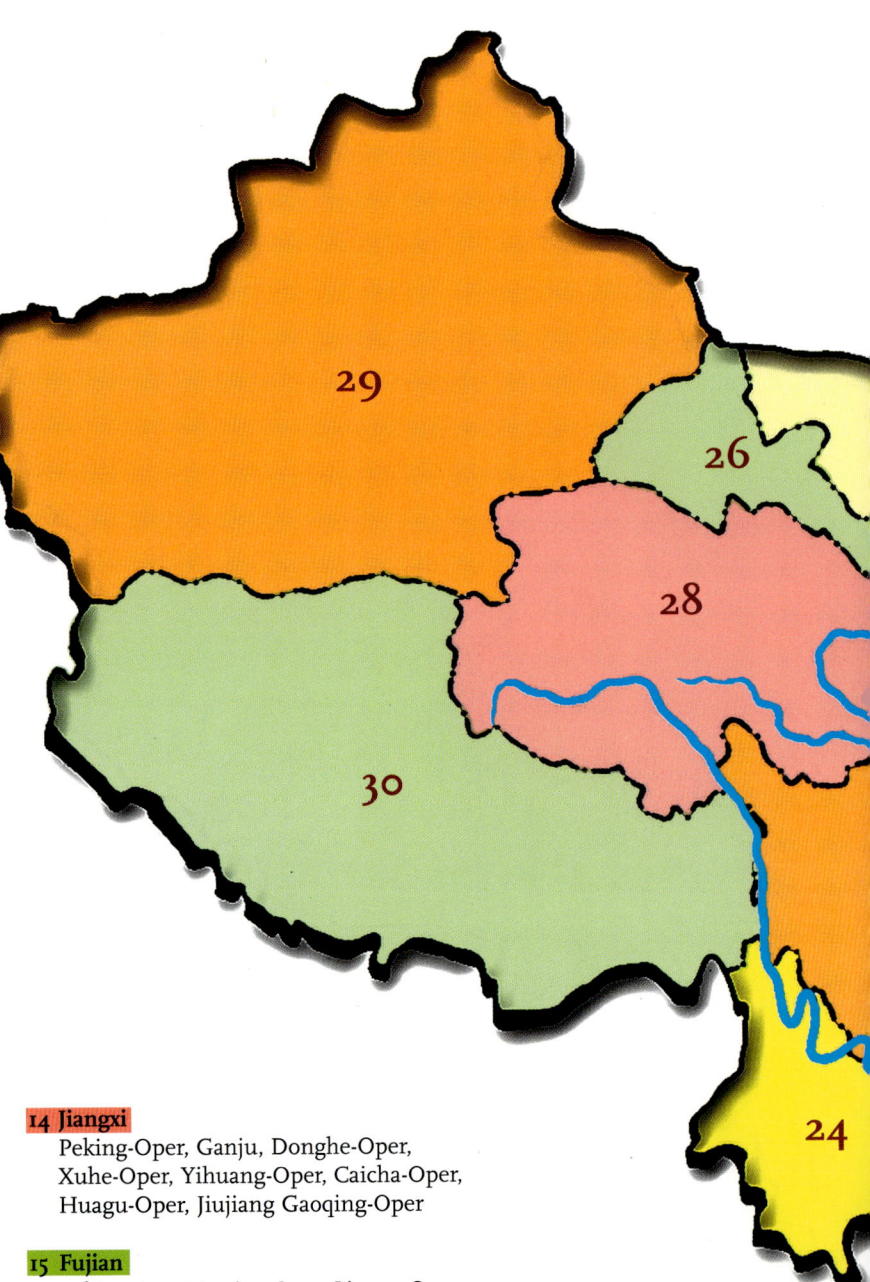

14 Jiangxi
Peking-Oper, Ganju, Donghe-Oper, Xuhe-Oper, Yihuang-Oper, Caicha-Oper, Huagu-Oper, Jiujiang Gaoqing-Oper

15 Fujian
Peking-Oper, Puxian-Oper, Liyuan-Oper, Chaoju, Minju, Gaojia-Oper, Minxi Hanju, Nördliche Oper, Meilin-Oper, Ganju, Nanci-Oper, Xiangju, Yueju, Volksoper, Huangmei-Oper

16 Hunan
Peking-Oper, Xiangju, Qiju, Chenhe-Oper, Hengyang Xiangju, Wuling-Oper, Jinghe-Oper, Baling-Oper, Hunan Kunqu, Huagu-Oper, Yangxi, Huadeng-Oper, Miao-Oper, Dong-Oper

17 Hubei
Peking-Oper, Hanju, Nanju, Jinghe-Oper, Handiao Erhuang, Chuju, Huagu-Oper, Caicha-Oper, Wenqu-Oper, Liangshandiao, Tiqin-Oper

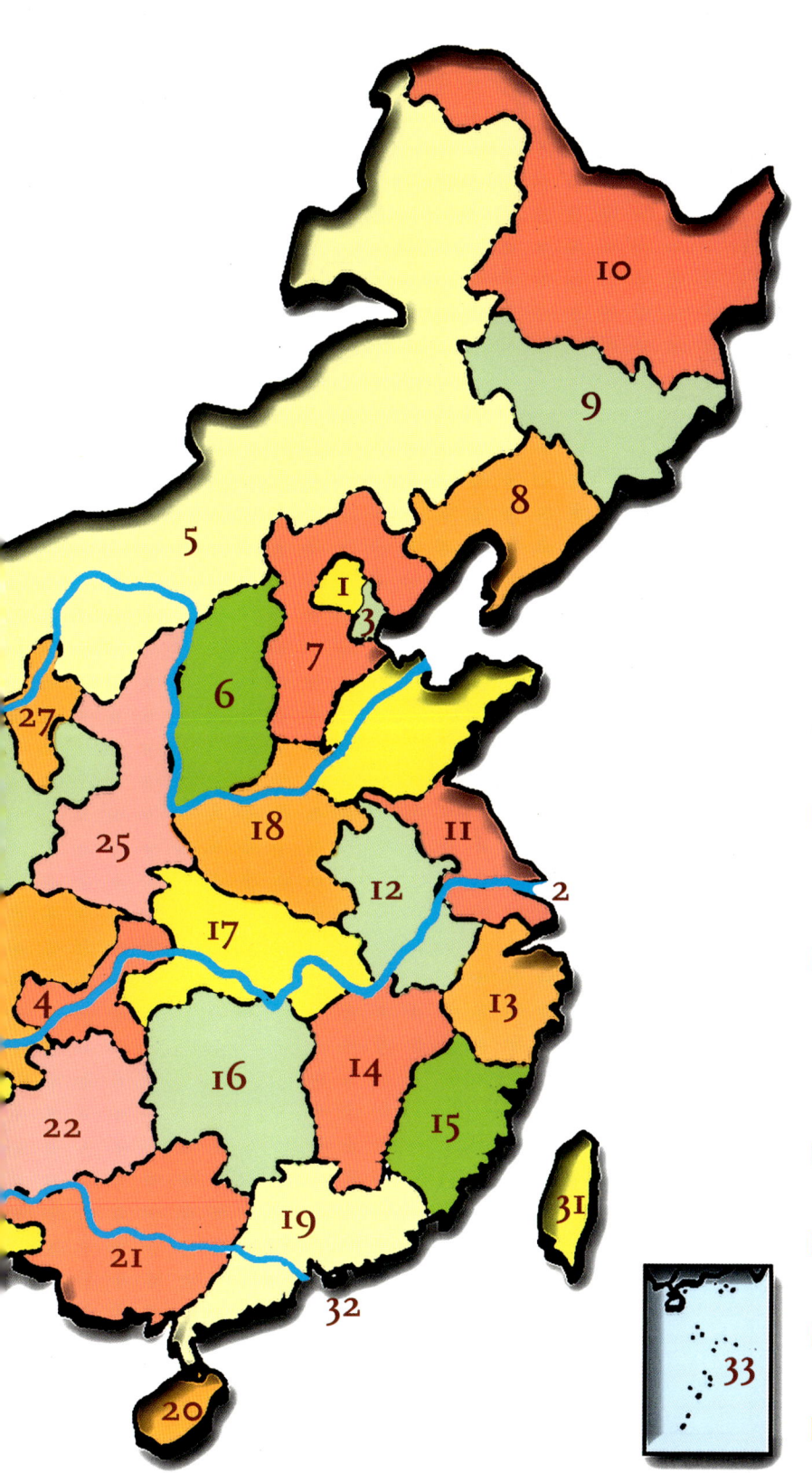

18 Henan
Peking-Oper, Yuju, Quju, Yuediao-Oper, Dapingdiao, Wanbang-Oper, Huaibang-Oper, Huaidiao-Oper, Daxian-Oper, Baidiao-Oper, Erjiaxian-Oper, Xiguxian-Oper, Luoqiang, Daoqing-Oper, Sipingdiao, Zhuiju, Liuqin-Oper, Hebei-Klapper-Oper

19 Guangdong
Kanton-Oper, Chaoju, Guangdong Hanju, Zhengzi, Xiqin-Oper, Baizi-Oper, Yuebei Caicha-Oper, Leiju, Mei-Volksoper, Lechang Huagu-Oper, Huachao-Oper, Peking-Oper

20 Hainan
Qiongju, Lingao Renou, Linju, Danzhou-Volksoper, Peking-Oper

21 Guangxi
Guiju, Zhuangju, Caidiao-Oper, Yongju, Kanton-Oper, Caicha-Oper, Niuge-Oper, Niuniang-Oper, Hakka-Oper, Wenchang-Oper, Dong-Oper, Miao-Oper, Maonan-Oper, Peking-Oper

22 Guizhou
Guizhou Huadeng, Qianju, Peking-Oper, Chuanju, Dongju, Buyixi, Dixi, Yangxi

23 Sichuan
Chuanju, Dengxi, Sichuan Quju, Tibetisches Drama, Peking-Oper, Yueju, Yuju, Hanju

24 Yunnan
Dianju, Yunnan Huadeng, Kunming Quju, Dai-Oper, Dai Zhangha, Yunnan Zhuangju, Baiju, Yi, Miao-Oper, Guansuo-Oper, Wa Qingxi, Chuanju, Pingju, Peking-Oper

25 Shaanxi
Qinqiang, Tongzhou-Klapper-Oper, Handiao-Klapper-Oper, Handiao Erhuang, Daoqing-Oper, Xian-Oper, Wanwanqiang, Egongqiang, Meihu-Oper, Huagu-Oper, Yangge-Oper, Peking-Oper, Puju, Jinju, Yuju, Pingju, Yueju

26 Gansu
Qinqiang, Quzixi, Longju, Tibetisches Gannan, Peking-Oper, Yuju, Yueju

27 Ningxia
Qinqiang, Quzixi, Meihu, Daoqing-Oper, Huaer-Oper, Peking-Oper, Yueju

28 Qinghai
Qinqiang, Meihu, Pingxian-Oper, Tibetisches Huangnan, Peking-Oper, Yuju

29 Xinjiang
Uygur-Oper, Quzixi, Xibo Handuchun, Peking-Oper, Yuju

30 Tibet
Tibetisches Drama

31 Taiwan
Gezai-Oper, Peking-Oper, Yuju

32 Hong Kong
Kanton-Oper, Chaoju, Guangdong Hanju, Baizixi

33 Macao
Kanton-Oper, Baizixi

Nachwort

Die chinesische Oper. Geschichte und Gattungen. Ein Handbuch in Text und Bild war eine Auftragsarbeit des Verlags People's Music Publishing House und wurde zusammengetragen vom Institut für Chinesisches Schauspiel der Chinesischen Akademie der Künste. Es handelt sich um ein groß angelegtes Projekt von hoher historischer Bedeutung, sodass wir von dem Wert dieser Arbeit überzeugt sind und uns freuen, sie nun dem geneigten Leser vorlegen zu können. Dieses Buch ist das Resultat von mehr als einjähriger Arbeit des Exhibition Room of the History of Chinese Theatre und anderen Experten auf diesem Gebiet und wir hoffen, dass dem Leser die Lektüre des Buches ebenso viel Freude bereitet wie uns die Recherchen dazu sowie seine Herstellung.

Dieses Buch ist eine Gemeinschaftsarbeit: Autoren und Redakteure sind Liu Husheng, Wu Xiaochuan, Qi Houchang und ich selbst, während Wang Lijing, Wang Jianmin, Wang Zhanzhan, Cao Ou und Xue Chao sich um das Zusammentragen der Bilder und Fotografien sowie um logistische Angelegenheiten kümmerten. Der „Exhibition Room" leistete ebenfalls wertvolle Unterstützung.

Diese Arbeit erwuchs aus einem Fernsehfilmprojekt über die Geschichte der chinesischen Oper, *Der lange Fluss der chinesischen Oper*, produziert von Liu Husheng, Wu Xiaochuan, Wang Jianmin, Xue Chao und mir selbst. Während wir das Material für diesen Film zusammenstellten, entschieden wir uns, in das daran anschließende Buch neue Forschungsergebnisse und Materialien einzubringen, um einen verständlicheren Bericht zu bieten. Unser Ziel war es, einen eleganten Bildband vorzulegen, der nicht nur die Geschichte dokumentiert, sondern auch Historikern als wertvolle Quelle dient und zudem die Liebhaber der Peking-Oper anspricht. Ob unsere Bemühungen dieses Ziel erreicht haben, überlassen wir der Einschätzung des Lesers.

Die Vollendung dieses Buches forderte ihren Tribut an Gesundheit und Leben einiger unserer Kollegen, sodass wir stolz darauf sind, ihnen die Publikation zu widmen. Möge dieses Buch uns erlauben, ihr Angedenken zu bewahren.

Mit der Publikation dieses Bildbandes haben wir unser Ziel erreicht, der Welt die chinesische Oper und die musikalische Kultur Chinas näher zu bringen. Ich möchte den Direktoren und Lektoren von People's Music Publishing House sowie all jenen danken, die uns unterstützt und mit uns gearbeitet haben, um dieses Buch Realität werden zu lassen.

Yu Cong
Herbst 1998

Index der Abbildungen

001 Diagramm zu Ursprung und Entwicklung der traditionellen chinesischen Oper.
002 Keramikschale (Neusteinzeit) mit Tanzdarstellung, freigelegt im Kreis Datong, Provinz Qinghai.
003 Alte Ausgabe vom *Buch der Urkunden*.
004 Felsmalerei des Tanzens, Shizuishan, Autonome Region Ningxia.
005 Felsmalerei des Jagens, aufgefunden in Alashan, Innere Mongolei.
006 Knochenpfeife (Neusteinzeit), Hemudu, Yuyao, Provinz Zhejiang.
007 Felsmalerei des Tanzens, Heishan, Provinz Gansu.
008 Felsmalerei des Krieges, aufgefunden im Kreis Cangyuan, Provinz Yunnan.
009 Felsmalerei des Sonnengottes und Schamanen, aufgefunden im Kreis Cangyuan, Provinz Yunnan.
010 Felsmalerei der Verehrung von Fruchtbarkeit, Autonome Region Xinjiang.
011 Schriftenrolle der *Neun Gesänge* aus den *Elegien von Chu* von Li Gonglin (Song-Dynastie).
012 Alte Ausgabe vom *Buch der Urkunden*.
013 Farbmalerei eines Schamanentanzes, aufgefunden in einem Grab (Chu-Dynastie), freigelegt in Changtaiguan, Xinyang, Provinz Henan.
014 Totem (Prä-Qin-Dynastie) der historischen Nationalität Yue, das in Opferzeremonien verwendet wurde, freigelegt 1982 in der Grabstätte Nr. 306, Shizishan, Shaoxing, Provinz Zhejiang.
015 Fangxiangshi, Illustration aus dem Bild von Sansi (Song-Dynastie).
016 *Bild des Dawu-Tanzes*.
017 Schriftenrolle der *Neun Gesänge* aus den *Elegien von Chu*.
018 Bild von Danuo, einer Volkszeremonie zur Geisteraustreibung.
019 Alte Ausgabe von *Die Geschichte der Sui-Dynastie: Kapitel über Musik*.
020 Alte Ausgabe der *Generalenzyklopädie*.
021 Kolorierte Figurinen (Westliche Han-Dynastie) von Sängern, Tänzern und Darstellern der Hundert Spiele, freigelegt 1964 in Wuyingshan, Jinan, Provinz Shandong.
022 Alte Ausgabe vom *Fu-Gedicht auf die Westliche Hauptstadt*.
023 Steinrelief (Han-Dynastie) des Panwu-Tanzes, freigelegt in Pengxian, Provinz Sichuan.
024 Steinrelief (Han-Dynastie) der Hundert Spiele, freigelegt in Grabmal Nr. 2, Yangzishan, Chengdu, Provinz Sichuan.
025 Steinrelief (Östliche Han-Dynastie) mit Tänzern und Musiken sowie Darstellern der Hundert Spiele, freigelegt 1954 in Beizhaicun, Yinan, Provinz Shandong.
026 Wandgemälde (Östliche Jin-Dynastie) mit Bankettmusik, freigelegt in Grabmal Nr. 5, Dingjiazha, Jiuquan, Provinz Gansu.
027 Wandgemälde (Han-Dynastie) mit höfischer Musik und den Hundert Spielen, freigelegt 1961 in Dahuting, Kreis Mi, Provinz Henan.
028 Steingutlampen und -figurinen (Han-Dynastie), Musiker und Tänzer sowie Darsteller der Hundert Spiele, freigelegt in Luoyang, Provinz Henan.
029 Töpferware (Han-Dynastie), Nachbildung eines Gebäudes zur Aufführung der Hundert Spiele, freigelegt in Lingbao, Provinz Henan.
030 Ausschnitt eines Wandgemäldes (Tang-Dynastie) von Zhang Yichaos Inspektionsreise, Höhle Nr. 156, Mogao Grotte, Dunhuang, Provinz Gansu.
031 Töpferfigurinen (Tang-Dynastie), Darsteller der Hundert Spiele, freigelegt in Asitana, Turfan, Autonome Region Xinjiang.
032 Seidenmalerei (Westliche Han-Dynastie) einer Ringkampfszene, freigelegt 1976 in Grabmal Nr. 9, Jinqueshan, Linyi, Provinz Shandong.
033 Alte Ausgabe der *Erinnerungen an Hangzhou*.
034 Alte Ausgabe vom *Buch der Musik*.
035 *Das Spiel von Chiyou*, Illustration aus *Bilder von Himmel, Erde und Mensch* (Ming-Dynastie).
036 Alte Ausgabe von *Gesammelte Notizen aus der Westlichen Hauptstadt*.
037 Ausschnitt einer polierten Glocke (Han-Dynastie), dekoriert mit einem Kampf zwischen Mensch und Tiger.
038 Steinrelief (Han-Dyanastie) eines Kampfes zwischen Mensch und Tiger, freigelegt in Nanyang, Provinz Henan.

285

Index der Abbildungen

039 Alte Ausgabe der *Konversation zwischen den Staaten: Der Staat Jin.*

040 Alte Ausgabe der *Aufzeichnungen des Historikers: Biographien von Narren.*

041 Tonfigur (Han-Dynastie) eines Trommel schlagenden Zwergs, freigelegt in Lushan, Provinz Sichuan.

042 Alte Ausgabe der *Geschichte der drei Reiche: Die Geschichte von Shu.*

043 Alte Ausgabe der *Sammlung des Musikkonservatoriums.*

044 Ausschnitt eines Wandgemäldes (Tang-Dynastie) mit einem Zwergnarren, freigelegt im Grabmal von Prinz Zhanghuai, Qianxian, Provinz Shaanxi.

045 Alte Ausgabe der *Kaiserlichen Enzyklopädie von Taiping: Geschichte von Zhao.*

046 Tonfigurinen (Tang-Dynastie) von Darstellern des Canjunxi, freigelegt 1957 im Grabmal von Xianyu Tinghui, Nanhe, Xi'an, Provinz Shaanxi.

047 Tonfigurinen (Tang-Dynastie) von Darstellern des Canjunxi, freigelegt im Grabmal von Zhangxiong, Asitana, Turfan, Autonome Region Xinjiang.

048 Alte Ausgabe der *Generalenzyklopädie.*

049 Alte Ausgabe von *Die alte Geschichte der Tang-Dynastie: Annalen der Musik.*

050 Maske, verwendet in *Der Prinz von Lanling zieht in den Kampf.*

051 Szenenfoto aus *Der Prinz von Lanling zieht in den Kampf.*

052 *Der Prinz von Lanling zieht in den Kampf.*

053 Abbildung aus *Der Prinz von Lanling zieht in den Kampf*, entnommen aus *Die klassische Xinxi-Musik in Bildern* aus Japan.

054 Alte Ausgabe der *Sammlung des Musikkonservatoriums.*

055 Tanzspiel *Kopf für Kopf* in einer Reproduktion aus *Die klassische Xinxi-Musik in Bildern* aus Japan.

056 Alte Ausgabe der *Berichte aus den Kurtisanenvierteln.*

057 Tonfigurinen (Tang-Dynastie) nach *Das schwankende Weib*, freigelegt in einer Grabstätte in Turfan, Autonome Region Xinjiang.

058 Tonfigurinen (Tang-Dynastie) von Musikern und Tänzern, freigelegt 1972 in der Grabstätte von Zheng Rentai in Liquan, Provinz Shaanxi.

059 Schnitzerei von Musikern und Tänzern auf einem Sarkophag (Tang-Dynastie), freigelegt 1973 in der Grabstätte von Prinz Li Shou, Huaian, Sanyuan, Provinz Shaanxi.

060 Kolorierte Holzschnitzerei (Tang-Dynastie) von Musikern und Tänzern, Kaiyuan-Tempel, Quanzhou, Provinz Fujian.

061 Wandgemälde (Tang-Dyanstie) von Musikern und Tänzern, Höhle Nr. 172, Mogao-Grotte, Dunhuang, Provinz Gansu.

062 Abbildung von Darstellern der Daqu, entnommen aus *Das nächtliche Bankett von Han Xizai* von Gu Hongzhong (Südliche Tang-Dynastie).

063 Wandgemälde (Song-Dynastie) der Daqu, freigelegt in der Grabstätte von Zhao Daweng, Baisha, Kreis Yu, Provinz Henan.

064 Steinschnitzerei (Song-Dynastie) der Daqu, freigelegt 1974 im Kreis Guangyuan, Provinz Sichuan.

065 Alte Ausgabe des *Schwerttanzes.*

066 Wandgemälde (Südliche Song-Dynastie) von Musikern und Tänzern, freigelegt 1991, Kreis Pingding, Provinz Shanxi.

067 *Das Hongmen-Bankett.*

068 Schnitzerei (Jin-Dynastie) der Daqu auf einem Sarkophag, freigelegt 1981, Provinz Henan.

069 Tonfigurine (Han-Dynastie) eines Geschichtenerzählers, freigelegt in Pengshan, Provinz Sichuan.

070 Tonfigurine (Östliche Han-Dynastie) eines Tänzers, freigelegt Tianhuishan, Chengdu, Provinz Sichuan.

071 Alte Ausgabe vom *Bericht von Yinhua.*

072 Alte Ausgabe von *Die Eroberung von Ji Bu*, aufgefunden in der Mogao-Grotte in Dunhuang, Provinz Gansu.

073 Alte Ausgabe von *Die singenden Dämonen*, aufgefunden in der Mogao-Grotte in Dunhuang, Provinz Gansu.

074 *Die Schrift von der Sehnsucht nach dem reinen Land*, Lingshi-Tempel, Huangyan, Provinz Zhejiang.

075 Ausschnitt aus *Flussaufwärts zum Qingming-Fest.*

076 Abbildung und Text eines Changzhuan-Balladengesangs.

077 Wandgemälde (Jin-Dynastie) eines Balladengesangs, freigelegt in einer Grabstätte in Xiayang, Kreis Wenxi, Provinz Shanxi.

078 Alte Ausgabe des Zhugongdiao *Das Westzimmer* von Dong Xieyuan (Jin-Dynastie).

Index der Abbildungen

079 Alte Ausgabe des Zhugongdiao *Liu Zhiyuan*.
080 *Yongle-Enzyklopädie: Drei Nanxi-Stücke*.
081 Alte Ausgabe der *Berichte über buddhistische Tempel in Luoyang*.
082 Alte Ausgabe der *Berichte über buddhistische Tempel in Luoyang*.
083 Alte Ausgabe der *Berichte über buddhistische Tempel in Luoyang*.
084 Wandgemälde (Tang-Dynastie) einer Aufführung, Höhle Nr. 237, Mogao-Grotte, Dunhuang, Provinz Gansu.
085 Wandgemälde (Song-Dynastie) einer Aufführung, Höhle Nr. 61, Mogao-Grotte, Dunhuang, Provinz Gansu.
086 Steintafel (Song-Dynastie) aus dem Houtu Shengmu-Tempel, Wanrong, Provinz Shanxi.
087 Alte Ausgabe der *Erinnerungen an die Östliche Hauptstadt*.
088 Musikturm (Song-Dynastie) des Dongyue-Tempels, Dazhaizi, Chaoyi, Kreis Dali, Provinz Shaanxi.
089 Alte Ausgabe der *Erinnerungen an die Östliche Hauptstadt*.
090 Steinschnitzerei (Jin-Dynastie) einer Freilichtbühne, Zhongyue-Tempel, Provinz Henan.
091 Alte Ausgabe vom *Buch des Jilei*.
092 Bühne (Jin-Dynastie) im Fujun-Tempel, Qinshui, Provinz Shanxi.
093 Bühne (Jin-Dynastie) im Dongyue-Tempel, Yangcheng, Provinz Shanxi.
094 Alte Ausgabe der *Geschichten aus der Alten Hauptstadt*.
095 Ruinen von Vergnügungszentren (Song-Dynastie), Wazi-Wazi, Hangzhou, Provinz Zhejiang.
096 Mauersteine mit Schnitzereien (Frühe Song-Dynastie) von Schauspielfigurinen, Lingshi-Tempel, Huangyan, Provinz Zhejiang.
097 Alte Ausgabe der *Erinnerungen an Hangzhou*.
098 Alte Ausgabe von *Der Qidong-Vortrag*.
099 Alte Ausgabe von *Die Ting-Geschichte*.
100 Radierung von Song-zeitlichen Zaju-Figurinen auf einem Steinrelief, freigelegt 1958, Provinz Henan.
101 Abbildung eines Song-zeitlichen Zaju.
102 Wandmalerei eines Song-zeitlichen Zaju, freigelegt in der Provinz Henan.
103 Steinschnitzerei von Song-zeitlichen Zaju-Figurinen, freigelegt in der Provinz Henan.
104 Steinschnitzerei eines Song-zeitlichen Zaju, freigelegt 1974 in der Provinz Sichuan.
105 Alte Ausgabe der *Erinnerungen an die Östliche Hauptstadt*.
106 Schnitzerei eines Song-zeitlichen Zaju auf einem Sarkophag, freigelegt 1978 in der Grabstätte von Zhu Sanweng, Provinz Henan.
107 Steinrelief eines Bildnisses von Ding Dusai, freigelegt in der Provinz Henan.
108 Steinschnitzerei (Jin-Dynastie) eines Zaju, freigelegt 1973 und 1979 in der Provinz Shanxi.
109 Steinschnitzerei Jin-zeitlicher Zaju-Figurinen, freigelegt 1979 in der Grabstätte Nr. 3, Huayu, Jishan, Provinz Shanxi.
110 Abbildung eines Jin-zeitlichen Zaju, freigelegt in der Grabstätte Nr. 1, Provinz Shanxi.
111 Steinschnitzerei eines Jin-zeitlichen Zaju, freigelegt in Podi, Yuanqu, Provinz Shanxi.
112 Tonfigurinen von Schauspielern in der Steinschnitzerei einer Bühne (Jin-Dynastie), freigelegt 1959 in der Grabstätte von Dong (1210), Provinz Shanxi.
113 Alte Ausgabe von *Eine Einführung in das Nanxi*.
114 Alte Ausgabe der *Notizen von Caomuzi*.
115 Alte Ausgabe der *Erinnerungen an Qiantang*.
116 Steinschnitzerei eines Porträts von Zhu Yunming.
117 Alte Ausgabe von *Verschiedenes Geschwätz*.
118 Alte Ausgabe von *Eine Einführung in das Nanxi*.
119 Alte Ausgabe von *Die Kuixin-Sammlung*.
120 Gao Zechengs Stammbaum und Gaos Porträt.
121 Gedenktafel aus der Ruiguang-Halle und Gao Zechengs Originalmanuskript, verwahrt in Lishi, Ningbo, Provinz Zhejiang.
122 Geburtsort von Gao Zecheng, Baishu, Ruian, Provinz Zhejiang.
123 Gaos Studienzimmer im Haus seines Schwiegervaters.
124 Alte Ausgabe von *Die Geschichte einer Laute* und eine Illustration daraus.
125 Xiangju-Oper *Der Aufbruch mit der Laute*.
126 Sichuan-Oper *Die traurige Zusammenkunft im Studierzimmer*.
127 Peking-Oper *Zhao Wuniang*.
128 Alte Ausgabe von *Die Geschichte von der Dornenhaarnadel* und eine Illustration daraus.
129 Yongjia Kunqu *Das Treffen mit der Mutter*.
130 Xiangju-Oper *Das Treffen mit der Mutter* im Kunqiang-Stil.

Index der Abbildungen

131 Alte Ausgabe von *Die Geschichte vom weißen Kaninchen* in einer Version aus der Chenghua-Zeit (1465–1488) der Ming-Dynastie und eine Illustration daraus.

132 Xiangju-Oper *Die Jagd* im Gaoqiang-Stil.

133 Alte Ausgabe von *Der Pavillon der Mondverehrung* und eine Illustration daraus.

134 Puxian-Oper *Die Zusammenkunft mit Ruilan im Regen*.

135 Alte Ausgabe von *Die Geschichte von der Hundetötung* und eine Illustration daraus.

136 Puxian-Oper *Yang versucht, ihren Mann zu überzeugen*.

137 Bühne (Yuan-Dynastie) im Houtu-Tempel, Provinz Shanxi.

138 Überreste einer Zeichnung (Yuan-Dynastie) auf einer steinernen Tempelsäule in der Provinz Shanxi.

139 Bühnenturm im Dongyue-Tempel, Provinz Shaanxi.

140 Tanzpavillon (Yuan-Dynastie) im Qiaoze-Tempel, Provinz Shanxi.

141 Tanzpavillon (Yuan-Dynastie) im Dongyue-Tempel, Provinz Shanxi.

142 Wandgemälde aus Yuans Grabstätte in Yuncheng, Provinz Shanxi.

143 Erlass (Yuan-Dynastie), der es den Kindern aus gutem Haus verbot, Sanyue zu erlernen.

144 Schnitzerei einer Zaju-Aufführung auf dem Sarkophag von Pan Dechong, freigelegt in Yongle, Provinz Shanxi.

145 Wandgemälde eines Yuan-zeitlichen Zaju im Mingyingwang-Tempel, Provinz Shanxi.

146 Tanzpavillon (1271) im Jiwang-Tempel, Provinz Shanxi.

147 Verbreitung der Zaju-Autoren während der Yuan-Dynastie.

148 Bildnis von Guan Hanqing (Yuan-Dynastie).

149 Puju-Oper *Schnee im Mittsommer*.

150 Alte Ausgabe von *Schnee im Mittsommer* und eine Illustration daraus.

151 Alte Ausgabe von *Lord Guan geht zum Fest*.

152 Kunqu-Oper *Lord Guan geht zum Fest*.

153 Alte Ausgabe von *Der Uferpavillon* und eine Illustration daraus.

154 Sichuan-Oper *Der Uferpavillon*.

155 Alte Ausgabe von *Die wieder hergestellte Romanze*.

156 Peking-Oper *Yanyan*.

157 Puju-Oper *Yanyan*.

158 Alte Ausgabe von *Von einer Kurtisane gerettet* und eine Illustration daraus.

159 Kunju-Oper *Von einer Kurtisane gerettet*.

160 Alte Ausgabe von *Der Pavillon der Mondverehrung*.

161 Xiangju-Oper *Der Pavillon der Mondverehrung* im Gaoqiang-Stil.

162 Erhaltene Seiten einer Version von *Das Westzimmer* aus der späten Yuan- und frühen Ming-Dynastie.

163 Version von *Das Westzimmer* aus der Hongzhi-Zeit (1488–1506) der Ming-Dynastie.

164 Illustration von *Das Westzimmer* aus der Ausgabe von Zhang Shenzhi (Ming-Dynastie).

165 Shaoxing-Oper *Das Westzimmer*.

166 Peking-Oper *Das Westzimmer*.

167 Alte Ausgabe von *Pei Shaojun und Li Qianjin* und eine Illustration daraus.

168 Kunju-Oper *Pei Shaojun und Li Qianjin*.

169 Alte Ausgabe von *Die Sorgen des Königs von Han* und eine Illustration daraus.

170 Alte Ausgabe von *Die Seele der Qiannü trennt sich von ihrem Körper* und eine Illustration daraus.

171 Peking-Oper *Die Seele der Qiannü trennt sich von ihrem Körper*.

172 Alte Ausgabe von *Das Waisenkind aus der Familie Zhao* und eine Illustration daraus.

173 Qinqiang-Oper *Das Waisenkind aus der Familie Zhao* in einer Aufführung der Yisu-Theatertruppe, Provinz Shaanxi.

174 Peking-Oper *Das Waisenkind aus der Familie Zhao*.

175 Alte Ausgabe von *Li Kui bekennt seine Schuld* und eine Illustration daraus.

176 Peking-Oper *Der schwarze Wirbelwind Li Kui*, Bearbeitung des Yuan-zeitlichen Zaju *Li Kui bekennt seine Schuld*.

177 Alte Ausgabe von *Nächtlicher Regen in Xiaoxiang* und eine Illustration daraus.

178 Peking-Oper *Nächtlicher Regen in Xiaoxiang*.

179 Alte Ausgabe von *Zhang Shen kocht die See* und eine Illustration daraus.

180 Pingju-Oper *Zhang Shen kocht die See*.

181 Alte Ausgabe von *Das Tigerkopfandenken* und eine Illustration daraus.

182 Alte Ausgabe von *Die Reislieferung in Chenzhou* und eine Illustration daraus.

183 Verbreitung der Nanxi-Stile.

184 Abbildung (Ming-Dynastie) einer Aufführung im Kunshan-Stil, entnommen aus einer alten Ausgabe von *Der Lotusteich*.

Index der Abbildungen

185　Abbildung (Ming-Dynastie) einer Aufführung im Yiyang-Stil, entnommen aus einer alten Ausgabe von *Der treue Hund*.
186　Abbildung (Ming-Dynastie) einer Aufführung im Haiyan-Stil, entnommen aus einer alten Ausgabe von *Jin Ping Mei*.
187　Abbildung (Ming-Dynastie) einer Aufführung in einem südchinesischen Dorf, entnommen aus einer alten Ausgabe von *Die Flunder* von Li Yu.
188　Gemälde (Ming-Dynastie) mit dem Titel *Der Wohlstand von Nanzhong*, Darstellung einer Bühnenaufführung.
189　Gemälde (Ming-Dynastie) mit dem Titel *Szene des Wohlstands in der Südlichen Hauptstadt*, Darstellung einer Bühnenaufführung.
190　Bühne (Ming-Dynastie) im Guandi-Tempel, Provinz Shanxi.
191　Straßenbühne (Ming-Dynastie), Luocheng, Provinz Sichuan.
192　Bühne (Ming-Dynastie), Provinz Zhejiang.
193　Verbreitung der Kunqiang-Stile.
194　Alte Ausgabe von *Die Qu-Regeln* von Wei Liangfu.
195　Alte Ausgabe von *Die Seidenwäsche*.
196　*Die Seidenwäsche: Die Bootsfahrt* im Kunshan-Stil.
197　*Die Seidenwäsche: Der Adoptivsohn* im Kunshan-Stil.
198　*Die bestickte Jacke: Liedunterricht* im Kunqiang-Stil.
199　*Wiederherstellung des Friedens im Himmel* im Kunqiang-Stil.
200　Xiangju-Oper *Wu Song tötet seine Schwägerin* im Kunqiang-Stil.
201　Sichuan-Oper *Ein betrunkener Yamen-Läufer* im Kunqiang-Stil.
202　Entwicklung des Yiyang-Stils.
203　Verbreitung des Gaoqiang-Stils.
204　Alte, handgeschriebene Kopie der Puxian-Oper *Zhuangyuan Zhang Xie* im Xinghua-Stil.
205　Puxian-Oper *Zhuangyuan Zhang Xie* im Xinghua-Stil.
206　Chaoju-Oper *Chensan und Wuniang* in einer Aufführung einer Chaoju-Operntruppe aus der Provinz Guangdong.
207　Liyuan-Oper *Chensan und Wuniang*.
208　Alte Ausgabe von *Die Litschi und der kostbare Spiegel*.
209　Alte, handgeschriebene Kopie der Liyuan-Oper *Zhu Wen trifft einen Geist*.
210　Liyuan-Oper *Zhu Wen trifft einen Geist* in einer Aufführung der Liyuan-Operntruppe aus Jinjiang, Provinz Fujian.
211　*Auf der Jagd* im Qingyang-Stil nach *Die Geschichte vom weißen Kaninchen*.
212　Zhengzi-Oper *Die fortgeworfene Haarnadel*.
213　Aufführungsverbote, aufgelistet im Anhang von *Das Gesetz der großen Ming-Dynastie*.
214　Alte Ausgabe von *Ein Stück Jade* von Zheng Ruoyong (Ming-Dynastie) und eine Illustration daraus.
215　Alte Ausgabe von *Das Duftsäckchen* von Shao Can (Ming-Dynastie) und eine Abbildung daraus.
216　Zaju *Li Kui, ein großzügiger Mann* von Zhu Youdun (Ming-Dynastie).
217　Peking-Oper *Der Dingjia-Berg*.
218　Alte Ausgabe von *Die Geschichte des zweischneidigen Schwertes* von Li Kaixian (Ming-Dynastie).
219　Kunqu-Oper *Die Geschichte des zweischneidigen Schwertes: Die nächtliche Flucht*.
220　Alte Ausgabe von *Die südliche Version von Das Westzimmer* von Li Rihua (Ming-Dynastie) und eine Illustration daraus.
221　Alte Ausgabe von *Die verzahnten Strategien* von Wang Ji (Ming-Dynastie).
222　Alte Ausgabe von *Die südliche Version von Das Westzimmer: Gang durch den Palast*.
223　Sichuan-Oper *Das kleine Bankett*.
224　*Die verzahnten Strategien: Das kleine Bankett* im Kunqiang-Stil.
225　Alte Ausgabe von *Der singende Phönix* von Wang Shizhen (Ming-Dynastie).
226　Kunju-Oper *Der singende Phönix: Eine Festschrift auf den Kaiser*.
227　Alte Ausgabe von *Das goldene Siegel* von Su Fuzhi (Ming-Dynastie).
228　Wuju-Oper *Das goldene Siegel*.
229　Alte Ausgabe des Zaju *Der Wolf vom Zhongshan* von Kang Hai (Ming-Dynastie).
230　Kanton-Oper *Zum Premierminister der Sechs Reiche ernannt*.
231　Alte Ausgabe des Zaju *Die vier Schreie des Gibbons* von Xu Wei und Illustrationen daraus.
232　Porträt des Xu Wei.
233　Steinschnitzerei eines Abbilds von Xu Wei, verwahrt im ehemaligen Wohnsitz Xu Weis in Shaoxing, Provinz Zhejiang.
234　Alte Ausgabe von *Yulunpao* und eine Illustration daraus.

Index der Abbildungen

235 Zaju *Eine Schnur voll Münzen* von Xu Fuzuo (Ming-Dynastie).
236 Abbildung von Tang Xianzu, gemalt von Chen Zuolin (Qing-Dynastie).
237 Manuskript von Tang Xianzu.
238 Holzblock mit Tang Xianzus Werken.
239 Ehemaliger Wohnsitz von Tang Xianzu.
240 Alte Ausgabe von *Die Rückkehr der Seele* und eine Illustration daraus.
241 *Der Pfingstrosenpavillon: Chunxiang verwüstet das Studierzimmer* im Kunqiang-Stil.
242 Jiangxi-Oper *Die Rückkehr der Seele* im Gaoqiang-Stil.
243 *Der Pfingstrosenpavillon: Spaziergang im Garten* im Kunqiang-Stil.
244 *Der Pfingstrosenpavillon: Spaziergang im Garten* im Kunqiang-Stil.
245 Alte Ausgabe von *Die Geschichte der purpurnen Haarnadel* und eine Illustration daraus.
246 Alte Ausgabe von *Die Nanke-Geschichte* und eine Illustration daraus.
247 Alte Ausgabe von *Der Handan-Traum* und eine Illustration daraus.
248 Alte Ausgabe von *Der rechtschaffene Held* und eine Illustration daraus.
249 *Der Aufmarsch* im Kunqiang-Stil.
250 *Der Kampf mit dem Tiger* im Kunqiang-Stil.
251 Alte Ausgabe von *Stücke zur Unterhaltung* und eine Illustration daraus.
252 Partitur von *Neun südliche Tonarten und dreizehn Formen*.
253 *Die Geschichte von der roten Pflaume* von Zhou Chaojun (Ming-Dynastie).
254 Qinqiang-Oper *Spaziergang am Westsee*, basierend auf *Die Geschichte von der roten Pflaume*.
255 Sichuan-Oper *Die Geschichte von der roten Pflaume* im Gaoqiang-Stil.
256 *Li Huiniang* im Kunqiang-Stil.
257 Peking-Oper *Spaziergang am Westsee: Peis Freilassung*.
258 Alte Ausgabe von *Die bestickte Jacke* von Xu Lin (Ming-Dynastie).
259 Liyuan-Oper *Die bestickte Jacke: Liedunterricht*.
260 Sichuan-Oper *Die bestickte Jacke*.
261 Alte Ausgabe von *Weihrauch verbrennen* von Wang Yufeng (Ming-Dynastie).
262 Sichuan-Oper *Die Götterstatue schlagen* im Gaoqiang-Stil.
263 Sichuan-Oper *Rufen nach Wang Kui* im Gaoqiang-Stil.
264 Alte Ausgabe von *Die Jadehaarnadel*.
265 Sichuan-Oper *Herbstfluss* im Gaoqiang-Stil.
266 *Die Jadehaarnadel* im Kunqiang-Stil.
267 Alte Ausgabe von *Die östliche Stadtmauer* von Sun Zhongling (Ming-Dynastie).
268 Alte Ausgabe von *Der Westgarten* von Wu Bing (Ming-Dynastie).
269 *Der Westgarten* im Kunqiang-Stil.
270 Alte Ausgabe von *Jiaoniang und Shen Chun* von Mei Chengshun (Ming-Dynastie) und eine Illustration daraus.
271 Alte Ausgabe von *Das Pfirsichblütenantlitz* von Meng Chengshun (Ming-Dynastie).
272 Guiju-Oper *Das Pfirsichblütenantlitz*.
273 Peking-Oper *Das Pfirsichblütenantlitz*.
274 Alte Ausgabe von *Der Brief der Schwalbe* von Ruan Dacheng (Ming-Dynastie).
275 *Der Brief der Schwalbe: Flucht durch die Hundetür* im Kunqiang-Stil.
276 Alte Ausgabe von *Die Klassenkameraden* und eine Illustration daraus.
277 Shaoxing-Oper *Liang Shanbo und Zhu Yingtai*.
278 Sichuan-Oper *Der Schatten der Weide*.
279 Peking-Oper *Der Schatten der Weide*.
280 Alte Ausgabe von *Der Brokat* von Gu Jueyu (Ming-Dynastie) und eine Illustration daraus.
281 Huangmei-Oper *Die Heirat mit der Fee*.
282 Alte Ausgabe von *Der Jindiao-Hut* und eine Illustration daraus.
283 Peking-Oper *Jingde simuliert Wahnsinn*.
284 Alte Ausgabe von *Die Perle*.
285 Jiangxi-Oper *Die Perle: Der Aufbruch* im Gaoqiang-Stil in einer Aufführung des Ensembles der Jiangxi-Oper, Provinz Jiangxi.
286 Sichuan-Oper *Die Reinigung der Fenster* in einer Aufführung der Chaoju-Operntruppe, Provinz Guangdong.
287 *Mulian rettet seine Mutter* von Zheng Zhizhen (Ming-Dynastie).
288 Qiju-Oper *Die Geschichte von Mulian: Der Dämon reist*.
289 Qiju-Oper *Die Geschichte von Mulian: Hai Shi erhängt sich*.
290 Herkunft des Materials und Zusammenfassung des Inhalts von *Die loyalen Untertanen*.
291 Alte Ausgabe von *Die loyalen Untertanen*.
292 Grabstein von fünf rechtschaffenen Männern in Suzhou.
293 Peking-Oper *Die fünf rechtschaffenen Männer*.
294 Alte Ausgabe von *Die Qianzhong-Salbe*.
295 Kunju-Oper *Die Qianzhong-Salbe: Der Zeuge erbärmlicher Zustände*.
296 Alte Ausgabe von *Der Jadekelch*.

Index der Abbildungen

297 Peking-Oper *Untersuchung des abgetrennten Kopfes und Ermordung Tangs*.
298 Alte Ausgabe von *Die Hand der Blumenkönigin* und eine Illustration daraus.
299 Suju-Oper *Rückkehr im angeheiterten Zustand*.
300 Alte Ausgabe von *Das Fischerglück* von Zhu Zuochao (Qing-Dynastie).
301 Xiangju-Oper *Das Fischerglück: Die Ermordung Liangs* im Kunqiang-Stil.
302 Longju-Oper *Der Fegluo-Weiher* nach *Das Fischerglück*.
303 Alte Ausgabe von *Fünfzehn Geldschnüre* von Zhu Suchen (Qing-Dynastie).
304 Kunju-Oper *Fünfzehn Geldschnüre: Das Verhör der „Ratte"*.
305 Alte Ausgabe von *Hupochi* von Ye Shizhang (Qing-Dynastie).
306 Sichuan-Oper *Die Geschichte von Funu* nach *Hupochi*.
307 Herkunft des Materials und Zusammenfassung des Inhalts von *Die freudvolle Welt* von Zhang Dafu (Qing-Dynastie).
308 Partitur von *Hunangdan: Der Bergpavillon* von Qiu Yuan (Qing-Dynastie).
309 *Zhong Kui verheiratet seine Schwester* im Kunqiang-Stil.
310 Kunqu-Oper *Trunken am Tempeltor*.
311 Hunan-Oper *Trunken am Tempeltor* im Kunqiang-Stil.
312 Alte Ausgabe von *Himmlische Hofmusik* von You Tong (Qing-Dynastie) und eine Illustration daraus.
313 Abbildung von der Musikdarbietung und Bildunterschriften aus *Himmlische Hofmusik*.
314 Manuskript Hong Shengs.
315 Alte Ausgabe von *Die Palasthalle des ewigen Lebens* und eine Illustration daraus.
316 *Die Palasthalle des ewigen Lebens* im Kunqiang-Stil.
317 *Die Palasthalle des ewigen Lebens: Das kleine Fest* im Kunqiang-Stil.
318 Bildnis von Kong Shangren.
319 Grabmal Kong Shangrens.
320 Arbeitszimmer Kong Shangrens.
321 Alte Ausgabe von *Der Pfirsichblütenfächer* und eine Illustration daraus.
322 Guiju-Oper *Der Pfirsichblütenfächer*.
323 Peking-Oper *Der Pfirsichblütenfächer*.
324 Alte Ausgabe von *Missverständnis über einen Drachen* und eine Illustration daraus.
325 *Missverständnis über einen Drachen* im Kunqiang-Stil.
326 Alte Ausgabe von *Eine glückliche Hochzeit*.
327 Puju-Oper *Eine glückliche Hochzeit*.
328 Alte Ausgabe von *Zufälliger Ausdruck müßiger Gefühle: Über das Verfassen von Bühnenwerken*.
329 Alte Ausgabe von *Zufälliger Ausdruck müßiger Gefühle: Über die Bühnenaufführung*.
330 Bühne (Qing-Dynastie) im Yuanmingyuan (Alter Sommerpalast).
331 Nanfu-Bühne (Qing-Dynastie).
332 Bühne der kaiserlichen Sommerresidenz in Chengde.
333 Bühne im Sommerpalast in Beijing.
334 Bühne (Qing-Dynastie), Changyin-Pavillon, Verbotene Stadt.
335 Bühne (Qing-Dynastie) in der Villa von Prinz Gong.
336 Yaopai-Ausweistafel (Qing-Dynastie) eines Studenten im Shengping-Amt.
337 Handschrift, verfasst für Kaiser Qianlong zur Feier seines Geburtstags.
338 Farbiges Holzschnitttextbuch des großen Dramas *Goldene Statuen zur Förderung der Tugend*.
339 Handgeschriebene Kopie von *Zhaodai Xiaoshao* über die Leiden der kriegerischen Familie Yang.
340 Handgeschriebene Kopie des Stücks *Segen, Wohlstand und Langlebigkeit*.
341 Handgeschriebene Kopie des Stücks *Gepriesen sei Ihre Majestät*.
342 Kostüm einer Rüstung aus dem Shengping-Amt.
343 Kostüm der kaiserlichen Konkubine sowie der Prinzessin aus dem Shengping-Amt.
344 Maske aus dem Shengping-Amt: Donnergott.
345 Maske aus dem Shengping-Amt: Gott der Literatur.
346 Maske aus dem Shengping-Amt: König der Hölle.
347 Maske aus dem Shengping-Amt: Luohan.
348 Maske aus dem Shengping-Amt: der Teufel.
349 Maske aus dem Shengping-Amt: ein Richter der Unterwelt.
350 Requisit aus dem Shengping-Amt: Shuipai.
351 Requisiten aus dem Shengping-Amt: magische Flaschen.
352 Requisit aus dem Shengping-Amt: Flaschenkürbislaterne.
353 Requisit aus dem Shengping-Amt: Schild.
354 Requisit aus dem Shengping-Amt: Laterne.
355 Theatermalerei (Qing-Dynastie).

Index der Abbildungen

356 Aufzeichnung von Huabu im *Register der Schauspieler in Beijing* von Wu Changyuan (Qing-Dynastie).

357 Aufzeichnung von Huabu im *Bericht des „Vergnügungsministeriums" über ein Vergnügungsschiff in Yangzhou* von Li Dou (Qing-Dynastie).

358 Einschätzung des Huabu in *Über Huabu* von Jiao Xun (Qing-Dynastie).

359 Erlass zum Verbot von Huabu, Inschrift auf einer Tafel im Laolang-Tempel, Suzhou.

360 Verbreitung des Xiansuo-Melodiesystems.

361 Aufzeichnung von Volksliedern in *Anleitung zum Singen* von Shen Chongsui (Ming-Dynastie).

362 Niederschrift populärer Melodien im *Wanli-Sammelband* von Shen Defu (Ming-Dynastie).

363 Niederschrift von *Diese Weise unterscheidet sich von den Stilen Kun und Yi* in *Gemischte Aufzeichnungen aus dem Garten*.

364 Bildnis von Pu Songling.

365 Alte Ausgabe von *Die Austreibung böser Geister* von Pu Songling.

366 Strohdachpavillon Liuquan.

367 Liuzi-Oper *Geselliges Beisammensein im Boot* aus der Provinz Shandong.

368 Liuzi-Oper *Zhang Fei greift das Tor an* aus der Provinz Shandong.

369 Sixian-Oper *Die leere Siegeldose* aus der Provinz Hebei.

370 Luoluo-Oper *Die junge Frau hat einen Traum* aus Yanbei, Shanxi.

371 Hahaqiang-Oper *Der kleine Wang fängt einen Vogel* in einer Aufführung der Hahaqiang-Operntruppe aus Qingyuan, Provinz Hebei.

372 Verbreitung des Klapper-Melodiesystems.

373 Beschreibung von *Eine neue Melodie, gesungen von Darstellern aus der Provinz Shaanxi* in der *Guangyang-Sammlung* von Liu Xianting (Qing-Dynastie).

374 Beschreibung von *Qinqiang* in der *Theatersammlung* von Li Diaoyuan (Qing-Dynastie).

375 Bericht über die Klapper-Oper in den Provinzen Shanxi and Shaanxi aus dem *Tagebuch eines Ausflugs nach Hefen* von Zhu Weiyu (Qing-Dynastie).

376 Bericht von Wei Changsheng im *Bericht des „Vergnügungsministeriums" über ein Vergnügungsschiff in Yangzhou*.

377 Bericht von Wei Changsheng im *Register der Schauspieler in Beijing*.

378 Tongzhou Bangzi *Schlammfluss*.

379 Qinqiang-Oper *Drei Tropfen Blut*.

380 Puzhou Bangzi *Xue Gang lehnt sich gegen die kaiserliche Regierung auf*.

381 Puzhou Bangzi *Ein Bild aufhängen*.

382 Beilu Bangzi *Der blutige Handabdruck*.

383 Zhonglu Bangzi *Bild von Sonne und Mond*.

384 Hebei Bangzi *Der Berg Yunluo*.

385 Shangdong Bangzi *Der Markt von Sanguan*.

386 Henan Bangzi *Das Dienstmädchen Hongniang*.

387 Shandong Bangzi *Kampf zweier Söhne um den Vater*.

388 Klapper-Melodien aus der Sichuan-Oper *Die Präsentation eines Mantels*.

389 Gesichtsmasken der Bangzi-Oper.

390 Kostüme der Bangzi-Oper.

391 Bühne im Tempel Guan Yu in Jiayuguan, Provinz Gansu, erbaut 1819.

392 Bühne im Haus der Shanxi-Gilde in Suzhou, erbaut 1765, wieder aufgebaut 1879.

393 Verbreitung des Luantan-Melodiesystems.

394 Shaoju-Oper *Der Kampf zwischen Drache und Tiger* in einer Aufführung der Shaoju-Theatertruppe in der Provinz Zhejiang.

395 Wuju-Oper *Reis liefern* in einer Aufführung der Wuju-Theatertruppe in der Provinz Zhejiang.

396 Bühne im Dashun-Tempel in Shaoxing, Provinz Zhejiang.

397 Bühne im Gushan-Tempel in Huangyan, Provinz Zhejiang.

398 Bühne im Tempel des Dorfheiligen von Dongan in Shaoxing, Provinz Zhejiang.

399 Aufstellung von Chuiqiang im *Register der Schauspieler in Shaanxi* von Yan Changming (Qing-Dynastie).

400 Anhui-Oper *Den Feind mit einer Flut angreifen*.

401 Anhui-Oper *Den Feind mit einer Flut angreifen*.

402 *Xu Ce hetzt durch die Stadt* im Bozi-Stil.

403 *Zwei sonderbare Begegnungen* im Chuiqiang-Stil.

404 Verbreitung des Pihuang-Melodiesystems.

405 *Theatersammlung* von Li Diaoyuan (Qing-Dynastie).

406 *Jintai-Sammlung* von Zhang Jiliang (Qing-Dynastie).

407 Zwei *Hankou Zhuzhi-Gedichte*, Bambuszweiggedichte, von Ye Diaoyuan (Qing-Dynastie).

408 Hubei-Oper *Tao Da verhören*.

409 Hubei-Oper *Den Staat Han wiedererrichten*.

410 Qiju-Oper *Wang Zhaojun*.

411 Qiju-Oper *Zidus Gefangennahme*.

412 Guiju-Oper *Einen Regenschirm stehlen*.

Index der Abbildungen

413 Yunnan-Oper *Niu Gao vernichtet den kaiserlichen Erlass*.
414 Guangdong-Oper *Suche in der Akademie*.
415 Wandgemälde der tibetischen Oper.
416 Rückwärtiges Cover der tibetischen Oper *Prinz Nor-Bzang*.
417 Cover der tibetischen Oper *Die Jungfrau Gzugs-Kyi-Nyi-Ma*.
418 Tibetische Oper *Die Jungfrau Gzugs-Kyi-Nyi-Ma*.
419 Tibetische Oper *Die Jungfrau Vgro-Ba-Bzang-Mo* in einer Aufführung der Theatertruppe Tibet, Autonome Region Tibet.
420 Tibetische Oper *Prinzessin Wencheng*.
421 Dai-Oper *Die Lotusblume*.
422 Bai-Oper *Duzhaoxuan*.
423 Zhuang-Oper *Die magische Kalebasse*.
424 Dong-Oper *Zhulang und Meiniang*.
425 Aufzeichnung über die Sanqing-Theatertruppe sowie über Gao Langting im *Bericht des „Vergnügungsministeriums" über ein Vergnügungsschiff in Yangzhou* von Li Dou (Qing-Dynastie).
426 Aufzeichnung über Gao Langting in *Historisches Material der Theater in der Hauptstadt* von Zhang Cixi (Qing Dynastie).
427 Statue des Glücksgottes aus dem Besitz von Mi Yingxian.
428 Statue von Mi Yingxian.
429 Bildnis von Cheng Changgeng.
430 Statue von Yu Sansheng als Liu Bei.
431 Porträt von Tan Xinpei als Zhuge Liang aus *Die List der leeren Stadt*.
432 *Das südliche Himmelstor*.
433 Gemälde mit Porträts von 13 berühmten Schauspielern der Peking-Oper zuzeiten der späten Qing-Dynastie, gemalt von Shen Rongpu.
434 *Der lange Abhang*.
435 *Die betrunkene Schönheit*.
436 *Der Dingjun-Berg*.
437 *Bao Chan liefert Wein*.
438 *Ewiges Bedauern am Ende der Ming-Dynastie*.
439 *Der lange, karminrote Mantel*.
440 *Tragödie am kahlen Berg*.
441 Innenansicht des Guanghelou-Theaters.
442 Bühne der Guangdong-Gildehalle, Provinz Tianjin.
443 Tianchan-Bühne in Shanghai.
444 Bühne der Huguang-Gildehalle.
445 Zuschauerraum des neu erbauten Chang'an-Theaters.
446 Huagu-Oper *Liu Hai hackt Feuerholz* in einer Aufführung der Huago-Theatertruppe, Provinz Hunan.
447 Yangge-Oper *Der versiegelte Brennofen*.
448 Daoqing-Oper *Das Treffen in Jingtang* in einer Aufführung der Daoqing-Theatertruppe, Kreis Youyu, Provinz Shanxi.
449 Huaihai-Oper *Pacht eintreiben* in einer Aufführung der Huaihai-Theatertruppe, Provinz Jiangsu.
450 Caidiao-Oper *Wang San auf Vogeljagd* in einer Aufführung der Caidiao-Theatertruppe, Autonome Region Guangxi.
451 Errenzhuan-Oper *Die zweite Tante besucht ein krankes Mädchen*.

Übersicht über die Dynastien

1100–256 v. Chr. Zhou-Dynastie
    Westliche Zhou-Dynastie 1100–770 v. Chr.
    Östliche Zhou-Dynastie 770–256 v. Chr.

770–476 v. Chr. Frühlings- und Herbstannalen

475–221 v. Chr. Zeit der Kämpfenden Reiche

221–207 v. Chr. Qin-Dynastie

206 v. Chr. – 220 n. Chr. Han-Dynastie
    Westliche Han-Dynastie 206 v. Chr. – 24 n. Chr.
    Östliche Han-Dynastie 25 – 220 n. Chr.

220–280 Die Zeit der drei Reiche
    Wei 220–265
    Han 221–263
    Wu 222–280

265–420 Jin-Dynastie
    Westliche Jin-Dynastie 265–316
    Östliche Jin-Dynastie 317–420

420–581 Die Nördlichen und Südlichen Dynastien

581–618 Sui-Dynastie

618–907 Tang-Dynastie

907–960 Die Fünf Dynastien

960–1279 Song-Dynastie
    Nördliche Song 960–1127
    Südliche Song 1127–1279

916–1125 Liao-Dynastie

1279–1368 Yuan-Dynastie

1368–1644 Ming-Dynastie

1644–1911 Qing-Dynastie

1912–1949 Republik China

seit 1949 Volksrepublik China

Glossar

ausgewählter Fachbegriffe von Andreas Steen

A

Anhui-Oper → Hui-Oper.

B

Bai-Oper, Baiju – Lokaloper, im 15. Jh. entstandene Opernform der heutigen Bai-Minorität, Provinz Yunnan. Entwickelte sich aus volkstümlichen Musikfesten, z. B. aus einem Dialoggesang zwischen Frauen und Männern, Tänzen und Volksliedern. Das Genre ist auch bekannt als Chuichui Qiang, wörtlich „Melodien pusten", einer Spielweise des Han-chinesischen → Yiyang Qiang. Später wurden auch Elemente wie Aufführungstechniken, Instrumente und Rollentypen der unter den in Yunnan lebenden Han-Chinesen populären → Dianju übernommen. Kurz vor der Revolution im Jahr 1911 gründete sich das erste professionelle Ensemble, das eine Überarbeitung des Repertoires vornahm. Bei vielen Bai-Opern handelt es sich um Übersetzungen bekannter chinesischer Themen, daneben fanden lokale Inhalte, Instrumente und Musizierweisen Eingang.

Bangzi – Auch Bangzi Qiang und → Qinqiang. Sammelbegriff für Lokalopern mit Begleitung einer Bangzi, einer → Klapper aus Holz. Besonders populär in den nördlichen Provinzen Shaanxi, Shanxi, Henan, Hebei und Shandong.

Beilu Bangzi – Eine der vier großen Shanxi Bangzi-Opernformen. Basiert auf der Puzhou Bangzi, die Ende der Ming-, Anfang der Qing-Dynastie in Puzhou entstanden war. Charakteristisch ist ihr lauter, kräftiger Gesang, verwoben mit lokalen Melodien. Sie ist heute in Nord-Shanxi, der Inneren Mongolei und Hebei populär.

Beiqu – Nördliche Lieder oder Arien, auch als nördliches Singspiel, → Zaju und Yuanqu, wörtlich „Yuan-Arien", bekannte Unterhaltungsform der Yuan-Dynastie. Die Lieder waren Hauptbestandteil des Singspiels. Daher wird unterschieden in dramatische Arien einerseits und lyrische oder freie Arien andererseits, die sich unabhängig vom Zaju zu einer beliebten Ausdrucksform der Dichter und Literaten entwickelten. Die Arien schöpften aus ca. 350 Melodiemustern, → Qupai, inhaltlich lag der Schwerpunkt auf Liebesthemen, später auch auf Müßiggang, Alkohol, Einsamkeit und Rückzug.

Bili – Auch als Guan bezeichnetes, zylindrisches Blasinstrument mit einem Doppelblatt.

Bozi – Abkürzung für Gaobozi, traditioneller Gesangsstil ursprünglich nur für Männer, charakteristisch für die → Hui-Oper. Ist heute einer von vielen Gesangsstilen, verweist häufig auf die gesungene Arie in der Hui-Oper.

C

Caidiao-Oper – Lokaloper, entstanden im ländlichen Norden der Provinz Guangxi, im Gebiet von Guilin, Liuzhou und Hechi. Symbiose aus Volksmusik, Tanz und Dialoggesang zwischen Mann und Frau.

Cangu – Rollentyp des „grauen Falken", eine Art Hofnarr in Darbietungen des → Canjunxi.

Canjun – Rollentyp des „Adjutanten" in Darbietungen des → Canjunxi.

Canjunxi – Wörtlich „Adjutanten-Theater", entstanden im 8. Jh., ursprünglich eine Posse über einen Beamten der Han-Dynastie, später allgemeine Bezeichnung für kurze komische Sketche, die Schauspiel, Lieder, Dialog, Kostüme und Make-up beinhalteten. Erstes Drama mit festgelegten Rollen, → Canjun und → Cangu. In der Sui- und der Tang-Dynastie populäres Narrenspiel.

Changde Hanju – Lokaloper aus Changde, Provinz Hunan, die sich seit der späten Ming-Dynastie aus den Spielweisen → Gaoqiang, → Tanqiang und → Kunqu entwickelte. Heute überwiegt Tanqiang. Ihren Namen erhielt Changde Hanju 1957. Die Han-Oper, Hanju, beruht auf dem → Pihuang-Stil, populär ist sie in den Provinzen entlang des Han-Flusses, dem sie seit 1912 auch ihren Namen verdankt. Vorher sprach man von Handiao oder Chudiao.

Changzhuan – Form des Balladengesangs der Nördlichen Song-Dynastie, basierend auf zwei formalen Strukturen: Changling, bestehend aus Einführung, AA, BB, CC und Schluss, sowie Changda, bestehend aus Einführung, A, B, A und B. Wegen der Begleitung durch das Schlagen einer einseitig bespannten Trommel wird dieser Gesang auch als Trommel-Lied bezeichnet. Weitere Instrumente waren Holzklapper und Querflöte.

Glossar

Chou – Rollenfach des Clowns in der chinesischen Oper, wurde während der Song-Dynastie im → Nanxi eingeführt.

Chuanju – Lokaloper, entstanden in der späten Ming- und frühen Qing-Dynastie in der Provinz Sichuan. Entwickelte sich aus den Gesängen der Bootsleute, Tee- und Reispflanzer, übernahm Elemente anderer Opernformen und kombinierte diese später mit verschiedenen Spielweisen. Bis ins 20. Jh. wurden diese teilweise von unabhängigen Operntruppen vorgetragen. Offiziell vereint wurden sie zu Beginn der Republikzeit von der Sanqing-Truppe. Der Sologesang des → Gaoqiang-Stils gilt als herausragendes Merkmal dieser Opernform. Besonders populär ist sie in Sichuan, Guizhou und Yunnan, aufgrund ihres lebhaften Aufführungsstils, u. a. mit Feuerspucken und Maskenwechseln, aber auch in anderen Regionen.

Chuanqi – Wörtlich „überlieferte Merkwürdigkeiten", zunächst Bezeichnung für die berühmten phantastischen Novellen der Tang-Zeit. Im späten 14. Jh. wurde der Begriff von Gao Ming (1305–1370) für das → Nanxi eingeführt und anschließend beibehalten. Neben der Herausbildung lokaler Besonderheiten in Musik und Sprache fand die ursprüngliche Begleitung durch Perkussionsinstrumente Erweiterung um Zither und Pipa.

Chuiqiang – Lokaloper, wörtlich „geblasener Ton", bezieht sich auf die zwei Hauptinstrumente Flöte und → Sheng. Entwickelte sich in der Qing-Dynastie aus der Gruppe der → Yiyang-Stile in der Provinz Anhui, man spricht deshalb auch von der „Anhui-Oper mit Flötenbegleitung". Chuiqiang wirkte einflussreich auf die Peking-Oper, → Jingju, und wurde landesweit bekannt.

Ci – Wörtlich „Text", bedeutende Form gesprochener und vertonter Dichtung. Zunächst in den städtischen Vergnügungsvierteln der Tang-Dynastie gepflegt, entwickelte sich die Ci-Dichtung in den folgenden Jahrhunderten zum wichtigsten Ausdrucksmittel der Literaten und erlebte ihre Blütezeit in der Song-Dynastie. Die Texte der Lieder wurden zu bestimmten, festgelegten Melodien verfasst. Nach 850 entstanden zunehmend längere, zwei- und mehrstrophige Lieder.

D

Dan – Seit Entstehung des → Nanxi allgemeiner Begriff für Frauenrollen in der chinesischen Oper. Unterschieden wird heute in der Peking-Oper, → Jingju, in Laodan, „alte Frau", Wudan, „Kriegerin", Daomadan, „junge Kriegerin" und Huadan, „unverheiratete Frau", aber auch Qingyi, „tugendhafte Frau", und Huashan, eine von Mei Lanfang kreierte Synthese aus Qingyi und Huadan. Die Dan-Rollen wurden in der Qing-Dynastie alle von Männern gespielt.

Daoqing-Oper, Daoqingxi – Wörtlich „daoistische Lieder". Lokaloper, entstanden in der Tang-Dynastie im Osten der Provinz Gansu, in der Ming- und Qing-Dynastie auch populär in den Provinzen Shanxi und Shaanxi. Basiert vermutlich auf daoistischen Balladen, die dann auf Tempelbühnen in eine komplexere dramatische Präsentation mündeten.

Daqu – Wörtlich „große Melodie", Form großer Gesangs- und Tanzdarbietungen, deren Geschichte bis in die Han-Zeit zurückreicht. Daqu bestand aus Tanz, Gesang und Instrumentalmusik und absorbierte in den Dynastien der Sui und Tang die Musikkulturen anderer Nationalitäten in China.

Dengxi – Wörtlich „Laternen-Theater", eine der zahlreichen Formen des Volksliedes und -tanzes in Süd-China, die im 17. Jh. entstanden. Ursprünglich vorgetragen zu bestimmten Festivitäten wie z. B. zur Erntezeit, entwickelten sich kleine Theaterformen mit einfachen Geschichten. Der Gesang stand im Vordergrund, so z. B. beim Sichuan Dengxi. Weitere Formen sind Huaguxi, das „Blumen-Trommel-Theater", Huadengxi, das „Blumen-Laternen-Theater", und Caichaxi, das „Teepflück-Theater".

Dianju – Lokaloper, entstanden im 17. Jh. in der Provinz Yunnan. Basiert auf den Melodiesystemen → Sixian, → Xiangyang und → Huqin und vereint viele Besonderheiten der Provinz. Wurde dort Ende der Qing-Dynastie unter den Han-Chinesen wie auch unter einigen der nationalen Minderheiten zur populärsten Oper, was auch die Bezeichnung Yunnan-Oper widerspiegelt. Im Jahr 1962 wurden mehr als 960 traditionelle Stücke gezählt.

E

Erhu – Zweisaitige Kniegeige, gehört zur Instrumentengruppe der → Huqin.

Erhuang – Musikalische Spielweise, die sich in Süd-China, Provinz Jiangxi, vermutlich aus dem → Yiyang-Stil entwickelte. Charakteristisch sind ihr relativ langsamer Rhythmus und ihre tiefe und würdevolle Stimmung, d. h. es handelt sich um einen vorrangig in ernsten oder traurigen Szenen eingesetzten Melodietyp. Im 19. Jh. wurde Erhuang gemeinsam mit dem nördlichen → Xipi-Stil praktiziert, womit eine wichtige Grundlage für die Peking-Oper, → Jingju, geschaffen war, → Pihuang.

Erhuang Fandiao – Der Fandiao, der Gegenton, ergibt sich aus einer höheren Stimmung des Hauptinstrumentes → Erhu. Er variiert um einen Viertelton oder zweieinhalb Töne gegenüber dem Standardton.

F

Fangxiangshi – Eine Art Exorzist am Kaiserhof, der mittels entsprechender Rituale böse Geister und schlechte Einflüsse vertrieb.

Fujing – Derber und komischer Rollentyp des Song-zeitlichen → Zaju, ähnlich dem → Canjun im → Canjunxi.

Fumo – Komischer Rollentyp des Song-zeitlichen → Zaju, eine Art Hofnarr, ähnlich dem → Cangu im → Canjunxi.

G

Gaoqiang-Stil – Wörtlich „hoher Ton", entstanden in der Ming-Dynastie aus dem → Yiyang-Stil. Von hohem Einfluss auf unterschiedliche Lokalopern, besonders charakteristisch für die Sichuan-Oper → Chuanju. Spezielle Form des Sologesangs, der sich durch künstlerisch ausgeübtes Glissando, Vibrato und kräftige Melismatik auszeichnet.

Geming Yangbanxi – Bezeichnung für die revolutionären Modellopern aus der Zeit der Kulturrevolution (1966–1976).

Gewu – Gesang- und Tanzaufführungen.

Gewuxi – Auch Gewuju, Gesang- und Tanzspiel. Eine von einem Chor vorgetragene Geschichte wird pantomimisch von Tänzerinnen und Tänzern dargestellt. Neben dem → Canjunxi die zweite wichtige dramatische Form in der Tang-Dynastie.

Gongdiao – Gong bezeichnete ursprünglich den Grundton der alten chinesischen pentatonischen Skala. Die anderen vier Töne wurden als Diao bezeichnet. Nach heutigem Verständnis steht der Gesamtbegriff Gongdiao für Tonart.

Guangdong-Oper → Yueju.

Guiju – Lokaloper, entstanden Ende der Ming-Dynastie im Norden der Provinz Guangxi, in Guilin und Liuzhou. Aus der Symbiose seinerzeit unterschiedlicher Opernstile dieser Region wie Kunshan Qiang, → Yiyang Qiang oder → Luantan entwickelte sich neben vier anderen Spielweisen diejenige des Nanbeilu, die in der Gui-Oper besonders gepflegt wurde. Rollentypen und Instrumentierung der Guiju ähneln der Peking-Oper, → Jingju. Ab 1911 mehrfach reformiert, nach 1949 Verarbeitung auch moderner Themen.

Gundiao – Wörtlich „rollende Töne", in Umgangssprache gesungene oder gesprochene Passagen, die dem Publikum die Handlung erklärten.

Guoju – Wörtlich „Nationaloper", Bezeichnung für die Peking-Oper, → Jingju, welche ab Mitte der 1920er Jahre im Zuge diverser Reformmaßnahmen diskutiert wurde. Der Begriff unterstreicht ihre Verbreitung und neue Wertschätzung, insbesondere nachdem Mei Lanfang und andere sie haben international bekannt werden lassen.

H

Haiyan-Stil, **Haiyan Qiang** – Entstanden aus dem südlichen Song- und Yuan-Drama in Haiyan, Provinz Zhejiang. In Kreisen der gebildeten Elite sehr populär und im 16. Jh. auch in Jiangsu, Jiangxi und sogar in Beijing aufgeführt. Charakteristisch waren sanfte und melodiöse Gesangspassagen, vermutlich nur von Trommel, Gong und → Klapper begleitet.

Hebei Bangzi – Wörtlich „Hauptstadt-Klapper-Oper", früher Zhili Bangzi und Jing Bangzi, bevor sie 1952 ihren gegenwärtigen Namen erhielt. Entstanden in der ersten Hälfte des 19. Jh. in der Provinz Hebei unter dem Einfluss von → Qinqiang und Shanxi → Bangzi, der Shanxi-Klapper-Oper, erlebte sie ihre Blütezeit zwischen 1870 und 1930. Sie beinhaltet fünf Rhythmusstrukturen, wird im Beijing-Dialekt gesungen und besitzt viele Gemeinsamkeiten mit der Peking-Oper, → Jingju, u. a. bezüglich Rollentypen und Aufführung. Das heutige Repertoire besteht aus 500 traditionellen und 200 zeitgenössischen Opern.

Henan Bangzi – Auch Yuju, Yu-Oper, entwickelte sich Ende der Ming-Dynastie in der Provinz Henan. Sie unterscheidet vier Stilrichtungen und ist bekannt für ihre Betonung von Melodie, Rhythmus und gesprochener Sprache sowie einem starken Lokalkolorit. Es existieren mehr als 600 traditionelle Opernstücke, die Form genießt landesweite Popularität.

Huabu – Wörtlich „Blumen-Abteilung", auch → Luantan und Huabu Luantan. Im 18. Jh. aufgekommene Bezeichnung für alle populären Opernformen, die als „blumig-verziert", „vermischt" und deshalb als „unrein" galten. Aus diesem Grund orientierte sich die gebildete Oberschicht vornehmlich an der anspruchsvollen → Kunqu, die zur

Kategorie des → Yabu, wörtlich „edle Abteilung", zählte. Der Popularität der Huabu tat dies keinen Abbruch, im Gegenteil, sie wurden verfeinert und verdrängten schließlich die Kunqu.

Huangmei-Oper – Auch Huangmeixi, Huangmeidiao und Caichaxi, Lokaloper, Ende des 18. Jh. im Grenzgebiet der Provinzen Anhui, Hubei und Jiangxi aus Volksliedern und -tänzen entstanden und nach 1911 weiterentwickelt. Aufgrund ihrer Popularität auch in anderen Provinzen wird sie heute von ca. 50 Opernensembles praktiziert.

Hubei-Oper – Auch Hanju, Handiao und Hanxi, Lokaloper, entstanden im 18. Jh. im Norden der Provinz Hubei am Han-Fluss. Fand später auch in Henan, Shaanxi und Sichuan Verbreitung. Basiert auf der → Pihuang-Spielweise, zeichnet sich durch einen volksnahen und verständlichen Stil aus und thematisiert Aspekte des dörflichen Lebens. In Gesang, Musik und Aufführungstechnik gleicht sie in vielen Punkten der Anhui-Oper und gilt überdies als einer der Vorläufer der Peking-Oper, → Jingju. Mehr als 660 alte Opernstoffe sind überliefert.

Hui-Oper, Huiju – Auch Huixi, Lokaloper, entstanden Mitte der Ming-Dynastie in dem seinerzeit florierenden Handels- und Kulturzentrum des Gebietes von Huizhou, der heutigen Stadt Huangshan, und Chizhou, Provinz Anhui. Kennzeichnend sind ihre leicht verständliche Sprache und bewegenden Melodien, basierend auf dem Erhuang-Musiksystem. Sie gilt als Vorläufer der Peking-Oper, → Jingju, und wurde über die Provinzgrenzen hinaus populär, nachdem die vier Truppen Sanqing, Sixi, Chuntain und Hechun 1790 anlässlich des 80. Geburtstags von Kaiser Qianlong (reg. 1735–1796) in Beijing aufgetreten waren.

Huizhou-Stil → Hui-Oper.

Hundert Spiele – Chinesisch „Baixi", künstlerisches Spektakel diverser Unterhaltungsformen und Volksakrobatik, u. a. bestehend aus Schwert- und Feuerschluckern, Zauberern, Dompteuren, aber auch Darbietungen von Gesang und Tanz. Die Hundert Spiele gehen mindestens auf die Qin-Dynastie zurück, sie waren während der Han-Dynastien sehr populär und kamen im Kaiserpalast zur Aufführung.

Huqin – Oberbegriff für eine umfangreiche Gruppe chinesischer Streichinstrumente, gewöhnlich mit zwei Saiten. Dazu gehören z. B. die Kniegeige → Erhu und die Pferdekopfgeige Matouqin.

J

Jing – Auch Hualian, wörtlich „bemaltes Gesicht", Rolle in der chinesischen Oper. Gewöhnlich eine machtvolle Figur, deren Erscheinung durch Farben und unrealistisches Make-up unterstrichen wird. Es handelt sich um einen Krieger oder Ausgestoßenen, einen Richter oder loyalen Beamten, der militärisch, zivil, heldhaft oder schurkisch sein kann und eine kraftvolle Stimme besitzt.

Jingju – Peking-Oper, Entstehung allgemein gleichgesetzt mit dem Auftritt der vier Anhui-Operntruppen im Jahre 1790 in Beijing anlässlich des 80. Geburtstags von Kaiser Qianlong (reg. 1735–1796). Die vier Operntruppen kombinierten die zwei Spielweisen → Xipi und → Erhuang, woraus → Pihuang entstand, interagierten wenig später mit ebenfalls angereisten Ensembles aus Hebei und schufen eine neue Opernform. Diese wurde, unter Einbeziehung ästhetischer Prinzipien auch anderer Opernformen wie z. B. → Kunqu, ab Mitte des 19. Jh. als Beijing-Oper angesehen. Gefördert von der Kaiserwitwe Cixi (1835–1908), erlebte diese Opernform ihre erste Blütezeit zwischen 1870 und 1910, eine zweite Hochphase in den Jahren 1917–1937; sie durchlief mehrere Modernisierungs- und Reformperioden. Nach 1949, insbesondere während der Kulturrevolution, wurden Themen aus der Revolutionsgeschichte der Volksrepublik China zum Hauptinhalt. Gegenwärtig finden auch westliche Themen Verarbeitung, u. a. die Dramen Shakespeares. Das Repertoire besteht heute aus ca. 1400 Stücken, wobei es sich zum Großteil um traditionelle Themen aus der Geschichte und Mythenwelt Chinas handelt. Merkmale der Peking-Oper sind ihre verständliche Sprache sowie der leicht anmutende künstlerische Ausdruck der Kombination aus Gesang, Sprache, Bewegung/Tanz und Kampf/Akrobatik.

Jingxi – Wörtlich „Hauptstadt-Oper", Vorläufer der Bezeichnung → Jingju. Der Terminus kam erstmalig Mitte des 19 Jh. zur Anwendung, nachdem die von den Operntruppen aus Anhui eingeführte → Pihuang-Spielweise als besondere Opernform der Hauptstadt identifiziert wurde.

Jingqiang – Form des → Yiyang Qiang, des Yiyang-Stils, der Mitte der Qing-Dynastie in Nord-China entstand und die Sprache bzw. die „Melodien" Beijings aufnahm.

K

Kanton-Oper → Yueju.

Klapper – Schlaginstrument aus zwei Holzschlegeln unterschiedlicher Länge.

Klapper-Ci – Während der Song-Dynastie musikalische Aufführung von → Ci-Gedichten mit → Klapper-Begleitung.

Klapper-Oper → Bangzi.

Kunqu – Wörtlich „Kun-Oper", auch Kunju, Kunqiang, Kunshan Qiang, eine der bedeutendsten Lokalopern. Kun bezieht sich auf den Distrikt Kunshan unweit von Suzhou, Provinz Jiangsu. Die Wurzeln der Kunqu lassen sich bis ins 14. Jh. zurückverfolgen, → Chuanqi. Im 16. Jh. reformierte u. a. der Musiker Wei Liangfu diese Musik, indem er sie mit drei Stilen südlicher Musik und den nördlichen Liedern der Yuan-Dynastie kombinierte und Reimschema, Töne, Aussprache sowie Notierung standardisierte. Die Kunqu verbreitete sich im ganzen Land und entwickelte sich aufgrund ihres hohen literarischen Anspruchs zur elitären und prestigeträchtigsten Opernform, → Yabu. Kunqu ist eine Synthese aus Theater, Gesang und Tanz, deren Aufführung mehrere Tage in Anspruch nimmt. Sie wird in einer Kunstsprache vorgetragen, einer Mischung aus Hochchinesisch und Lokaldialekt.

L

Laosheng – Würdevolle Altherrenrolle in der chinesischen Oper. Sheng bezeichnet Herrenrollen im Allgemeinen.

Liyuan Dizi – Wörtlich „Schüler des Birnengartens". Der Tang-Kaiser Xuanzong (reg. 712–756), auch bekannt als Minghuang, richtete in seinem Birnengarten eine Musikschule ein, für die er rund 300 Studenten auswählte. Die ursprüngliche Zielsetzung, buddhistische Gesänge zu lehren, wich jedoch bald dem Unterricht von Theater und dramatischen Gesangsformen sowie der Libertinage. Liyuan Dixi entwickelte sich zur Bezeichnung für Opernschauspieler und wird mitunter noch heute verwendet.

Liuzi-Oper, Liuzixi – Auch → Xiansuo Qiang oder Xianzi-Oper. Lokaloper, entstanden in der Ming-Dynastie. Basiert auf Volksliedern und Volksmusikformen aus Jinan, Provinz Shandong, und ist auch in Henan, Hebei und Nord-Anhui verbreitet. Der Gesang wird hauptsächlich von Saiteninstrumenten begleitet. Die Liuzixi ist repräsentativ für das Xiansuo-Melodiesystem. Heute existieren noch mehr als 200 traditionelle Opernstücke.

Luantan – Wörtlich „willkürliches Musizieren", vielfach verwendeter Begriff mit unterschiedlicher Bedeutung, der in jedem Fall auf den Unterschied zur → Kunqu verweist. Daneben dient er zum einen als Oberbegriff für populäre Lokalopern, mit Ausnahme der Kunqu, zum anderen differenziert er bestimmte Operngattungen wie → Bangzi, → Pihuang und → Chuanju, und schließlich bezeichnet er auch für sich genommen einen Stil.

Luohan – Bezeichnung für die ursprünglichen Schüler Buddhas, die ins Nirvana eingegangen sind. Später allgemeiner Begriff für Erleuchtete und Heilige, derer es zunächst vier, dann 16 und schließlich 500 gab.

Luoluo Qiang – Gelegentlich auch bezeichnet als → Chuiqiang. Zunächst lokale Volksoper, Mitte der Qing-Dynastie in der Provinz Hebei entstanden. Gehört zur großen Gruppe der → Yiyang-Stile und wurde aufgrund seines lebhaften Stils und abwechslungsreicher Inhalte auch in der Provinz Shanxi populär. Bis heute bewahrt dieser Stil einige der lokalen Besonderheiten.

M

Mo – Rollentyp des → Nanxi in der Song-Dynastie. Mo bezeichnet die unterstützende männliche Rolle, die zu Beginn einer Aufführung die Handlung erläuterte.

Moni – Männliche Hauptrolle des „Theaterdirektors" im → Zaju der Song-Dynastie.

N

Nanfu – Institution zur Organisation, Erfassung und Kontrolle der Opernaufführungen im Kaiserpalast während der Qing-Dynastie. Ihre Gründung geht auf Kaiser Kangxi (reg. 1661–1722) zurück, die größte Ausdehnung erreichte sie unter Kaiser Qianlong (reg. 1735–1796). Im Jahr 1827 wurde sie in Shengpingshu umbenannt. Das Amt war lediglich für die Aufführungen am Hof zuständig, lud dazu auch auswärtige Schauspieler ein und hatte im Verlauf seiner 162-jährigen Geschichte durchaus positive Effekte auf die Opernkunst. Dies betraf u. a. die Überlieferung alter Aufführungen, die Ordnung und Standardisierung der Libretti. Viele Künstler des Kaiserpalastes verdingten sich als Lehrer in Beijing, nachdem das Shengpingshu am Ende der Dynastie 1911 abgeschafft worden war.

Nanxi – Wörtlich „südliche Oper" bzw. „südliches Singspiel", entstanden Anfang des 12. Jh. in Wenzhou, Provinz Zhejiang, und daher auch als „das Zaju aus Wenzhou" bezeichnet. Die etwas mehr als 100 überlieferten Stücke unbekannter Autoren behandeln Themen der Liebe, Ehe und Familie. Charakteristisch und später sehr einflussreich sind seine sieben Rollentypen, die sich größtenteils noch heute in der chinesischen Oper finden. Seine Musik basierte auf der Pentatonik, wobei die Dramen aus ca. 500 seinerzeit bekannten Liedern schöpften, von denen etwa die Hälfte aus dem Volksliedgut stammten. Die Texte wurden zur bestehenden Musik verfasst. Die südliche Oper war nicht nur im Süden sehr populär und wirkte äußerst einflussreich auf die Entwicklung der chinesischen Oper.

Nördliche Melodien/Lieder/Arien → Beiqu.

P

Peking-Oper – Auch Bejing-Oper, → Jingju.

Pihuang – Kombination aus zwei Spielweisen der Peking-Oper: Der → Xipi-Stil gilt allgemein als der lebendige, fröhliche Stil des Nordens, während → Erhuang den würdevollen, tragischen und feierlichen Impetus des südlichen Jiangnan-Gebietes in sich trägt. Ein vergleichbares Verhältnis findet sich im westlichen Musiksystem mit Dur und Moll. Charakteristisch für den Pihuang-Stil ist das metrische Prinzip der Klapper-Oper, → Bangzi, in der der Text das Metrum bestimmt und die Musik sich anpasst. Ebenso wie die Klapper-Oper, basiert auch die Pihuang-Musik auf Couplets, wobei jede Zeile aus sieben oder zehn Silben bzw. Schriftzeichen besteht. Wichtigste Instrumente sind die zweisaitige → Huqin und die Pihuang-Klapper. Aufgrund seiner Flexibilität, die sich aus der Kombination der zwei Stile ergibt, übernehmen viele Lokalopern den Pihuang-Stil, der heute zu den beliebtesten zählt.

Pinghua – Auch Shuohua, in der Tang-Dynastie entwickelte Form des Geschichtenerzählens, die in der Song-Zeit sehr populär war. Das einflussreiche Genre förderte die schriftliche Fixierung umgangssprachlicher Texte und gab damit wichtige Impulse für die chinesische Oper und die Entstehung populärer Romane, sogenannter „Volksbücher".

Pingju – Lokaloper, entstanden im 19. Jh. in der Provinz Hebei in der Nähe von Tianjin. Pingju entwickelte sich aus Lianhualuo, einer volkstümlichen Form des Geschichtenerzählens, und aus dem Gesang- und Tanzspiel Bengbengxi. Das Genre ist bis heute in Nord-China sehr populär.

Puju – Auch Puzhou → Bangzi, Lokaloper, entstanden in Puzhou im Süden der Provinz Shanxi. Eine Form des → Luantan und Bangzi Qiang. Überliefert sind ca. 500 traditionelle Stücke, die Oper ist im Südwesten der Provinz populär.

Puxian-Oper, Puxianxi – Zunächst Xinghua Qiang, weil der Ort Putian zwischen Song- und Qing-Dynastie diesen Namen trug; seit 1954 Puxianxi. Lokaloper aus der Provinz Fujian, entstanden in den Kreisen Putian und Xianyou. Ihre Geschichte lässt sich bis in die Südliche Song-Dynastie zurück verfolgen, als die Synthese von Volkstanz und -lied, Geschichtenerzählen und Akrobatik unter dem Einfluss des → Zaju ihren Anfang nahm. Puxianxi gilt als die Oper, die den Stil des → Nanxi am besten bewahrt hat.

Puzhou Bangzi → Puju.

Q

Qiju – Lokaloper im Grenzgebiet der Provinzen Hunan, Guangxi und Nord-Guangdong, die sich zu Beginn der Qing-Dynastie herausbildete. Favorisiert werden die Gesangsformen → Gaoqiang, Kunqiang, → Kunqu, und → Tanqiang. Ca. 900 Stücke sind überliefert.

Qing – Wörtlich „klingender Stein" oder „Klangstein", Schlaginstrument aus Messing in buddhistischen Tempeln.

Qingyang Qiang – Früher auch Chizhoudiao. Gesangsstil, entstanden in Chizhou, Kreis Qingyang, Provinz Anhui, erlebte seine Blütezeit Anfang des 17. Jh. Besonderes Merkmal war die Übernahme der reinen Perkussionsbegleitung des → Yiyang Qiang und die Weiterentwicklung des dort eingeführten → Gundiao.

Qingyi – Rolle der tugendhaften und edlen Frau in der chinesischen Oper.

Qinqiang – Frühe Bezeichnung der Klapper-Oper, → Bangzi, auch Xi Qinqiang, wörtlich „westlicher Shaanxi-Stil", oder Xi'an- → Luantan. Lokaloper, entstanden im frühen 17. Jh. in den Provinzen Shaanxi, Gansu und Shanxi. Zu den wichtigsten Innovationen der Klapper-Oper zählte, dass sie die Musik dem Rhythmus des Textes anpasste und nicht umgekehrt wie die südlichen Stile.

Qu – Wörtlich „Lied", „Melodie" oder „Weise". Allgemeine Bezeichnung für Gesänge und Gedichte zum öffentlichen Vortrag. Als Gattung handelt es sich um liedhafte Gedichte, Arien, mit unregelmäßig gereimten Versen, entstanden in der Südlichen Song- und Jin-Dynastie, berühmt geworden in der Yuan-Dynastie. Unterschieden wird in dramatische Arienformen Juqu oder Xiqu sowie die lyrische oder freie Arienform Sanqu einerseits, und in Beiqu und Nanqu, nördliche und südliche Lieder bzw. Arien, andererseits.

Qupai – Bezeichnung mehrerer hundert Liednamen bzw. Melodientypen und -muster seit der Yuan-Dynastie, die sich in Melodie, Wortzahl, Phrasierung, Gesangsstil und Ton unterscheiden.

S

Sanyue – Zunächst Sammelbegriff für eine Fülle unterschiedlicher Aufführungspraktiken, ähnlich der → Hundert Spiele. Der Sui-Kaiser Yangdi (reg. 605–617) bemühte sich, die Sanyue diverser Regionen untergliedert in neun Kategorien in der Hauptstadt Luoyang zu konzentrieren. In der Tang-Dynastie wurde das Schauspiel der Sanyue zu einer Ansammlung artistischer und akrobatischer Vorführungen mit Musikbegleitung bzw. musikalischen Einlagen.

Sanwuqi – Wörtlich „drei, fünf, sieben", Melodiesystem, eine der Grundlagen des → Luantan. Der Name leitet sich von der Einteilung in drei, fünf oder sieben Zeichen pro Vers ab. Überdies weist das System die Charakteristika der südlichen Lieder auf, basiert auf pentatonischen Skalen und wird von der Bambus-Querflöte Di begleitet.

Se – Zitherähnliches Zupfinstrument.

Shan Erhuang – Lokaloper, entstanden Mitte der Qing-Dynastie in den Provinzen Süd-Shaanxi und Nord-Hubei.

Shandong Bangzi – Auch bekannt als Gaodiao Bangzi, Lokaloper, entstanden im 19. Jh. unter dem Einfluss des Shanxi Bangzi im Gebiet von Yantai, Provinz Shandong.

Shangxiaju – Grundlegende Strukturform der lokalen chinesischen Opernmusik. Die Arien bestehen aus paarweise angelegten Versen von zehn oder sieben Silben, die musikalisch als zwei gleichberechtigte, symmetrische Phrasen erklingen und zusammen eine Periode bilden.

Shaoju – Auch Shaoxing → Luantan oder Shaoxing Daban, Lokaloper, populär in der Provinz Zhejiang, in Shaoxing, Ningbo, Hangzhou und Shanghai. Shaoju entwickelte sich in der Ming-Dynastie und basiert auf den Spielweisen Erfan, → Sanwuqi und Yanglu. Die ursprüngliche Begleitung von großem Gong, großer Trommel und großem Becken wurde später um andere Perkussionsinstrumente erweitert, ebenso kamen Banhu, eine Art → Erhu, die chinesische Klarinette Guan, → Sheng, die Holztrompete Suona u. a. Instrumente hinzu.

Shaoxing-Oper → Yueju.

Sheng – Wörtlich „Mundorgel", Blasinstrument mit einem Mundstück und 13 bis 19 orgelpfeifenartig angebrachten Flöten.

Sheng – Männliche Hauptrolle des → Nanxi, später auch der Peking-Oper, → Jingju, → Laosheng.

Shengpingshu → Nanfu.

Shidiao – Auch Shidiao Xiaoqu, Bezeichnung für populäre Volkslieder der Ming- und Qing-Dynastie.

Shuipai – Ankündigungstafeln für das Opernprogramm.

Shuochang – Wörtlich „Geschichten singen" oder „erzählen singen", Bezeichnung für eine aus Scherzgeschichten und Bänkelliedern bestehende Unterhaltungskunst.

Sichuan-Oper → Chuanju.

Sigong – Die vier grundlegenden Fertigkeiten bzw. Künste, die in der Peking-Oper, → Jingju, harmonisch interagieren: Chang, der Gesang, Zuo, die Bewegung, Nian, die Rezitation, und Da, das Kampfspiel.

Siping-Stil, Sipingdiao – Wörtlich „Melodie der vier Ebenen", Lokaloper, entwickelt in den 1920er und 30er Jahren in Jinan, Provinz Shandong. Zusammenspiel der vier Lokalopern Huaguxi, → Dengxi, Peking-Oper, → Jingju, Yuju → Henan Bangzi und → Pingju. Der Siping-Stil ist heute in den Provinzen Shandong, Henan, Jiangsu, Anhui und auch Sichuan populär.

Sixian-Oper, Sixianxi – Lokaloper, entwickelte sich am Ende der Ming-Dynastie in der Provinz Hubei und ist auch in Teilen der Provinz Hebei sowie in Ost-Shanxi populär. Sixianxi entstand aus Volksliedern und basiert auf dem → Xiansuo-Melodiesystem. Mehr als 500 traditionelle Stücke sind überliefert. Entsprechend dem Ort ihrer größten Popularität wird sie heute auch Shijiazhuang-Sixian-Oper genannt.

Südliche Melodien → Nanxi.

Sujiang – Wörtlich „populäre Lesung", von buddhistischen Mönchen erzählte Geschichten über das tägliche Leben. Diese religiös geprägten Geschichten waren in der Tang-Dynastie und den Fünf Dynastien sehr beliebt. Da sie jedoch oftmals auch einen erotischen Anstrich hatten, wurden sie häufig verboten.

T

Tanqiang – Form der Klapper-Oper, → Bangzi, wobei neben der Holzklapper auch die Yueqin, die „Mondgitarre", als Begleitinstrument auftritt.

Tanxi – Frühe Form der Lokaloper in der Provinz Sichuan, ähnlich → Klapper-Oper und → Bangzi Qiang.

Tibetische Oper → Zangju.

Tie – Bezeichnung für die Nebenrolle im → Nanxi.

Tongzhou Bangzi – Auch Donglu Qinqiang, östliches → Qinqiang und Shaanxi Bangzi, Lokaloper, entwickelte sich Ende der Ming-, Anfang der Qing-Dynastie in der Provinz Shaanxi, Kreis Tongzhou, dem heutigen Dali. Ihren Aufschwung erlebte diese Opernform in der Regierungszeit von Kaiser Xianfeng (1851–1861). Mehr als 1000 traditionelle Stücke sind überliefert.

V

„vier große Stile" – Bezeichnung für die Stile Kunshan Qiang, → Kunqu, → Yiyang Qiang, → Yuyao Qiang und → Haiyan Qiang in der Ming- und der Qing-Dynastie.

W

Wai – Männliche Rolle des Alten im → Nanxi.

Wuhua Cuannong – Bezeichnung für die fünf Rollentypen → Fujing, → Fumo, → Moni, → Yinxi und → Zhuanggu im → Zaju der Yuan-Dynastie.

Wu-Oper, Wuju – Auch bekannt als Jinhuaxi, Lokaloper, entstanden Ende der Ming-Dynastie in der Provinz Zhejiang unter dem Einfluss der Spielweisen → Gaoqiang und Kunqiang, → Kunqu. Die Wu-Oper nahm unterschiedliche Stile auf, u. a. diejenigen des → Luantan, und ist in einigen Gebieten Zhejiangs auch heute noch sehr beliebt.

Wusheng – Rollentyp des männlichen Kriegers in der Peking-Oper, → Jingju.

X

Xiangju – Lokaloper, benannt nach dem Xiang-Fluss, der die Provinz Hunan durchfließt. Das Zentrum der Verbreitung liegt in Changsha, weshalb man auch von Changsha Xiangxi spricht, populär ist sie zudem in den Provinzen Hunan und Jiangxi. Seit dem Ende der Ming-Dynastie entwickelte sie sich auf Grundlage der vier Spielweisen → Yiyang Qiang, → Gaoqiang, Kunqiang, → Kunqu, und Dipaizi. Charakteristisch sind der Gebrauch des Changsha-Dialekts, der hohe Gesang und die dem Yiyang Qiang geschuldete Verwendung des → Gundiao.

Xiansuo-Stil, Xiansuo-Melodiesystem – Eines der wichtigen Systeme, welches sich aus den populären Volksliedern der Ming-Dynastie entwickelte und in zahlreichen Provinzen verbreitete, u. a. in Henan, Shandong, Hebei, Shanxi, Shaanxi, Jiangsu und Hubei. Charakteristisch ist die Verwendung von Saiteninstrumenten, → Liuzixi.

Xianzixi → Liuzixi.

Xiangyang – Auch Xiangyang Xiaoqu, Liedform aus der Provinz Hubei, entstanden in der zweiten Hälfte des 19. Jh., erlebte ihre Blütezeit nach 1930. Unterschieden wird in die zwei Formen Einliedsystem und Verbundliedsystem. Traditionelle Stücke thematisieren Volkssagen und -märchen. Die musikalische Begleitung übernehmen die → Erhu und andere Saiteninstrumente.

Xipi – Musikalische Spielweise, die sich in Nordchina entwickelte. Vermutlich handelte es sich zunächst um eine Form der Klapper-Oper, → Bangzi, aus Nord-Hubei, die sich später in Shaanxi verbreitete. Im 18. Jh. erfolgte die kreative Kombination des Xipi-Stils mit dem des südlichen → Erhuang aus Jiangxi. Diese sogenannte → Pihuang-Spielweise wurde zur Grundlage der Peking-Oper, → Jingju.

Xun – Altes eiförmiges Blasinstrument.

Y

Yabu – Wörtlich „edle Abteilung", seit Mitte der Qing-Dynastie allgemeine Bezeichnung für die elitäre und anspruchsvolle → Kunqu bzw. den Kunshan-Stil. Yabu grenzt sich ab gegenüber dem → Huabu, der „Blumen-Abteilung".

Yinxi – Rollenfach des männlichen Spielleiters im → Zaju.

Yiyang-Stil, Yiyang Qiang – Musikalische Spielweise, entstanden aus dem → Nanxi, dem südlichen Drama, der Song-Dynastie in Yiyang, Provinz Jiangxi. Verbreitete sich rasch in den Provinzen Anhui, Fujian, Yunnan und Guizhou, wurde bereits Mitte des 16. Jh. in Beijing, Nanjing sowie in den Provinzen Hubei, Hunan und Guangdong aufgeführt und wirkte sehr einflussreich auf die Lokalopern Südchinas. Der Yiyang-Stil erfuhr unterschiedlichste lokale Ausprägungen und förderte die Entwicklung der „Hoch-Ton-Oper". Yiyang Qiang wird heute noch praktiziert. Sie verwendet keine Blas- und Saiteninstrumente, der Rhythmus wird laut auf Gongs und Trommeln geschlagen und entsprechend kraftvoll und laut gestaltet sich der Gesang. Charakteristisch sind ein unterstützender Chor und der → Gundiao. Inhaltlich wird ein weites Spektrum an Themen verarbeitet.

Yongjia Kunqu → Kunqu.

Yongjia Xiqu – Auch Yongjia → Zaju und → Nanxi, Lokaloper aus dem Kreis Yongjia, Präfektur Wenzhou, Provinz Zhejiang, daher auch die Bezeichnung Wenzhou Zaju.

Yuanben – Traditionelle Abkürzung von „Hangyuan Zhi Ben", wörtlich „Stücke aus den Vierteln der Schauspieler". Entstanden im 12. Jh. aus den → Canjunxi. Allgemein bezeichnete Yuanben die Possen der nördlichen Jin-Dynastie – im Gegensatz zu den → Zaju der Song-Dynastie – und bestand aus festgelegten Rollen, Musik und mehreren Akten. Später ein vielfach verwendeter Begriff für unterschiedliche Opernformen.

Yueju – Auch Kanton-, Cantonese- und Guangdong-Oper, eine der wichtigsten Lokalopern Chinas, die sich während der Südlichen Song-Dynastie in der Provinz Guangdong aus dem → Nanxi entwickelte. Sie ähnelt in Repertoire, Aufführung und Kostümierung anderen Lokalopern und erlangte Popularität in Guangdong, Guangxi, Hong Kong, Macao, Singapore und Malaysia. Früh öffnete sich diese Form auch für ausländische Einflüsse. Neben den traditionellen Blas- und Saiteninstrumenten werden seit den 1920er Jahren auch westliche Musikformen sowie Saxophon, Gitarre und auch Congas intergriert.

Yueju – Auch Shaoxing-Oper, Lokaloper, entstanden zu Beginn des 20. Jh. in Shaoxing, Provinz Zhejiang, welche vormals dem alten Staat Yue zugehörte. Yueju entwickelte sich aus alten Sprechgesangformen und wurde zunächst nur von Perkussionsinstrumenten begleitet. Die von Männern aufgeführten Opern thematisierten anfänglich das Landleben. In Auseinandersetzung mit der Moderne kamen neue Themen und auch weitere Instrumente hinzu. Zudem wurden reine Frauenensembles gegründet, deren Erfolg in den 1930er Jahren die Bezeichnung Nuzi Wenxi, wörtlich „zivilisiertes Frauentheater", hervorrief. 1938 erhielt die Yueju ihren Namen. Heute ist sie bekannt für ihre lyrischen Texte, den Gesang sowie schöne und wohlklingende Melodien.

Yugu – Perkussionsinstrument aus Bambus.

Yunnan-Oper → Dianju.

Yuyao Qiang – Spielweise der Lokaloper, die sich im 16. Jh. in Yuyao, Provinz Zhejiang, aus dem → Nanxi, dem südlichen Drama, entwickelte. Charakteristisch ist ihr → Gundiao. Die Lieder wurden nur von Perkussionsinstrumenten begleitet. Der Yuyao-Stil wirkte einflussreich auf den → Yiyang-Stil.

Z

Zaju – Singspiele der Song-Dynastie und die erste Form des nordchinesischen Dramas. Eine Art „Varieté-Musikshow", die in der anschließenden Fremddynastie der Mongolen sehr populär und weiterentwickelt wurde. Es entstand eine Unterhaltungsform, die Prosa und Dichtung, Monolog und Dialog, Gesang, Musik und Schauspiel kombinierte. Allgemein spricht man vom nördlichen Zaju, welches sehr einflussreich war, aber im 16. Jh. zunehmend durch die Popularität südlicher Lied-, Singspiel- und Opernformen, → Nanxi, → Chuanqi und → Kunqu, verdrängt bzw. von diesen absorbiert wurde.

Zangju – Lokaloper der Tibeter (Zang), im Tibetischen als Lhamo, wörtlich „Schwester Fee", bezeichnet. Mit ihrer ca. 1400 Jahre langen Geschichte ist sie die älteste Theater- bzw. Opernform unter den nationalen Minderheiten Chinas. Zangju schöpft inhaltlich aus Geschichte, Helden und Mythen Tibets, betont Gesang, Tanz, Diktion und Kampf und besteht heute aus vier Schulen.

Zhonglu Bangzi – Auch bekannt als Shanxi Bangzi und Jinju, eine der vier großen Bangzi-Formen der Provinz Shanxi. Ca. 200 traditionelle Stücke der Jinju sind überliefert.

Zhuangdan – Frauenrolle im → Zaju der Song-Dynastie.

Zhuanggu – Männerrolle des → Zaju, gewöhnlich eines Beamten oder Mandarin.

Zhuangyuan – Bezeichnung und Rang der Examensbesten nach Bestehen der kaiserlichen Beamtenprüfung in Beijing.

Zhugongdiao – Wörtlich „alle Tonarten und Melodien", Balladengesang, der erstmalig in der Nördlichen Song-Dynastie in der Provinz Shanxi auftrat und dann in der Jin-Dynastie seine Blütezeit erlebte. Die Balladen bestehen aus mehreren Passagen, in denen Prosaabschnitte und Arien unterschiedlicher Melodien im Wechsel vorgetragen wurden, woraus die Bezeichnung dieser Vortragsform resultiert. Die Balladen handeln hauptsächlich von Liebesaffären, sind ironisch belustigend und wurden in der Regel nur von einer Person vorgetragen.

„Geschichte und Kunst der Peking-Oper"
Literatur in westlichen Sprachen ausgewählt von Andreas Steen

Alley, Rewi/Eva Siao (Bilder): *Die Peking-Oper: Eine Einführung*, Peking 1957.

Arlington, Lewis Charles: *The Chinese Drama from the Earliest Times Until Today*, Shanghai 1930.

Arlington, Lewis Charles/Harold Acton (Hg.): *Famous Chinese Plays*, Beiping 1937, Nachdruck New York 1963.

Brandon, James R. (Hg.): *The Cambridge Guide to Asian Theatre*, Cambridge 1993.

Cavanaugh, Jerome Thomas: *The Dramatic Works of the Yüan Dynasty Playwright Pai P'u*, Dissertation, Stanford University 1975.

Cheng, Julie (Zheng Zhuli): *Gesichter der Peking-Oper. Zerbrochener Ziegel und Dattelkern*, Hamburg 1990.

Chu, Godwin C./Philip H. Cheng: „Revolutionary Opera: An Instrument for Cultural Change", In: Godwin C. Chu (Hg.): *Popular Media in China: Shaping New Cultural Patterns*, Honolulu 1978, S. 73–103.

Chu, Kun-liang: *Les aspects rituels du théâtre chinois*, Paris 1991.

Crump, James I.: *Chinese Theatre in the Days of Kublai Khan*, Arizona 1980.

Delza, Sophia: „The Classical Theatre of China", In: Ernest Theodore Kirby (Hg.): *Total Theatre: A Critical Anthology*, New York 1969.

Dolby, William: *A History of Chinese Drama*, London 1976.

Dolby, William: *Eight Chinese Plays from the Thirteenth Century to the Present*, New York 1978.

Eberstein, Bernd: *Das Chinesische Theater im 20. Jahrhundert*, Schriften des Instituts für Asienkunde Hamburg, Wiesbaden 1983.

Eberstein, Bernd (Hg.): *Moderne Stücke aus China*, Frankfurt a. M. 1980.

Gailhard, A.: *Théatre et musique modernes en China*, Paris 1926.

Gemmecke, Thomas J.: *Einführung in die traditionelle chinesische Kunst, die Oper und das Theaterspiel*, Essen 1994.

Gimm, Martin: *Das Yüeh-fu tsa-lu des Tuan Aan-chieh – Studien zur Geschichte von Musik, Schauspiel und Tanz in der Tang-Dynastie*, Asiatische Forschungen Bd. 19, Wiesbaden 1966.

Gissenwehrer, Michael: *Die Theaterlehre des Birnengartens*, Wien 1983.

Gissenwehrer, Michael: „Das chinesische Musiktheater – Ein Plädoyer für die Übermarionetten", In: *„Ich werde Deinen Schatten essen" – Das Theater des Fernen Ostens*, Ausstellungskatalog, Berlin 1985, S. 126–160.

Gissenwehrer, Michael/Jürgen Sieckmeyer: *Theaterzeit in China*, Schaffhausen 1987.

Goldstein, Joshua: *Drama Kings. Players and Publics in the Re-Creation of Peking Opera, 1870–1937*, Berkeley 2007.

Goldstein, Joshua: „Mei Lanfang and the Nationalization of Peking Opera", In: *positions*, 7:2, 1999, S. 377–420.

Gunn, Edward M.: *Twentieth Century Chinese Drama, an Anthology*, Indiana 1983.

Guy, Nancy: *Peking Opera and Politics in Taiwan*, Urbana u. a. 2005.

Halson, Elizabeth: *Peking Opera. A Short Guide*, Hong Kong 1966.

Hayden, George A.: *Crime and Punishment in Medieval Chinese Drama, Three Judge Pao Plays*, Harvard 1978.

Howard, Roger: *Contemporary Chinese Theatre*, London 1978.

Hsu, Delores Menstell: „Music Elements of Peking Opera", In: *Musical Quarterly*, 50 (4), 1964, S. 439–451.

Hsu Tao-ching: *The Chinese Conception of the Theatre*, Seattle/London 1985.

Hu, William: *A Bibliography for Yuan Opera*, Ann Arbor 1962.

Huang Shang: *Tales from Peking Opera*, Beijing 1985.

Hundhausen, Vincenz: *Das Westzimmer. Ein chinesisches Singspiel aus dem 13. Jahrhundert. In deutscher Nachdichtung nach den chinesischen Urtexten des Wang Sche-Fu und des Guan Han-Tsching. Mit 21 Holzschnitten eines unbekannten Meisters*, Eisenach 1926.

Hung, Josephine Huang (Übers. u. Hg.): *Classical Chinese Plays*, Taibei 1971.

Idema, Wilt / Stephen H. West: *Chinese Theatre 1100–1450 – A Source Book*, Münchner Ostasiatische Studien, Bd. 27, Wiesbaden 1982.

Idema, Wilt.: *The Dramatic Oeuvre of Chu Yu-Tun [Zhu Youdun] (1379–1439)*, Leiden 1985.

Jacobs, Kai: *Deutschsprachige Schriften zur revolutionären Musik der VR China*, Bremen 1977.

Jiang, Qing: *On the Revolution of Peking Opera*, Beijing 1968.

Johnson, Irmgard: „Reform of Peking Opera in Taiwan", In: *The China Quarterly*, 57:1974, S. 140–145.

Johnston, Reginald Fleming: *The Chinese Drama*, Shanghai 1921.

Judd, Ellen R.: „Dramas of Passion: Heroism in the Cultural Revolution's Model Operas", In: William Joseph u. a. (Hg.): *New Perspectives on the Cultural Revolution*, Cambridge/Mass. 1991.

Jung, Christophe/Picques Marie-Chantal: *Introduction à l'Opéra de Pe'kin*, Paris 1980.

Kaldova-Sis-Vanis: *Schüler des Birngartens. Das chinesische Singspiel*, Prag 1956.

Kascha, Wolfgang: *Die Wirkungssicherung im traditionellen asiatischen Theater unter besonderer Berücksichtigung des Nô-Theaters und der Peking-Oper*, Trier 2006.

Kindermann, Heinz (Hg.): *Einführung in das ostasiatische Theater*, 2. grundl. veränderte Ausgabe, Wien u. a. 1985.

Kindermann, Heinz (Hg.): *Fernöstliches Theater*, Kröners TB Bd. 353, Stuttgart 1966.

Kraus, Curt: *Pianos & Politics in China – Middle-Class Ambitions and the Struggle over Western Music*, New York 1989.

Latsch, Marie-Luise: *Peking-Oper mit den Augen einer Europäerin*, Beijing 1980.

Leeuwen, Andreas van: *Die neue chinesische Oper in Werk und Diskurs (1920–1966): Eine Schwerpunktanalyse*, Berlin 2000.

Li, Siu Leung: *Cross-Dressing in Chinese Opera*, Hongkong 2007.

Liang, Mingyue: *Music of the Billion. An Introduction to Chinese Musical Culture*, New York 1985.

Lowe, H. Y.: *Stories from Chinese Drama*, Peking 1942.

Mackerras, Colin: „The Growth of the Chinese Regional Drama in the Ming and Ch'ing", In: *Journal of Oriental Studies* 9, 1/1971, S. 58–91.

Mackerras, Colin: *The Rise of the Peking Opera 1770–1870: Social Aspects of the Theatre in Manchu China*, Oxford 1972.

Mackerras, Colin: *Amateur Theatre in China 1949–1966*, Contemporary China Papers No. 5, Canberra 1973.

Mackerras, Colin: „Chinese Opera after the Cultural Revolution", In: *China Quarterly*, 55:1973, S. 478–510.

Mackerras, Colin: *The Chinese Theatre in Modern Times: From 1840 to the Present Day*, London 1975.

Mackerras, Colin: *Chinese Drama: A Historical Survey*, Beijing 1990.

Martin, Helmut: *Li Li-weng über das Theater. Eine chinesische Dramaturgie des siebzehnten Jahrhunderts*, Heidelberg 1966, Taibei 1969.

Mayer, Fred/Helga Burger: *Chinesische Oper*, Zürich 1982.

McDougall, Bonnie S.: *Popular Chinese Literature and Performing Arts in the People's Republic of China, 1949–1979*, California 1984.

Menstell-Hsu, Dolores: „Musical Elements of Chinese Opera", In: *Musical Quarterly*, Oct. 1964, S. 439–451.

Michel, Klaus: *Die Entwicklung der Pekingoper im Spiegel der politischen Auseinandersetzungen um das Theater in der Volksrepublik China von 1949 bis 1976*, Heidelberg 1982.

Mittler, Barbara: *Dangerous Tunes. The Politics of Chinese Music in Hong Kong, Taiwan and the People's Republic of China since 1949*, Wiesbaden 1997.

Mitchell, John D. (Hg.): *The Red Pear Garden: Three Great Dramas of Revolutionary China*, Boston 1973.

Obraszov, Sergej V.: *Theater in China. Veröffentlichungen der Deutschen Akademie der Künste zu Berlin*, Berlin 1963.

Ausgewählte weiterführende Literatur

Obraszov, Sergej V.: *Das chinesische Theater*, Theater heute, Bd. 21, Hannover 1965.

Pan, Xiafeng: *The Stagecraft of Peking Opera: From its Origins to the Present Day*, Beijing 1995.

Pian, Rulan Chao: „The Functions of Rhythm in the Peking Opera", In: Jose Maceda (Hg.): *The Music of Asia*, Manila 1971, S. 114–131.

Pirschner, Hans: *Musik in China*, Berlin 1955.

Poupeye, C.: *Le Théâtre chinois*, Paris 1933.

Riley, Jo/David Bradby: *Chinese Theatre and the Actor in Performance*, Cambridge 1997.

Roy, Claude: *L'Opéra de Pékin*, Paris 1955.

Schmidt-Glintzer, Helwig: *Geschichte der chinesischen Literatur. Die 3000-jährige Entwicklung der poetischen, erzählenden und philosophisch-religiösen Literatur Chinas von den Anfängen bis zur Gegenwart*, Bern/München/Wien 1990.

Schönfelder, Gerd: *Die Musik der Peking-Oper*, Leipzig 1972.

Scott, Adolphe Clarence: *The Classical Theatre of China*, London 1957.

Scott, Adolphe Clarence: *Chinese Costume in Transition*, Singapore 1958.

Scott, Adolphe Clarence: *Mei Lanfang, Leader of the Pear Garden*, Hong Kong 1959.

Scott, Adolphe Clarence: *The Flower and Willow World – The Story of the Geisha Girl*, Kingswood/Surrey 1959.

Scott, Adolphe Clarence: *Literature and the Arts in Twentieth Century China*, Northampton 1963.

Scott, Adolphe Clarence (Übers. u. Hg.): *Traditional Chinese Plays*, 2 Bde., Madison 1967/1969.

Scott, Adolphe Clarence: *Traditional Chinese Plays*, 3 Bde., Wisconsin 1967/1969/1975.

Scott, Adolphe Clarence: *Actors are Madmen. Notebook of a Theatergoer in China*, Wisconsin 1982.

Shih, Chung-wen: *The Golden Age of Chinese Drama: Yüan Tsa-chü*, Princeton 1976.

Sieber, Patricia Angela: *Theatres of Desire: Authors, Readers and the Reproduction of early Chinese Song-Drama, 1300–2000*, New York u. a. 2003.

Siu, Wang-Ngai/Peter Lovrick: *Chinese Opera: Images and Stories*, Vancouver 1997.

Soulié de Morant, G.: *Théâtre et musique modernes en Chine*, Paris 1926.

Steen, Andreas: *Zwischen Unterhaltung und Revolution. Schallplatten, Grammophone und die Anfänge der Musikindustrie in Shanghai, 1878–1937*, Wiesbaden 2006.

Stock, Jonathan: *Huju. Traditional Opera in Modern Shanghai*, Oxford u. a. 2002.

Tao-Ching Hsu: *The Chinese Conception of the Theatre*, London 1985.

Thorpe, Ashley: *Role of the Chou (Clown) in Traditional Chinese Drama: Comedian, Christian, and Cosmology*, Ceredigion/New York 2007.

Tian, Mansha/Johannes Odenthal: *Lebendige Erinnerung – Xiqu. Zeitgenössische Entwicklungen im chinesischen Musiktheater*, Berlin 2006.

Tung, Constantine/Colin Mackerras (Hg.): *Drama in the People's Republic of China*, New York 1987.

Vidal, Laurence: *L'opéra de Pékin*, Arles 1999.

Wagner, Rudolf G.: *The Contemporary Chinese Historical Drama. Four Studies*, Berkeley 1990.

Wang, Kwang-chi (Wang Guangqi): *Über die chinesische klassische Oper*, Dissertation, Genf/Bonn 1934.

Weisenborn, Günther: *Theater in China und Europa*, Dortmund 1962.

West, Stephen H.: *Vaudeville and Narrative: Aspects of Chin Theatre*, Münchner Ostasiatische Studien Bd. 20, Wiesbaden 1977.

Wichmann, Elizabeth: *Listening to Theatre: The Aural Dimension of Peking Opera*, Honolulu 1991.

Wu Zuguang/Huang Zuolin/Mei Shaowu: *Peking Opera and Mei Lanfang. A Guide to China's Traditional Theatre and the Art of Its Great Master*, Beijing ²1984.

Yang, Daniel Shih-p'eng: *An Annotated Bibliography of Materials for the Study of the Peking Theatre*, Wisconsin China Series No. 2, Madison 1967.

Yang, Daniel Shih-p'eng: *The Traditional Theatre of China in its Contemporary Setting*, Wisconsin 1968.

Yang, Xianyi (Yang, Gladys): *Selected Plays of Guan Hanqing*, Beijing 1958/1979.

Yeh, Catherine: *City, Courtesan, and Intellectual: The Rise of Entertainment Culture in Shanghai 1850-1910*, Washington 2006.

Yu, Shiao-Ling S.: *Chinese Drama after the Cultural revolution, 1979–1989. An Anthology*, Ceredigion/New York 1996.

Yung, Bell: „The Role of Speech Tones in the Creative Process of Cantonese Opera", In: *Chinoperl News*, 5:1975, S. 157–167.

Yung, Bell: *Cantonese Opera – Performance as creative process. Cambridge Studies in Ethnomusicology*, Cambridge 1989.

Zhao, Menglin/Yan Jiqing/Zhao Menglin (Zeichnungen): *Peking Opera Painted Faces – with Notes on 200 Operas*, Beijing 1992.

Zung, Cecilia: *Secrets of the Chinese Drama. A Complete Explanatory Guide to Actions and Symbols as Seen in the Performance of Chinese Dramas*, New York 1964.